Edition Centaurus – Jugend, Migration und Diversity

Reihe herausgegeben von

Katja Nowacki, Fachhochschule Dortmund, Dortmund, Deutschland

Ahmet Toprak, Fachhochschule Dortmund, Dortmund, Deutschland

In der Reihe „Edition Centaurus – Jugend, Migration und Diversity" erscheinen Arbeiten, die sich mit den Belangen von Kindern und Jugendlichen, den Themen der Migration/Integration oder der Diversity im Sinne der Vielfalt befassen. Vor dem Hintergrund der These, dass wir in einer Gesellschaft kultureller Vielfalt mit verschiedenen Anliegen spezifischer Zielgruppen leben, sollen zum einen deren Besonderheiten herausgearbeitet und mögliche Unterstützungsansätze aber auch gesellschaftliche sowie politische Implikationen diskutiert werden. Insgesamt wird eine inter- bzw. transdisziplinäre Herangehensweise gewünscht. Die Reihe ist ursprünglich mit dem Titel „Gender and Diversity" im Centaurus Verlag erschienen.

Katja Nowacki · Katja Sabisch ·
Silke Remiorz
(Hrsg.)

Junge Männer in Deutschland

Einstellungen junger Männer mit und ohne Zuwanderungsgeschichte zu Gender und LSBTI

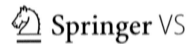

Hrsg.
Katja Nowacki
Angewandte Sozialwissenschaften
Fachhochschule Dortmund
Dortmund, Deutschland

Silke Remiorz
Angewandte Sozialwissenschaften
Fachhochschule Dortmund
Dortmund, Deutschland

Katja Sabisch
Fakultät für Sozialwissenschaft
Lehrstuhl Gender Studies
Ruhr-Universität Bochum
Bochum, Deutschland

ISSN 2510-0971 ISSN 2569-9288 (electronic)
Edition Centaurus – Jugend, Migration und Diversity
ISBN 978-3-658-39234-5 ISBN 978-3-658-39235-2 (eBook)
https://doi.org/10.1007/978-3-658-39235-2

Die Deutsche Nationalbibliothek verzeichnet diese Publikation in der Deutschen Nationalbibliografie; detaillierte bibliografische Daten sind im Internet über http://dnb.d-nb.de abrufbar.

© Der/die Herausgeber bzw. der/die Autor(en), exklusiv lizenziert an Springer Fachmedien Wiesbaden GmbH, ein Teil von Springer Nature 2022
Das Werk einschließlich aller seiner Teile ist urheberrechtlich geschützt. Jede Verwertung, die nicht ausdrücklich vom Urheberrechtsgesetz zugelassen ist, bedarf der vorherigen Zustimmung des Verlags. Das gilt insbesondere für Vervielfältigungen, Bearbeitungen, Übersetzungen, Mikroverfilmungen und die Einspeicherung und Verarbeitung in elektronischen Systemen.
Die Wiedergabe von allgemein beschreibenden Bezeichnungen, Marken, Unternehmensnamen etc. in diesem Werk bedeutet nicht, dass diese frei durch jedermann benutzt werden dürfen. Die Berechtigung zur Benutzung unterliegt, auch ohne gesonderten Hinweis hierzu, den Regeln des Markenrechts. Die Rechte des jeweiligen Zeicheninhabers sind zu beachten.
Der Verlag, die Autoren und die Herausgeber gehen davon aus, dass die Angaben und Informationen in diesem Werk zum Zeitpunkt der Veröffentlichung vollständig und korrekt sind. Weder der Verlag, noch die Autoren oder die Herausgeber übernehmen, ausdrücklich oder implizit, Gewähr für den Inhalt des Werkes, etwaige Fehler oder Äußerungen. Der Verlag bleibt im Hinblick auf geografische Zuordnungen und Gebietsbezeichnungen in veröffentlichten Karten und Institutionsadressen neutral.

Planung/Lektorat: Cori Antonia Mackrodt
Springer VS ist ein Imprint der eingetragenen Gesellschaft Springer Fachmedien Wiesbaden GmbH und ist ein Teil von Springer Nature.
Die Anschrift der Gesellschaft ist: Abraham-Lincoln-Str. 46, 65189 Wiesbaden, Germany

Vorwort

Einstellungen, Diskriminierung und Vielfalt in Deutschland

In den letzten Jahrzehnten – und insbesondere in den letzten Jahren – hat es in Deutschland einen gesellschaftlichen Wandel zu mehr Diversität gegeben. Auf der positiven Seite kann vermerkt werden, dass kulturelle und ethnische Vielfalt zunehmend als Bereicherung empfunden wird (Sachverständigenrat für Integration und Migration 2021). Auch die Sichtbarkeit von LSBTI* ist mittlerweile gesteigert und ihre Rechte wurden durch die „Ehe für alle" gestärkt. Viele Politiker*innen stehen zu ihrer sexuellen Orientierung und bekleiden prominente öffentliche Ämter. Die Gleichstellung von Menschen unabhängig von Geschlecht und kultureller Zugehörigkeit ist noch lange nicht perfekt, aber in den letzten Jahren ist zumindest die Sensitivität hierzu gestiegen (Gleichstellungsbeauftragte, MeToo-Debatte, gleiche Bezahlung) und mehr Bereiche der Gesellschaft nehmen das 2006 in Kraft getretene Allgemeine Gleichstellungsgesetz ernst. Auf der negativen Seite steht jedoch sehr deutlich der Zuwachs von Rechtspopulismus, Gewalt und Diskriminierung gegenüber Menschen, die als sichtbare Minderheit wahrgenommen werden, sei es wegen äußerlicher Merkmale („people of color") und/oder wegen ihrer sexuellen Orientierung/Geschlechtsidentität. Nach wie vor gibt es gesellschaftliche Bereiche wie beispielsweise Fußball, in denen aus Angst vor Diskriminierung ein Outing weitgehend vermieden wird.

Der Sachverständigenrat für Integration und Migration kommt in seinem Jahresgutachten 2021 zu dem Schluss, dass Vielfalt im Hinblick auf Kultur, Religion, Herkunft, Lebensstil oder sexuelle Orientierung eine empirische Realität ist, die jedoch nicht in ungleiche Teilhabechancen münden darf. Vielfalt ist also nur dann wirklich eine Bereicherung, wenn sie sowohl mit einer Wertschätzung einzelner Individuen einhergeht als auch mit einer Gleichbehandlung im Hinblick auf gesellschaftliche Partizipation. So weit die Theorie – wie sieht es jedoch in der Praxis aus? Die öffentliche Sichtbarkeit von Vielfalt kann auch mit mehr (sichtbarer) Diskriminierung, beispielsweise von LSBTI*, einhergehen. Eine kürzlich veröffentlichte Studie vom Deutschen Institut für Wirtschaftsforschung verdeutlichte, dass LSBTI* im Vergleich zur Gesamtbevölkerung häufiger an Depressionen und Burnout erkranken, was auch mit alltäglicher Diskriminierung in Verbindung gebracht wird (Deutsches Institut für Wirtschaftsforschung e. V. 2015). Aus sozialpsychologischer Sicht sind Einstellungen gegenüber bestimmten Gruppen stabile Prädiktoren für (diskriminierendes) Verhalten. Somit ist es aus wissenschaftlicher Sicht relevant, die Einstellungen verschiedener Gruppen gegenüber LSBTI* systematisch zu erfassen. Aus solchen empirischen Erhebungen, in diesem Fall mit sowohl qualitativen als auch quantitativen Fragestellungen und Methoden, lassen sich fundierte Praxisimplikationen wie Handlungsempfehlungen und Präventionsprogramme für bestimmte Gruppen ableiten.

Das vorliegende Werk leistet deshalb einen wichtigen Beitrag zu unserem Verständnis von Einstellungen junger Männer mit und ohne internationale Geschichte zu Gender und LSBTI*. Bislang entnehmen wir unser Wissen hierzu weitgehend den Medien. Auf der diskursiven Ebene wird in den Medien und in der öffentlichen Diskussion mehr Diversität teilweise mit mehr Bedrohung/Gewalt gleichgesetzt. Insbesondere seit der „Kölner Silvesternacht 2015/2016" werden jungen (muslimischen) Männern mit Fluchthintergrund sexistische Einstellungen und ein frauenfeindliches Weltbild unterstellt. Ebenso wird sexualisierte Gewalt „geothered", d. h. sie wird vornehmlich nicht-deutschen (geflüchteten) Männern unterstellt, ungeachtet dessen, ob dies tatsächlich so ist. Daher ist es wichtig zu untersuchen, inwiefern sich diese diskursiven Behauptungen empirisch in den Einstellungen junger Männer mit und ohne Zuwanderungserfahrungen bezüglich sexueller Vielfalt und Geschlecht wiederfinden.

In einer zunehmend pluralen Gesellschaft muss der Schutz vulnerabler Gruppen ein gemeinsames Ziel sein, damit Vielfalt eine Chance für alle darstellt. Im hier vorliegenden Buch stellen die Herausgeberinnen Katja Nowacki,

Katja Sabisch und Silke Remiorz sowie weitere Autor*innen das nun abgeschlossene Forschungsprojekt dar und beleuchten sehr aktuelle und relevante Fragestellungen.

September 2021

Birgit Leyendecker
Fakultät für Psychologie
Ruhr-Universität Bochum
Bochum, Deutschland

Jasmine Golembe
Fakultät für Psychologie
Ruhr-Universität Bochum
Bochum, Deutschland

Literatur

Deutsches Institut für Wirtschaftsforschung e. V. (2015). Geringe Chancen auf ein gesundes Leben für LGBTQI*-Menschen. https://www.diw.de/de/diw_01.c.810358.de/publikationen/wochenberichte/2021_06_1/geringere_chancen_auf_ein_gesundes_leben_fuer__lgbtqi_-menschen.html. Zugegriffen: 15. September 2021.

Sachverständigenrat für Integration und Migration (2021). Normalfall Diversität? Wie das Einwanderungsland Deutschland mit Vielfalt umgeht. https://www.svr-migration.de/publikationen/jahresgutachten-2021/. Zugegriffen: 15. September 2021.

Inhaltsverzeichnis

Forschungsergebnisse

Männlichkeitsforschung. Entwicklung, Befunde, Perspektiven 3
Michael Meuser

Antinomische Egalisierung – Einstellungen junger Männer in Deutschland zu Gleichberechtigung und Gleichstellung der Geschlechter 21
Katja Sabisch, Katja Nowacki und Silke Remiorz

Einstellungen junger Männer zu sexueller und geschlechtlicher Vielfalt. Herausforderungen und Implikationen 39
Silke Remiorz, Katharina Kohl, Katja Sabisch und Katja Nowacki

Bindung und Männlichkeit: Bedeutung von Bindungsbeziehungen zu Eltern und Peers für die Einstellung zum eigenen Geschlecht bei jungen Männern mit und ohne internationale Geschichte 85
Katja Nowacki, Katharina Kohl, Silke Remiorz und Katja Sabisch

Handlungsempfehlungen

Soziale Arbeit mit türkeistämmigen Jungen – eine Annäherung am Beispiel von gewaltbereiten Jungen und jungen Männern 113
Ahmet Toprak

**Handlungsempfehlungen für die Praxis der Kinder- und
Jugendhilfe – Ableitungen aus den Erkenntnissen der Befragung
junger Männer mit und ohne internationale Geschichte zu
geschlechtlicher und sexueller Vielfalt** 129
Katja Nowacki, Silke Remiorz und Katja Sabisch

**Herausforderungen und Handlungsempfehlungen für die
geschlechterbezogene und diversitätssensible Jugendarbeit** 151
Katja Sabisch, Katja Nowacki und Silke Remiorz

Einleitung

Empirische Forschung über die Einstellungen junger Männer in Deutschland zu Geschlecht und LSBTI*

Zuletzt zeigten die Ergebnisse der Studie „Zugleich – Zugehörigkeit und Gleichwertigkeit. Einstellungen zur Integration in der deutschen Bevölkerung" (Zick und Krott 2021), dass Fremdenfeindlichkeit, Muslimfeindlichkeit und die Abwertung von Geflüchteten seit 2014 kontinuierlich zunehmen. Diese Entwicklung geht mit dem Erstarken von rechtspopulistischen und rechtsextremen Parteien und Bewegungen einher, die vornehmlich staatliche Migrations- und Asylpolitik kritisieren und dabei eine diskursmächtige politische Figur konstruieren: den *jungen muslimischen Migranten*.[1] Die Kölner Silvesternacht 2015/2016, in der zahlreiche Frauen von sexueller bzw. sexualisierter Gewalt betroffen waren, wurde und wird vor diesem Hintergrund als Symbol für die Nicht-Integrierbarkeit von *jungen muslimischen Migranten* instrumentalisiert (Dietze 2016). *Köln* steht paradigmatisch für eine „Ethnisierung von Sexismus" (Jäger 2010), für ein ethnosexistisches Überlegenheitsnarrativ (Dietze 2019), welches sexuelle bzw. sexualisierte Gewalt einseitig dem *fremden Mann* zu- und einschreibt (vgl. Kap. 2 in diesem Band).

Mit dem Begriff „PostKölnialismus" beschreibt die Kulturwissenschaftlerin Mithu M. Sanyal (2017) die damit verbundene Zäsur, die gleich mehrere diskursive Stränge betrifft: Zum einen fungiert *Köln* nunmehr als Chiffre für die Gefahr, die *junge muslimische Migranten* für *unsere Frauen* darstellen (Dombrowski und Hajek 2021); zum anderen steht *Köln* für ein Schwierigerwerden von feministischer Rassismuskritik, da der Verweis auf soziale Ungleichheiten durch den

---

[1] (Politische) Begriffe, die vornehmlich als Chiffre oder Kollektivsymbol verwendet werden, sind *kursiv* gesetzt.

Verweis auf die *fremde Kultur* der Täter überboten wird. Nicht zuletzt bedeutet *Köln* auch eine Zäsur im wissenschaftlichen Diskurs. Damit ist nicht gemeint, dass *Köln* Gegenstand einer Vielzahl von Studien war und ist, die vor allem diskursanalytisch die Verschränkung von Sexismus und Rassismus, Othering-Prozesse oder die Kulturalisierung marginalisierter Männlichkeiten untersuchen (vgl. Kap. 2). Gemeint ist vielmehr, dass sich auch das Sagbare innerhalb der Sozialwissenschaften verschoben hat, wenn hier Studien und Debatten „diskursive rassistische Effekte verschiedener Reichweite" (Huxel et al. 2020, S. 129) aufweisen.

Die JUMEN-Studie: Empirische Sozialforschung im PostKölnialismus

Empirische Forschung im PostKölnialismus sollte demnach eine „postmigrantische Perspektive" (Foroutan 2018) einnehmen, um Prozesse des Fremdmachens und Zuschreibens reflektieren zu können. Die in diesem Buch präsentierten Ergebnisse der Studie „JUMEN. Einstellungen junger Männer in Deutschland zu Geschlecht und LSBTI*"[2] beschränken sich demzufolge nicht auf das Sagbare über *junge muslimische Migranten*, sondern lassen diese selbst zu Wort kommen. Postmigrantisch meint aber auch, „über etablierte Trennlinien in der Sozialforschung" hinauszudenken und „die Gesellschaft als Ganzes" (Foroutan 2018, S. 270) in den Blick zu nehmen. Das heißt, dass im Rahmen von JUMEN nicht nur junge Männer mit internationaler Geschichte zu ihren Einstellungen zu Geschlecht und LSBTI* befragt wurden, sondern auch junge Männer, die nicht aus Einwandererfamilien stammen.

Dennoch birgt die vorliegende Untersuchung aus postmigrantischer Perspektive eine Ambivalenz, da sie die weiter oben kritisierten etablierten Trennlinien der Sozialforschung weiterführt. Die Einteilung der jungen Männer nach „mit und ohne internationale Geschichte" illustriert dabei die von Gudrun Axeli Knapp formulierte Aporie der „Unverzichtbarkeit und gleichzeitiger Unmöglichkeit" (Knapp 2005, S. 47) einer Bezugnahme auf analytische Kategorien wie

---

[2] Das Forschungsprojekt JUMEN wurde von 2018 bis 2021 vom Bundesministerium für Bildung und Forschung in der Linie „Migration und gesellschaftlicher Wandel" gefördert (Förderkennzeichen 01UM1819AY) und trägt den Titel „Einstellungen junger Männer mit und ohne Zuwanderungsgeschichte zu Gender und LSBTI in einer sich wandelnden, vielfältigen Gesellschaft". Es wurde an der Fachhochschule Dortmund unter der Leitung von Prof. Dr. Katja Nowacki und Dr. Silke Remiorz sowie an der Ruhr-Universität Bochum unter der Leitung von Prof. Dr. Katja Sabisch durchgeführt.

Geschlecht, internationale Geschichte oder sexuelle Orientierung: unverzichtbar, da Ein- und Ausschlüsse entlang dieser Kategorien ausgehandelt werden; unmöglich, da diese Kategorien selbst soziale und politische Konstrukte sind, die es zu hinterfragen und zu reformulieren gilt.

Der hier verwendete Begriff „junge Männer mit internationaler Geschichte"[3] verweist aber nicht nur auf eine zu reflektierende Kategorisierung, sondern auch auf aktuelle politische und wissenschaftliche Debatten über eine angemessene Bezeichnung für Menschen aus Einwandererfamilien. Dass Begriffe ausgehandelt werden und sich verändern, zeigt die vorliegende Untersuchung auf eindrückliche Weise: Während zu Beginn des Projekts von jungen Männern „mit und ohne Zuwanderungsgeschichte" gesprochen wurde, um den problematisierten Begriff „mit Migrationshintergrund"[4] zu vermeiden, haben mittlerweile adäquatere Bezeichnungen ihren Weg in den wissenschaftlichen Diskurs gefunden. Dabei sind es vor allem Begriffe wie „Menschen aus Einwandererfamilien"[5] oder „Menschen mit internationaler Geschichte", die berücksichtigen, dass nicht alle Menschen eine eigene Einwanderungs- oder Migrationserfahrung haben. Die hier getroffene Entscheidung für „Menschen mit internationaler Geschichte" gründet dabei auf dem Umstand, dass die Familien der nach Deutschland geflüchteten jungen Männer zumeist in den Herkunftsländern bleiben mussten.

Die Verwendung der – verkürzten – Abkürzung „LSBTI*" ist dem Forschungsdesign der JUMEN-Studie geschuldet. Da explizit die Einstellungen zu lesbisch, schwul, bisexuell, trans* und inter* erhoben wurden, bilden Akronyme wie LSBTIQ (+ queer) oder LSBTQIA (+ asexuell) die Inhalte der Untersuchung nicht ab. Der Asterisk * steht deshalb nicht für weitere (nicht genannte) Identitäten im Sinne eines Plus, sondern soll vor allem auf die Vielfalt innerhalb der genannten heuristischen Kategorien verweisen.

Forschungsdesign und Methode

Im Rahmen des Forschungsprojekts JUMEN wurden die Einstellungen von Jungen und jungen Männern mit und ohne internationale Geschichte im Alter

---

[3] Vgl. https://glossar.neuemedienmacher.de/glossar/menschen-mit-internationaler-geschichte/.

[4] Vgl. https://mediendienst-integration.de/artikel/alternativen-zum-migrationshintergrund.html.

[5] Vgl. https://glossar.neuemedienmacher.de/glossar/menschen-aus-einwandererfamilien/.

zwischen 13 und 28 Jahren[6] zu Geschlecht und LSBTI* quantitativ und qualitativ untersucht (mixed-method). Forschungsleitend waren die Disziplinen Psychologie/Angewandte Sozialwissenschaft (FH Dortmund) und (Geschlechter-)Soziologie (RU Bochum). Da das erklärte Ziel der Studie die Formulierung von Handlungsempfehlungen für die Jugend-und Bildungsarbeit ist, wurden von Beginn an Praxispartner*innen in den Forschungsprozess einbezogen.[7] Zudem wurde der Forschungsprozess von einem wissenschaftlichen Beirat begleitet.[8]

Qualitative Interviewstudie

In dem qualitativen Teil der Untersuchung wurden insgesamt 62 Interviews zu den Themenbereichen Geschlecht, Gleichberechtigung/Gleichstellung und sexuelle/geschlechtliche Vielfalt geführt. Angelehnt an die von Zick und Krott (2021) vorgenommene Operationalisierung lassen sich die interviewten jungen Männer folgenden drei Gruppen zuordnen:

1. junge Männer, die eine deutsche Staatsangehörigkeit haben und deren Eltern diese auch besitzen (20 Interviews),
2. junge Männer, die ausschließlich oder zusätzlich eine andere Staatsbürgerschaft als die deutsche haben (türkeistämmig,[9] 21 Interviews), sowie

---

[6] Im Antrag wurde der Altersbereich 14 bis 27 Jahre in Analogie zum SGB VIII gewählt; in der Analyse wurde aber der Altersbereich zwischen 13 und 28 Jahren berücksichtigt, um ein möglichst repräsentatives Ergebnis zu erhalten.

[7] Wir bedanken uns herzlich bei den Kooperationspartner*innen, die dem Bereich der öffentlichen und freien Kinder- und Jugendhilfe (Kinder- und Jugendhilfe FLOW Bottrop; Jugendamt der Stadt Lüdenscheid) und der Kinder- und Jugendarbeit sowohl mit jungen Männern ohne internationale Geschichte als auch türkeistämmigen und geflüchteten jungen Männern, zum Teil LSBTI*-Hintergrund (Multikulturelles Forum Lünen e. V.; Stadt Dortmund, Dietrich-Keuning-Haus; SVLS e. V.) entstammen. Um die Rekrutierungsmöglichkeiten im ländlichen Raum zu erhöhen, konnte ein weiterer freier Träger (Diakonisches Werk Evangelischer Kirchenkreis Lennep) als Unterstützer gewonnen werden.

[8] Unser herzlicher Dank gilt Dr. Fatma Celik, Prof. Dr. Karim Fereidooni, Prof. Dr. em. Ilse Lenz und Prof. Dr. Ahmet Toprak.

[9] Der Begriff „türkeistämmig" wird verwendet, da viele Einwanderer*innen aus der Türkei Kurd*innen oder Angehörige anderer Minderheiten sind und sich demzufolge nicht als „türkischstämmig" verstehen, vgl. https://glossar.neuemedienmacher.de/glossar/tuerkischstaemmige-2/, siehe auch Toprak 2015.

3. junge Männer, die überwiegend nach 2015 im Rahmen der Fluchtbewegung nach Deutschland gekommen sind (21 Interviews).[10]

Ziel dieser Differenzierung ist die Möglichkeit eines Vergleichs zwischen Personengruppen, die unterschiedlich lange in Deutschland leben bzw. keine internationale Geschichte haben.

Die Akquise der Teilnehmenden erfolgte durch gezielte Ansprache der kooperierenden Praxiseinrichtungen, durch Anzeigen in Social-Media-Portalen (Instagram & Facebook) sowie durch Aushänge in Universitäten, Hochschulen, Jugendzentren und Supermärkten. Entsprechend dieser weit gestreuten Ansprache war der Kreis der Befragten bezüglich der Merkmale Alter und Bildungshintergrund sehr heterogen.

Die Interviews selbst fanden sowohl in den Räumen der Fachhochschule Dortmund bzw. der Ruhr-Universität Bochum als auch im häuslichen Umfeld der Teilnehmenden oder in Räumen der kooperierenden Praxiseinrichtungen statt. Sie wurden im Jahr 2019 von jungen Männern mit und ohne internationale Geschichte geführt, um soziale und vor allem auch sprachliche Barrieren zu vermeiden.[11] Die Gespräche dauerten im Schnitt 40 Minuten (min. 25 Minuten, max. 75 Minuten) und wurden im Anschluss wörtlich transkribiert und anonymisiert (Dresing und Pehl 2015).

Als Erhebungsmethode diente ein halbstandardisiertes problemzentriertes Interview (Witzel und Reiter 2012). Der Interviewleitfaden beinhaltete neben einer Eingangserläuterung über das Forschungsvorhaben und einer offenen Eingangsfrage („Was fällt dir zum Thema Geschlecht oder sexuelle Orientierung ein?") insgesamt fünf Fragekomplexe:

1) Einstellungen zu Geschlecht,
2) Einstellungen zur Gleichberechtigung und zur Gleichstellung der Geschlechter,
3) Einstellungen zu Homosexualität (LSB*),
4) Einstellungen zu Trans* und Inter* (TI*)sowie
5) Fragen zur eigenen Sozialisation.

---

[10] Die geflüchteten jungen Männer leben zwischen einem und vier Jahren in Deutschland und kommen aus Afghanistan (6 Teilnehmer), Syrien (4), Guinea (3), Angola (1), Iran (1) und Tadschikistan (1). Bei fünf Interviewten konnte nicht nachvollzogen werden, in welchem Land sie geboren wurden.

[11] Wir bedanken uns herzlich bei Emre Canan, Jamshid Ghasemi und Henrik Hitzemann. Außerdem gilt unser herzlicher Dank Lena Spickermann, Nils Dartsch und Evé Deppe für (Literatur-)Recherchen und die administrative Unterstützung.

Die Auswertung des Datenmaterials erfolgte anhand der Qualitativen Inhaltsanalyse nach Mayring (2015) und wurde durch die Verwendung des Programms MAXQDA 2020 unterstützt (vgl. Kap. 2 und 3). Ein Teil des Materials wurde bereits für einen Beitrag über Einstellungen und Werte junger Männer in Bezug auf Geschlecht und Gleichberechtigung verwendet (Remiorz, Nowacki und Sabisch; in Druck).

Quantitative Befragung (online survey)

In die Analysen der quantitativen Stichprobe gingen die Angaben von $n = 819$ jungen Männern im Alter von 13 bis 28 Jahren ($M = 22{,}11$; $SD = 3{,}42$) ein. Von den Befragten haben $n = 664$ keine internationale Geschichte, $n = 94$ sind türkeistämmig, d. h. sie selbst oder mindestens ein Elternteil besitzen die türkische Staatsangehörigkeit. Bis auf einen Teilnehmer dieser Gruppe sind alle türkeistämmigen Befragten in Deutschland aufgewachsen. Die übrigen $n = 61$ Teilnehmer sind junge Männer, die nach Deutschland geflüchtet sind. Am häufigsten sind in dieser Stichprobe die Herkunftsländer Syrien ($n = 10$) und Marokko ($n = 7$) vertreten. Die jungen Männer waren im Schnitt seit 3,31 Jahren in Deutschland ($SD = 1{,}86$; Range: 0–7 Jahre).

Die Rekrutierung der Teilnehmer erfolgte wie im Fall der qualitativen Interviewstudie über soziale Medien, Einrichtungen der Jugendhilfe oder interkulturelle Zentren sowie Aushänge in Jugendzentren, Universitäten, Hochschulen und Supermärkten. Außerdem wurden E-Mails über den E-Mail-Verteiler einer der an der Datenerhebung beteiligten Hochschulen an alle Studenten im passenden Alter (jünger als 28 Jahre) versendet. Einige Teilnehmer wurden auch von anderen Befragten oder Mitarbeiter*innen der Studie geworben (Schneeballsystem). Bei Interesse erhielten die jungen Männer einen Link zum Online-Fragebogen der Studie. Das Ausfüllen des Fragebogens dauerte ohne Unterbrechung im Schnitt ca. 23 Minuten ($SD = 10$, $n = 866$). Er war durch einen offiziellen Dienstleister von Deutsch in die Sprachen Englisch, Arabisch, Farsi und Französisch übersetzt worden. Die Datenerhebung erfolgte anonymisiert und die Teilnehmer konnten die Befragung jederzeit abbrechen. Es bestand die Möglichkeit, das Forschungsteam per Mail zu kontaktieren, wenn es Unsicherheiten bzgl. der erfragten Inhalte gab. Unter allen Teilnehmern wurden zwei iPads sowie 18 Gutscheine im Wert von 25 € verlost.

Zu Beginn des Survey[12] wurden die Teilnehmer über den Ablauf der Befragung sowie die Datenschutz-Richtlinien informiert und es wurden Fragen u. a. zu Alter, Geschlecht, Herkunft und Bildungshintergrund gestellt (Sozialanamnese). Danach wurde die Einstellung zu LSBTI* über fünf Aussagen erfasst (z. B. Heirat und Adoptionsrecht von Schwulen/Lesben oder geschlechtsangleichende Maßnahmen bei trans* Personen). Hier konnten die Teilnehmer ihre Zustimmung oder Ablehnung auf einer vierstufigen Ratingskala angeben (1 = stimmt überhaupt nicht; 4 = stimmt ganz genau). Die Items wurden sowohl einzeln betrachtet als auch zu einem LSBTI*-Gesamtscore (Mittelwert der fünf Items) zusammengefasst. Die Teilnehmer beantworteten außerdem die Frage „Wie gläubig bist du?" über einen Schieberegler (0–100, höhere Werte stehen für stärkere Religiosität) und gaben an, welcher Religionsgemeinschaft sie offiziell angehören (Auswahl aus Antwortkategorien, eigene Eingabe möglich). Da es nur wenige Teilnehmer gab, die eine andere Religion angaben als christlich, muslimisch oder keine, wurden nur diese drei Gruppen in die Analysen aufgenommen (vgl. Kap. 3).

Zudem kamen zwei standardisierte Fragebögen zum Tragen: Die *Gender Identity Scale* (GIS; Egan und Perry 2001) in ihrer deutschen Fassung von Hartmann und Trautner (2009) sowie der *Inventory of Parent and Peer Attachment* (IPPA; Armsden und Greenberg 1987). Die Gender Identity Scale misst Einschätzungen bezüglich der Geschlechtsidentität (u. a. Geschlechtstypikalität, Zufriedenheit mit dem eigenen Geschlecht, Geschlechtsrollenkonformität); das Inventory of Parent and Peer Attachment gibt Aufschluss über die Qualität der Bindungsbeziehungen zu Mutter, Vater und den Peers (vgl. Kap. 4).

Die Auswertung der Fragebogendaten erfolgte mit dem Statistikprogramm SPSS 27 (IBM Corp. 2020). Neben deskriptiven Analysen wurden zur Untersuchung von möglichen Unterschieden zwischen den drei untersuchten Gruppen Varianzanalysen durchgeführt. Gruppenunterschiede in den Einstellungen wurden explorativ auch regressionsanalytisch untersucht (vgl. Kap. 3 und 4).

---

[12] Wir danken an dieser Stelle Vanessa Mielke für ihre Mitarbeit bei der Erstellung des Online-Survey.

Aufbau des Buches

Bevor im *ersten Teil des* vorliegenden Buches die Forschungsergebnisse der JUMEN-Studie detailliert vorgestellt werden, gibt der Soziologe und Männlichkeitsforscher Michael Meuser im 1. Kapitel eine Einführung in den aktuellen Forschungsstand. In seinem Beitrag *Männlichkeitsforschung. Entwicklung, Befunde, Perspektiven* stellt er zunächst die zentralen Begriffe „hegemoniale Männlichkeit" und „männliche Herrschaft" vor, um danach den Wandel männlicher Lebenslagen vor allem mit Blick auf Erwerbsarbeit und Sexualität zu beschreiben. Hier wird deutlich, dass vor allem junge Männer mit vielfältigen geschlechtlich konnotierten Unsicherheiten konfrontiert sind. Angesichts dieser Ambivalenz wird abschließend die Frage diskutiert, ob hegemoniale Männlichkeit weiterhin als analytische Leitkategorie der Männlichkeitsforschung fungieren sollte.

Im 2. Kapitel *Antinomische Egalisierung – Einstellungen junger Männer in Deutschland zu Gleichberechtigung und Gleichstellung der Geschlechter* (Katja Sabisch, Katja Nowacki und Silke Remiorz) werden die Einstellungen junger Männer mit und ohne internationale Geschichte zu Geschlecht und Gleichberechtigung auf Basis der qualitativen Daten der JUMEN-Studie analysiert. Es zeigt sich, dass die Vorstellungen von Geschlecht überwiegend als dynamisch-flexibel beschrieben werden können, während die Einstellungen zu Familialität in einem stereotyp-traditionellen Muster verbleiben. Da Gleichberechtigung jedoch ausnahmslos als unhinterfragte Norm konfiguriert wird, ergibt sich ein Spannungsverhältnis, welches im Ergebnis als antinomische Egalisierung definiert wird.

Das 3. Kapitel *Einstellungen junger Männer zu sexueller und geschlechtlicher Vielfalt. Herausforderungen und Implikationen* (Silke Remiorz, Katharina Kohl, Katja Sabisch und Katja Nowacki) konzentriert sich auf die Analyse der qualitativ und quantitativ erhobenen Daten und kommt hinsichtlich der Einstellung bzgl. der Gleichberechtigung nicht-heteronormativer Lebensweisen zu einer ähnlichen Schlussfolgerung: Zwar zeigt sich diesbezüglich eine breite Akzeptanz über alle Gruppen hinweg; gleichzeitig lehnt aber ein Teil der Stichprobe die Heirats- und Adoptionsrechte für Schwule und Lesben ab. Begründet werden diese Bedenken auch hier mit traditionellen Vorstellungen von Familie und Geschlechterrollen.

Im 4. Kapitel *Bindung und Männlichkeit: Bedeutung von Bindungsbeziehungen zu Eltern und Peers für die Einstellung zum eigenen Geschlecht bei jungen Männern mit und ohne internationale Geschichte* (Katja Nowacki, Katharina Kohl, Silke Remiorz und Katja Sabisch) wird gezeigt, dass die Geschlechtsidentität stark durch die Bindungsbeziehung zu Eltern und Peers beeinflusst wird. Unabhängig von Migrations- und Fluchterfahrungen konnten insbesondere

Zusammenhänge zwischen einer positiv eingeschätzten Beziehung zur Mutter und einer hohen Geschlechtstypikalität, einer hohen Zufriedenheit mit dem eigenen Geschlecht und einem geringen Anpassungsdruck gefunden werden. Eine positive Beziehung zum Vater und zu den Peers zeigte ebenfalls positive Zusammenhänge mit den ersten beiden Aspekten, eine negative Beziehung zu den Peers hing außerdem deutlich mit einem hohen Anpassungsdruck hinsichtlich geschlechtsstereotypischen Verhaltens zusammen.

Die in den Kap. 1 bis 4 dargestellten Ergebnisse der JUMEN-Studie werden im *zweiten Teil* des Buches in Handlungsempfehlungen für die Soziale Arbeit und die Pädagogik übersetzt. Darüber hinaus werden sozialpolitische Empfehlungen ausgesprochen.

Beginnend mit einem Überblick des Erziehungswissenschaftlers und Migrationsforschers Ahmet Toprak zum Bereich *Soziale Arbeit mit türkeistämmigen Jungen – eine Annäherung am Beispiel von gewaltbereiten Jungen und jungen Männern* (Kap. 5) wird der Frage nachgegangen, welche Bedingungen in der Erziehung und Sozialisation dazu beitragen, dass häufig noch ein sehr traditionelles Rollen- und Geschlechterbild existiert. Aus (sozial)pädagogischer Perspektive werden zum Abschluss Ansätze für den Umgang damit diskutiert.

In Kap. 6 von Katja Nowacki, Silke Remiorz und Katja Sabisch werden *Handlungsempfehlungen für die Praxis der Kinder- und Jugendhilfe* aus den Erkenntnissen der Befragung junger Männer mit und ohne internationale Geschichte zu geschlechtlicher und sexueller Vielfalt entwickelt. Auf der Basis der veränderten Gesetzesgrundlage in Paragraf 9, Nr. 3 im Sozialgesetzbuch VIII, in der die Gleichstellung der Geschlechter durch die Kinder- und Jugendhilfe als Aufgabe definiert ist, werden Empfehlungen für die Jugendlichen und ihre Familien, aber auch für Fachkräfte der Sozialen Arbeit sowie gesamtgesellschaftliche Strukturen entwickelt. Hierbei werden zum einen förderliche Beziehungen fokussiert, aber auch die Reflexion eingefahrener Denkmuster sowie die Notwendigkeit gesetzlicher Strukturen und Maßnahmen zum Abbau sozialer Ungleichheit betont.

In Kap. 7 *Herausforderungen und Handlungsempfehlungen für die geschlechterbezogene und diversitätssensible Jugendarbeit* (Katja Sabisch, Silke Remiorz und Katja Nowacki) werden nach einer kurzen Vorstellung der wissenschaftlichen Grundlagen geschlechterbezogener und diversitätssensibler Jugendarbeit Handlungsempfehlungen formuliert, die vor allem Aspekte der Aus- und Weiterbildung von Fachkräften sowie die Finanzierungsgrundlagen der Projekte und Initiativen betreffen. Anhand von Beispielen wird die Notwendigkeit einer verlässlichen strukturellen Verankerung von geschlechterbezogenen und diversitätssensiblen Projekten für Jugendliche aufgezeigt.

Katja Sabisch
Katja Nowacki
Silke Remiorz

Literatur

Amjahid, M., Fuchs, C,. Guinan-Bank, V., Kunze, A., Lebert, S., Mondial, S., Müller, D., Musharbash, Y., Musharbash, Y., Nejezchleba, M., & Rieth, S. (2016). Was geschah wirklich? https://www.zeit.de/zeit-magazin/2016/27/silvesternacht-koeln-flue ctlingsdebatte-aufklaerung. Zugegriffen: 18. November 2021.

Armsden, G. C., & Greenberg, M. T. (1987). The inventory of parent and peer attachment: Individual differences and their relationship to psychological well-being. *adolescence. Journal of Youth and Adolescence* 16 (5), 427–454. https://doi.org/10.1007/BF02202939.

Dietze, G. (2016). Das ‚Ereignis Köln'. *Femina Politica* 1, 93–102.

Dietze, G. (2019). *Sexueller Exzeptionalismus. Überlegenheitsnarrative in Migrationsabwehr und Rechtspopulismus*. Bielefeld: Transcript.

Dombrowski, V., & Hajek, K. (2021). Zwischen Femonationalismus und Antigenderismus. Rechtspopulistische Geschlechterpolitiken in Deutschland. *Gender: Zeitschrift für Geschlecht, Kultur und Gesellschaft* Sonderheft 6, 42–58. https://doi.org/10.25595/2115.

Dresing, T., & Pehl, T. (2015). *Praxisbuch Interview, Transkription & Analyse. Anleitungen und Regelsysteme für qualitativ Forschende*. Marburg: Eigenverlag.

Egan, S. K., & Perry, D. G. (2001). Gender identity: A multidimensional analysis with implications for psychosocial adjustment. *Developmental Psychology*, 37, 451–463. https://doi.org/10.1037/0012-1649.37.4.451.

Foroutan, N. (2018). Was will eine postmigrantische Gesellschaftsanalyse? In N. Foroutan, J. Karakayalı & R. Spielhaus (Hrsg.), *Postmigrantische Perspektiven. Ordnungssysteme, Repräsentationen, Kritik*, (S. 269–300). Frankfurt a. M.: Campus.

Hartmann, P. & Trautner, H. M. (2009). Die Bedeutung des Pubertätsstatus und des Entwicklungstempos für die Geschlechtsidentität von Mädchen und Jungen in der Adoleszenz. *Zeitschrift für Entwicklungspsychologie und Pädagogische Psychologie*, 41(2), 63–78.

Huxel, K., Spies, T., & Supiket, L. (2020). „PostKölnialismus". Otheringeffekte als Nachhall Kölns im akademischen Raum, in dies. (Hrsg.), *Postmigrantisch gelesen. Transnationalität, Gender, Care* (S. 127–144). Bielefeld: Transcript.

Jäger, M. (2010). Die Kritik am Patriarchat im Einwanderungsdiskurs. Analyse einer Diskursverschränkung. In R. Keller, A. Hirseland, W. Schneider & W. Viehöver (Hrsg.), *Handbuch Sozialwissenschaftliche Diskursanalyse. Band 2: Forschungspraxis* (S. 455–471). Wiesbaden: Springer VS.

Knapp, G. A. (2005). Liebe, Widerstand und Erkenntnisproduktion im feministischen Diskurs. In I. Bauer, C. Hämmerle & G. Hauch (Hrsg.), *Liebe und Widerstand. Ambivalenzen historischer Geschlechterbeziehungen* (S. 39–49). Wien: Böhlau.

Mayring, P. (2015). *Qualitative Inhaltsanalyse: Grundlagen und Techniken.* Weinheim: Beltz.
Remiorz, S., Nowacki, K., & Sabisch, K. (in Druck). Einstellungen und Werte junger Männer mit und ohne Migrations- und Fluchtgeschichte in Bezug auf Geschlecht und Gleichberechtigung: Implikationen für die Gesellschaft und die soziale Integration in Deutschland. In A. Wonneberger, K. Weidtmann, S. Stelzig-Willutzki & D. Lölsdorf. *Werte und Wertewandel in der postmigrantischen Gesellschaft.* Springer VS.
Sanyal, M. M. (2017). PostKölnialismus. Welche Erzählungen braucht es, um aus vermeintlichen Krisen Chancen werden zu lassen? Ein feministischer Zwischenruf zur Dauerkrisenerzählung der Kölner Silvesternacht. https://www.gwi-boell.de/de/2017/01/25/postkoelnialismus. Zugegriffen: 18. November 2021.
Toprak, A. (2015). *Jungen und Gewalt. Konfrontative Pädagogik mit türkeistämmigen Jungen.* Wiesbaden: Springer VS.
Witzel, A., & Reiter, H. (2012). *The Problem-centred Interview.* London: SAGE Publications.
Zick, A., & Krott, N. R. (2021). Einstellungen zur Integration in der deutschen Bevölkerung von 2014–2020. Studienbericht der vierten Erhebung im Projekt ZUGLEICH – Zugehörigkeit und Gleichwertigkeit. https://www.stiftung-mercator.de/de/publikationen/einstellungen-zur-integration-in-der-deutschen-bevoelkerung-2021/. Zugegriffen: 16.01.2022.

Abbildungsverzeichnis

Antinomische Egalisierung – Einstellungen junger Männer in Deutschland zu Gleichberechtigung und Gleichstellung der Geschlechter

Abb. 1   Modell der antinomischen Egalisierung. (Eigene Darstellung) ... 36

Einstellungen junger Männer zu sexueller und geschlechtlicher Vielfalt. Herausforderungen und Implikationen

Abb. 1   Einstellungen zur Gleichberechtigung von Schwulen und Lesben. Anteil der Teilnehmer pro Gruppe für die vier Antwortkategorien: 1 = stimmt überhaupt nicht; 2 = stimmt eher nicht; 3 = stimmt eher; 4 = stimmt ganz genau 51

Abb. 2   Einstellungen zur Heirat von Schwulen und Lesben. Anteil der Teilnehmer pro Gruppe für die vier Antwortkategorien: 1 = stimmt überhaupt nicht; 2 = stimmt eher nicht; 3 = stimmt eher; 4 = stimmt ganz genau 54

Abb. 3   Einstellungen zur Adoption von Kindern durch homosexuelle Paare. Anteil der Teilnehmer pro Gruppe für die vier Antwortkategorien: 1 = stimmt überhaupt nicht; 2 = stimmt eher nicht; 3 = stimmt eher; 4 = stimmt ganz genau 58

Abb. 4   Einstellungen dazu, dass Transsexuelle ihr Geschlecht ändern. Anteil der Teilnehmer pro Gruppe für die vier Antwortkategorien: 1 = stimmt überhaupt nicht; 2 = stimmt eher nicht; 3 = stimmt eher; 4 = stimmt ganz genau 61

Abb. 5	Einstellungen zu intergeschlechtlichen Menschen. Anteil der Teilnehmer pro Gruppe für die vier Antwortkategorien: 1 = stimmt überhaupt nicht; 2 = stimmt eher nicht; 3 = stimmt eher; 4 = stimmt ganz genau	61
Abb. 6	Mittelwerte der fünf LSBTI*-Items über die drei Gruppen. Unterschiedliche Muster in den Säulen stehen für signifikant unterschiedliche Mittelwerte. Die gestrichelte Linie kennzeichnet den Mittelpunkt der Skala	64
Abb. 7	LSBTI*-Gesamtscore für die drei Gruppen	65
Abb. 8	Mittelwerte der LSBTI*-Scores für die Einzelitems nach Gruppe	65
Abb. 9	Mittelwerte der LSBTI*-Scores nach Item und Gruppe	67

Tabellenverzeichnis

Einstellungen junger Männer zu sexueller und geschlechtlicher Vielfalt. Herausforderungen und Implikationen

Tab. 1	Deskriptive Angaben zu den LSBTI*-Skalen nach Gruppenzugehörigkeit	49
Tab. 2	Hierarchische Regressionsmodelle zur Vorhersage des LSBTI*-Gesamtscore	68
Tab. 3	Hierarchische Regressionsmodelle zur Vorhersage der LSBTI*-Einzelitems	70

Bindung und Männlichkeit: Bedeutung von Bindungsbeziehungen zu Eltern und Peers für die Einstellung zum eigenen Geschlecht bei jungen Männern mit und ohne internationale Geschichte

Tab. 1	Deskriptive Angaben und Mittelwertsunterschiede nach Migrations- und Fluchtgeschichte	96
Tab. 2	Deskriptive Angaben und Interkorrelationen der GIS und IPPA Subskalen	96
Tab. 3	Regressionsmodelle zur Vorhersage der drei GIS Dimensionen	98

Forschungsergebnisse

Männlichkeitsforschung. Entwicklung, Befunde, Perspektiven

Michael Meuser

Einleitung: Zur Entwicklung der Männlichkeitsforschung

Georg Simmel (1992, S. 15 ff.) hat in der Analyse von Wechselwirkungen, die er als den grundlegenden Mechanismus der Konstitution von Gesellschaft begreift, die originäre analytische Perspektive der Soziologie gesehen. Soziale Verhältnisse lassen sich nur dann vollumfänglich beschreiben und verstehen, wenn man alle in diese Verhältnisse eingelassenen Elemente und die Relationen zwischen ihnen zum Gegenstand der Untersuchung macht. In diesem Sinne ist es folgerichtig, dass sich im Zuge der Entwicklung der Geschlechterforschung eine Forschungsrichtung ausdifferenziert hat, die sich mit männlichen Lebenslagen und der Konstruktion von Männlichkeit befasst. Erste Ansätze zu einer Männlichkeitsforschung finden sich in der Sozialpsychologie der 1970er Jahre. Im Rahmen des damals vorherrschenden rollentheoretischen Paradigmas erfolgte eine kritische Neuvermessung der männlichen Geschlechtsrolle, die den Fokus auf für den Mann negative Folgen der traditionellen männlichen Geschlechtsrollenidentifikation legte. Vor allem der im Vergleich zu Frauen schlechtere Gesundheitsstatus von Männern wurde als schädliche Folge dieser Geschlechtsrollenidentifikation gesehen, die männliche Geschlechtsrolle als gesundheitsgefährdend begriffen (programmatisch: Harrison 1978).[1] Ebenfalls in den 1970er Jahren erschien

---

[1] In der Männergesundheitsforschung ist diese Perspektive fortgeführt und ausdifferenziert worden (Meuser 2007a).

M. Meuser (✉)
Fakultät Sozialwissenschaften, Professur für Soziologie der Geschlechterverhältnisse (2007-2020), TU Dortmund, Dortmund, Deutschland
E-Mail: michael.meuser@tu-dortmund.de

in Deutschland eine erste Survey-Studie zu Einstellungen von Männern (Pross 1978). Diese Studie wurde, wie eine acht Jahre später publizierte Folgestudie (Metz-Göckel und Müller 1986), von der Zeitschrift Brigitte finanziert. In den nachfolgenden Jahrzehnten erschienen weitere Umfragestudien zu Einstellungen und Verhaltensweisen von Männern (Hollstein 1992; Zulehner und Volz 1998; Volz und Zulehner 2009; Wippermann et al. 2009).

In den 1980er Jahren entstand – vor dem Hintergrund der sich etablierenden Frauenforschung – eine Männlichkeitsforschung, die, ähnlich wie die Frauenforschung, einen herrschaftskritischen Ansatz verfolgt. In Abgrenzung vom Geschlechtsrollenparadigma, dem u. a. eine konzeptionelle Blindheit gegenüber der Machtförmigkeit von Geschlechterbeziehungen vorgehalten wird (Connell 1987, S. 49 ff., 2015, S. 71 ff.; Kimmel 1987, S. 11 ff.; Meuser 2010a, S. 61 ff.), werden nicht (nur) die (belastenden) Folgen des hierarchischen Geschlechterverhältnisses für die Männer thematisiert, sondern der Beitrag der Männer zur Reproduktion dieses Verhältnisses wird in den Fokus gerückt. Diese Perspektive kristallisiert sich um das von Raewyn Connell (1987, 2015) entwickelte Konzept der „hegemonialen Männlichkeit", das, obwohl nicht unumstritten, recht schnell zur Leitkategorie der Männlichkeitsforschung avancierte – sowohl international als auch interdisziplinär (Buschmeyer und Lengersdorf 2016; Horlacher et al. 2015). In Auseinandersetzung mit diesem Konzept sind in jüngerer Zeit mehrere neue Männlichkeitsbegriffe in die Diskussion der Männlichkeitsforschung eingebracht worden, deren verbindendes Charakteristikum darin besteht, dass sie versuchen, eine konzeptionelle Antwort auf veränderte Positionen von Männern im Geschlechterverhältnis und damit verknüpfte Entwicklungen von Männlichkeitsvorstellungen zu finden.

Ich werde zunächst die Grundzüge des Konzepts der hegemonialen Männlichkeit skizzieren. Anschließend werde ich auf empirische Befunde und Diskussionen zum Wandel männlicher Lebenslagen eingehen und dabei einen besonderen Fokus auf junge Männer legen, um vor diesem Hintergrund abschließend auf einige der erwähnten neuen Männlichkeitsbegriffe einzugehen.

Hegemoniale Männlichkeit und männliche Herrschaft

Die Analyse und Kritik des von Männern dominierten Geschlechterverhältnisses ist ein zentraler Fokus der Women's Studies von deren Beginn an. Ihr kategorialer Rahmen ist der Begriff des Patriarchats. Das Konzept der hegemonialen Männlichkeit nimmt den herrschaftskritischen Impetus der Patriarchatstheorien auf, erweitert diesen aber dergestalt, dass Verhältnisse von Über- und Unterordnung nicht nur in der heterosozialen Dimension der Relation von Frauen und Männern, sondern auch in der homosozialen der Beziehungen von Männern untereinander *systematisch* in den Blick genommen werden. Damit gewinnt die Männlichkeitsforschung eine originäre Theorieperspektive, die auch in der Geschlechterforschung generell eine große Verbreitung gefunden und auf diesem Wege zur Etablierung der Männlichkeitsforschung entscheidend beigetragen hat.

Hegemoniale Männlichkeit ist ein sozialtheoretisch elaboriertes Konzept. Es basiert auf dem Hegemoniekonzept von Gramsci und verbindet es mit einem praxistheoretischen Verständnis von sozialer Struktur (Connell 1987; Meuser 2010b). Hegemonie meint eine Form von Herrschaft, die sich primär nicht durch die Anwendung manifesten Zwangs reproduziert, sondern indem, über eine Verpflichtung auf allgemeine kulturelle Werte, untergeordnete oder benachteiligte soziale Gruppen dazu bewegt werden, ihre soziale Position zu akzeptieren. Ähnlich wie bei Bourdieus (1997, S. 158 ff.) Begriff der symbolischen Gewalt ist es ein implizites Einverständnis mit der inferioren sozialen Position, das Herrschaftsstrukturen stabilisiert. Dabei ist hegemoniale Männlichkeit durch eine doppelte Distinktions- und Dominanzlogik gekennzeichnet. In der heterosozialen Dimension verweist sie auf die symbolische und institutionelle Verknüpfung von Männlichkeit und Macht. Connell begreift dies als die Hauptachse männlicher Macht. In der homosozialen Dimension erlangt hegemoniale Männlichkeit ihre Position in Relation zu anderen Männlichkeiten. Connell unterscheidet hier „komplizenhafte", „untergeordnete" und „marginalisierte" Männlichkeiten. Wenn Connell den Plural verwendet, so meint sie damit nicht ein gleichwertiges Nebeneinander, sondern ein hierarchisches Verhältnis verschiedener Männlichkeiten. Auch Bourdieu (1997, S. 215) analysiert die männliche Herrschaft als ein doppelt strukturiertes Verhältnis, wenn er als entscheidendes Merkmal der Konstruktion von Männlichkeit eine „libido dominandi" annimmt, d. h. den „Wunsch, die anderen Männer zu dominieren, und sekundär, als Instrument des symbolischen Kampfes, die Frauen".

Hegemoniale Männlichkeit ist keine individuelle Eigenschaft, sondern ein Orientierungsmuster, das nur von den wenigsten Männern vollumfänglich verwirklicht werden kann. Als kulturell vorherrschendes Männlichkeitsideal wird es jedoch von den meisten Männern mitgetragen, auch von solchen, deren sozialer Status einer Realisierung des Ideals entgegensteht. Dies kennzeichnet vor allem eine „komplizenhafte" Männlichkeit, wenn z. B. auch solche Männer sich als Ernährer und Oberhaupt der Familie begreifen, die nicht (mehr) in der Lage sind, das Familieneinkommen alleine oder überwiegend zu erwirtschaften (für ein empirisches Beispiel vgl. Meuser 2010a, S. 203 ff.). Auf diese Weise ist hegemoniale Männlichkeit ein wirksames symbolisches Mittel zur Reproduktion der männlich dominierten Geschlechterordnung (Donaldson 1993). Als kulturelles Männlichkeitsideal erzeugt hegemoniale Männlichkeit einen starken normativen Druck, dem der einzelne Mann sich nur schwer entziehen kann. Dieser Druck ist in Interaktionen zwischen Männern besonders wirksam. Die homosoziale Männergemeinschaft erinnert ihre Mitglieder an die Gültigkeit des Ideals. Auch Verfechter alternativer Männlichkeitskonzeptionen kommen nicht umhin, sich auf das hegemoniale Muster zu beziehen, insofern sie ihr Verständnis von Männlichkeit nur in kritischer Distanz zu jenem formulieren und – gegen vielfältige Widerstände – praktizieren können (Meuser 2010a, S. 236 ff.; Lengersdorf und Meuser 2022).

Connell (2015, S. 247 ff.) zufolge hat sich die Herrschaftsform der hegemonialen Männlichkeit, die zugleich als Muster männlicher geschlechtlicher Selbstidentifikation fungiert, im Zuge der Entwicklung der modernen, nachfeudalen Gesellschaft herausgebildet. Insofern ist sie eng mit dem Konzept des (männlich gedachten) bürgerlichen Individuums verbunden. Hegemoniale Männlichkeit repräsentiert das industriegesellschaftliche Männlichkeitskonstrukt, das im Rahmen der Separierung der – als polar entgegengesetzt gedachten – (männlich konnotierten) öffentlichen und der (weiblich konnotierten) privaten Sphäre um den Beruf und – im Falle des *bürgerlichen* männlichen Individuums – die berufliche Karriere zentriert ist. Berufszentriertheit bestimmt bis in die Gegenwart Erwartungen an Männer wie auch deren Selbstverständnis. Im Rahmen der industriegesellschaftlichen Männlichkeitskonstruktion kann Männlichkeit nicht anders als vom Beruf her konzipiert werden (Meuser 2016; Scholz 2012, S. 69 ff.). Folgerichtig ist die familiale Position des erwachsenen Mannes über die Rolle des Familienernährers definiert, also durch sein im Beruf erbrachtes Engagement *für* die Familie, weniger durch sein Engagement *in* der Familie. Institutioneller Rahmen ist die bürgerliche Kernfamilie.

Im Kontext des Übergangs von der nationalstaatlich verfassten Industriegesellschaft zu einer globalisierten Wissensgesellschaft stellt sich die Frage, ob das Konzept der hegemonialen Männlichkeit noch in der Lage ist, die gegenwärtigen Männlichkeitspositionen angemessen zu beschreiben und zu analysieren (Böhnisch 2003). Insbesondere die Tendenz zu einer Auflösung bzw. der Bedeutungsverlust des Normalarbeitsverhältnisses stellt tradierte, allein auf Erwerbsarbeit ausgerichtete Männlichkeitskonstruktionen, einschließlich der Figur des Familienernährers, infrage (Lengersdorf und Meuser 2010). Diese ist zudem durch einen Wandel des kulturell dominierenden Vaterschaftsdiskurses stark in Bedrängnis geraten. Ein ausschließlich die Ernährerrolle akzentuierendes

Verständnis von Vaterschaft ist obsolet geworden; es gilt als veraltet, den Anforderungen einer modernisierten, vom Gleichheitsideal geprägten Partner- und Elternschaft nicht mehr angemessen (Meuser 2009). Ob der Begriff der hegemonialen Männlichkeit weiterhin eine geeignete Heuristik ist, um die aktuellen Herausforderungen männlicher Lebenslagen und sich möglicherweise neu formierende Männlichkeitsmuster zu konzeptualisieren, ist eine Frage, die durch empirische Forschung geklärt werden muss (Meuser 2010b). Zumindest kann man eine gewisse Relativierung der Bezugnahme auf das Ideal der hegemonialen Männlichkeit konstatieren. Sie findet weiterhin statt, aber immer weniger in einer fraglosen Weise, vielmehr vermehrt begleitet von Rechtfertigungsdiskursen (Meuser 2021a). Allerdings ist hegemoniale Männlichkeit, wenn man den Hegemoniebegriff Gramscis zugrunde legt, nicht als ein starres Gebilde zu verstehen, sondern als eine historisch-gesellschaftlich variable Konfiguration vergeschlechtlichter Praktiken, die mit immer neuen Herausforderungen konfrontiert ist und sich in Auseinandersetzung damit beständig neu formiert (Meuser 2010b).

Wandel männlicher Lebenslagen

Im Zuge des Strukturwandels der (Organisation) von Erwerbsarbeit und des Wandels des Geschlechterverhältnisses sind die beiden erwähnten zentralen Säulen des Geschlechterarrangements der bürgerlichen Gesellschaft und damit der hegemonialen Männlichkeit ins Wanken geraten. Die institutionelle Grundlage des berufszentrierten und auf die Position des Familienernährers bezogenen männlichen Lebensentwurfs ist bzw. war das sogenannte Normalarbeitsverhältnis. Dessen zentrale Merkmale sind eine geregelte, abhängige Vollzeitbeschäftigung, Arbeitsplatzkontinuität und sozialstaatliche Absicherung. Ein solches Arbeitsverhältnis kennzeichnete die Mehrzahl der Beschäftigungsverhältnisse in Zeiten wirtschaftlicher Prosperität, wie sie insbesondere in der zweiten Hälfte des 20. Jahrhunderts gegeben war. Zwar entspricht die Mehrheit der Beschäftigungsverhältnisse von Männern in Deutschland auch gegenwärtig dem Typus des Normalarbeitsverhältnisses, allerdings verliert es an Bedeutung (Keller und Henneberger 2019, S. 263). Atypische, befristete, prekäre und diskontinuierliche Beschäftigungsverhältnisse, wie sie traditionell vor allem die Berufsbiografien von Frauen prägen, finden sich nun auch bei einer wachsenden Zahl erwerbstätiger Männer. Die Wahrscheinlichkeit, den Berufseinstieg in einem Normalarbeitsverhältnis zu vollziehen, ist deutlich geringer geworden. Fast die Hälfte aller neuen Arbeitsverträge ist befristet (ebd., S. 264), Geschlechterdifferenzen in der Befristungsquote sind nahezu nivelliert (Statistisches Bundesamt 2015).

Der Bedeutungsverlust des Normalarbeitsverhältnisses ist eine Entwicklung, die weitaus stärker junge als ältere Menschen, mithin vermehrt auch junge Männer betrifft. Sie sind vor die Herausforderung gestellt, ihr Leben jenseits des Normalarbeitsverhältnisses zu gestalten. Jurczyk et al. (2009, S. 55) diagnostizieren eine „Feminisierung" der Erwerbsarbeit von Männern, „insofern als auch männliche Erwerbsverläufe diskontinuierlicher werden, die Erwerbsarbeit geringer bezahlt, flexibel (selbst-)organisiert, zunehmend befristet und unsicher ist". Vor dem Hintergrund der Zentralität von Erwerbsarbeit für das industriegesellschaftliche Männlichkeitskonstrukt hat die wachsende Unsicherheit von Erwerbsarbeit bei Männern stärkere Identitätsfolgen als bei Frauen (Kelan 2008, S. 1175 f.). Nicht mehr auf das Normalarbeitsverhältnis vertrauen zu können hat für viele Männer zur Folge, dass sie „in ihrem Mann-Sein irritiert" sind (Böhnisch 2018, S. 29).

In der Geschlechterordnung der bürgerlichen Gesellschaft ist die Position des Mannes in der Familie durch die Rolle des Ernährers bestimmt. Diese Art der Verknüpfung von Beruf und Familie wird zum einen durch die skizzierten Entwicklungen im Feld der Erwerbsarbeit geschwächt. Die Ernährerrolle ist an die Berufsrolle gebunden. Jene wird schnell zu einer Fiktion, wenn diese bedroht ist. Zum anderen haben sich die Erwartungen an den Vater und das Verständnis von Vaterschaft im Zuge des Strukturwandels der Familie verändert. Eine Beteiligung an der Kinderbetreuung gehört zu den Anforderungen an den ‚modernen' Vater. Vaterschaft unterliegt einer neuen, das Engagement *in* der Familie einbeziehenden Normierung. Dies findet seinen Niederschlag in der Familienpolitik, die seit ca. 15 Jahren begonnen hat, ihre Programme nicht mehr nur an Mütter, sondern auch an Väter zu adressieren.

Der hier nur grob umrissene Wandel männlicher Lebenslagen affiziert junge Männer in einem besonderen Maße. Die Lebensphase der Jugend und des jungen Erwachsenenalters, in welcher der Status als Erwachsener noch nicht gesichert und gefestigt ist, eröffnet Möglichkeiten, geschlechtliche (Selbst-)Entwürfe auch jenseits konventioneller Festlegungen von Männlichkeit zu entwickeln und auszuprobieren (Böhnisch und Winter 1993, S. 93 f.; Seidler 2006, S. 19). Solche Möglichkeiten sind für die gegenwärtige Generation junger Männer insofern vermutlich in einem höheren Maße gegeben als für die Generation ihrer Väter, als sie in einer Zeit aufwachsen, in der das Geschlechterverhältnis einen weitreichenden Wandel erfährt, Geschlechtergleichheit zu einer in hohem Maße konsentierten sozialen Norm geworden ist und die binäre Codierung von Geschlecht sowie die damit verbundenen Eindeutigkeiten der geschlechtlichen Identifikation zumindest auf diskursiver Ebene infrage gestellt werden. Eine Steigerung von Optionen bringt aber auch, wie Modernisierungs- und Individualisierungstheorien zeigen, das Potenzial einer Verunsicherung mit sich. Eine geschlechtlich konnotierte

Unsicherheit ist zu einer Basiserfahrung (auch) von Männern, vor allem jungen Männern, und deren Bewältigung zu einer zentralen Herausforderung geworden. Dies zeitigt vielfältige Suchbewegungen.

Diese veränderten Konstellationen finden ihren Ausdruck in unterschiedlichen Survey-Daten. Volz und Zulehner (2009) unterscheiden auf der Grundlage einer 2008 durchgeführten Befragung vier Rollentypen: teiltraditionell, balancierend, suchend und modern. In den Altersgruppen bis 19, 20 bis 29 und 30 bis 39 Jahre ist der suchende Typus jeweils am stärksten vertreten. In höheren Altersgruppen ist es der teiltraditionelle Typus, wenngleich er erst ab einem Alter von 70 Jahren deutlich stärker als der suchende ausgeprägt ist (ebd., S. 36). Daten des DJI-Jugendsurvey zufolge werden die berufliche und die familiäre Sphäre von jungen Männern mit nahezu gleich hoher Bedeutung versehen (Gille 2009). Ein Vergleich der Befunde der DJI-Jugendsurveys aus den Jahren 1992 und 2009 ergibt, dass die befragten 16- bis 29-jährigen jungen Männer 1992 den Beruf noch deutlich höher gewichteten als die Familie, 2009 jedoch beiden Bereichen eine gleich hohe Bedeutung zumaßen (Gille 2012, S. 7). In einer ebenfalls vom Deutschen Jugendinstitut durchgeführten Studie zu Vaterschaftskonzepten junger Männer gaben nahezu 95 % der befragten Männer an, es sei Aufgabe des Vaters, sowohl das Familieneinkommen zu sichern als auch Zeit für die Kinder zu haben; doch sind nur 43 % bereit, dafür Einbußen bei der eigenen Karriere in Kauf zu nehmen (Zerle und Krok 2009, S. 130). Diese Daten zu den Einstellungen junger Männer verdeutlichen zweierlei: Zum einen besteht eine ausgeprägte Tendenz zu einer Gleichgewichtung von beruflicher und familiärer Sphäre, zum anderen bleibt die Figur des Ernährers der Familie weiterhin als Orientierungsfolie bedeutsam. Der „Primat der männlichen Ernährerrolle bleibt immer noch ein Mandat", lautet auch ein Befund auf der Basis neuerer vom DJI erhobener Daten (Li und Zerle-Elsäßer 2015, S. 17). In diesen Daten zeigt sich eine Aufwertung der familiären Sphäre im Lebenszusammenhang junger Männer – dem Ernährer wird der fürsorgliche Vater gleichsam an die Seite gestellt und fürsorgliche Kompetenzen finden Eingang in das Selbstbild –, ohne dass allerdings die Erwerbssphäre an Bedeutung verloren hat (vgl. hierzu auch Sabisch et al., Kap. Antinomische Egalisierung – Einstellungen junger Männer in Deutschland zu Gleichberechtigung und Gleichstellung der Geschlechter in diesem Band).

Die weiterhin gegebene Bedeutung der Ernährerrolle als wirkmächtige Orientierungsfolie weist freilich Brüche auf. In einer eigenen Studie, in der Gruppendiskussionen mit Männern unterschiedlichen Alters durchgeführt wurden, zeigt sich, dass zum einen, trotz des von den untersuchten Männern wahrgenommenen Wandels des Geschlechterverhältnisses, die Ernährerrolle als Fluchtpunkt männlicher Selbstvergewisserung relevant bleibt, zum anderen aber diese Selbstverortung im Rahmen des industriegesellschaftlichen Männlichkeitskonstrukts von relativierenden Einschränkungen begleitet ist (Lengersdorf und Meuser 2022; Meuser 2021a). In einer Diskussion mit Männern im Alter von 22 bis 30 Jahren beispielsweise führt ein Gruppenmitglied aus, es sei ihm wichtig, „meiner späteren Familie oder was weiß ich Sicherheit geben" zu können und „dass ich dann sagen kann, ja o.k., das Geld kommt nach Hause", um im unmittelbaren Anschluss zu ergänzen: „Das hört sich vielleicht auch wie dieses klassische Rollenbild an, das soll's aber gar nicht sein." In Kenntnis eines Geschlechterdiskurses, der die tradierten Zuschreibungen infrage stellt, kann eine Bezugnahme auf das „klassische Rollenbild" nicht mehr vorbehaltlos vorgenommen werden. Die männliche Selbstverortung erfolgt zwar noch gemäß den tradierten Vorgaben, sie ist aber nicht mehr fraglos gegeben. Dies erzeugt Ambivalenzen und setzt Suchbewegungen frei.

Junge Männer führen diese Suchbewegungen in der Regel in zwei Welten aus, in denen sie mit unterschiedlichen Anforderungen konfrontiert sind. Die zuvor präsentierten Zitate stammen, wie erwähnt, aus einer Gruppendiskussion, die Äußerungen sind also in einem männlich homosozialen Setting gefallen. Ob diese Männer so auch in einer Kommunikation mit einer jungen Frau oder mit der eigenen Partnerin reden würden, erscheint zumindest als fraglich. Zahlreiche Befunde aus verschiedenen Lebensbereichen weisen darauf hin, dass die an Männer gerichteten Erwartungen wie auch die Muster männlicher Selbstdarstellung sich unterscheiden, je nachdem ob sie in einem homo- oder einem heterosozialen Kontext agieren. In homosozialen Kontexten lastet insbesondere auf jungen Männern ein starker Druck, sich gemäß den Vorgaben des hegemonialen Männlichkeitsideals zu inszenieren (vgl. hierzu auch Nowacki et al., Kap. Bindung und Männlichkeit in diesem Band). In einer Gruppendiskussion mit jungen Männern Anfang 20, die Mitte der 1990er Jahre im Rahmen eines Forschungsprojekts zu kollektiven Orientierungen von Männern geführt wurde, wird ein Gruppenmitglied von den anderen in einer scherzhaften Kommunikation gleichsam vorgeführt, weil er zu Hause nicht ‚die Hosen anhabe'. Der so Herausgeforderte bemüht sich, gegen alle Evidenzen zu begründen, dass dieser Vorwurf falsch sei, und bekräftigt somit gemeinsam mit den anderen die Gültigkeit des Ideals der hegemonialen Männlichkeit (Meuser 2007b). In der männlichen Peergroup herrscht ein starker Druck, eine Orientierung am Leitbild der hegemonialen Männlichkeit zumindest darzustellen (Faulstich-Wieland et al. 2004, S. 145 ff.). Homosoziale Männergemeinschaften fungieren als Verstärker hegemonialer Männlichkeit. Davon sind gerade auch solche Männer betroffen, die non-traditionale, an Egalitätsnormen orientierte Einstellungen vertreten. Diese werden beständig, auf mehr oder minder subtile Weise, auf die Gültigkeit des hegemonialen Ideals hingewiesen. Die homosoziale Männergemeinschaft agiert als ein kollektiver Akteur der Reproduktion hegemonialer Männlichkeit. Dies lässt sich gleichsam paradigmatisch anhand des Verhältnisses von Männlichkeit und Sexualität verdeutlichen. Sexualität hat im jugendlichen und jungen Erwachsenenalter eine besonders hohe biografische Bedeutung. Ein unter männlichen Jugendlichen und jungen Männern häufiger Topos der Kommunikation ist Sexualität, insbesondere (reale und imaginierte) sexuelle Kontakte zu Frauen (Cohan 2009; Matthiesen 2013; Tervooren 2006, S. 195 ff.). Geschlechtsverkehr mit einer Frau gehabt zu haben – oder dies auch nur zu behaupten – fungiert als Männlichkeitsbeweis und verschafft einen Statusgewinn bei den Freunden (Flood 2008; Winter und Neubauer 1998, S. 241). Im männlichen Reden über Sexualität, insbesondere im Reden junger Männer, wenn sie unter sich sind, hat ein dem hegemonialen Muster entsprechendes sexuelles Skript von Potenz, Promiskuität und Objektivierung der Sexualpartnerin eine starke Präsenz. Dieses Reden ist Teil der im homosozialen Raum stattfindenden Konstruktion von Männlichkeit (Behnke und Meuser 1997). Die Thematisierung heterosexueller Beziehungen geschieht in hohem Maße in einer Begrifflichkeit der Kontrolle von Frauen und von weiblicher Sexualität (Cohan 2009; Jösting 2005). Die sexuelle Kommunikation in der Peergroup ist Teil der Aneignung der heterosexuellen Ordnung.[2]

Studien zur Praxis gelebter männlicher (Hetero-)Sexualität zeigen hingegen, dass für viele (insbesondere junge) Männer die Sexualität der Bereich ist, in dem sie die größte Unsicherheit gegenüber Frauen erleben, und dies in starkem Kontrast zu kulturellen Männlichkeitsbildern von Autonomie, Stärke und Dominanz. Bründel und Hurrelmann (1999, S. 84) konstatieren „Unterlegenheitsgefühle und Unsicherheit im Umgang mit Mädchen und Frauen". Döring (2017, S. 61) identifiziert „unrealistische und widersprüchliche Männlichkeitsideale" als einen Grund einer sexuellen Verunsicherung von Männern. Der im Skript der hegemonialen männlichen Sexualität gründende Überlegenheitszwang trägt demnach entscheidend zu einer in der sexuellen Praxis erfahrenen Unsicherheit bei. Der Alltag heterosexueller geschlechtlicher Beziehungen scheint eher durch komplexe Aushandlungen zwischen Mann und Frau als durch ein

---

[2] In diesem Zusammenhang spielt auch die (mitunter vehemente) Abgrenzung von Homosexualität eine große Rolle (Kehily 2009). Allerdings gibt es Hinweise, dass die Abgrenzung von Homosexualität an Bedeutung als Mitgliedschaftskriterium in der männlichen Peergroup verliert (Anderson 2009; McCormack 2014; Rumens 2018 – kritisch hierzu u. a. Diefendorf und Bridges 2020).

stabiles und einseitiges Dominanzverhältnis bestimmt zu sein. Befunde zur sexuellen Initiation von Männern zeigen, dass diese kaum gemäß dem hegemonialen Skript männlicher Überlegenheit erfolgt (Helfferich et al. 2005; Matthiesen et al. 2015). Stich (2005, S. 171) zieht aus ihrer Studie zu sexuellen Beziehungen im Jugendalter den Schluss, „dass Jungen offensichtlich im Schutz der Paarbeziehung unbefangener aus sich herausgehen und Emotionen und Gesten, die einem betont männlichen Habitus nicht entsprechen, ungestrafter leben können, als dies ihnen im öffentlichen Raum möglich ist" (ebd., S. 171).

Den in der homosozialen Männergemeinschaft perpetuierten männlichen Hegemonieansprüchen stehen die Gleichheitserwartungen junger Frauen entgegen. Dessen sind sich die jungen Männer durchaus bewusst (Meuser 1998). Die Folge ist eine Konfliktkonstellation in Gestalt einer mehr oder minder starken Diskrepanz von Erwartungen. Diese klaffen in wachsendem Maße auseinander, während sie in der Generation der Väter und Großväter dieser jungen Männer noch näher beieinanderlagen (Meuser 2010a, S. 196 ff., 290 ff.). Sich nur an einem der konkurrierenden Erwartungshorizonte zu orientieren und den Konflikt auf diese Weise aufzulösen ist keine probate Strategie. Insoweit sie daran interessiert sind, heterosexuelle Partnerschaften einzugehen und aufrechtzuerhalten, können die jungen Männer die Erwartungen der Frauen nicht ignorieren. Da auf der anderen Seite der homosoziale Raum von zentraler Bedeutung für die Ausbildung der männlichen Geschlechtsidentität und die Konstitution des männlichen Habitus ist[3], können aber auch die dort gültigen Erwartungen nicht ignoriert werden. Eine Konsequenz dieser Diskrepanz sind oftmals recht unterschiedliche Handlungsweisen in hetero- und homosozialer Interaktion und auch unterschiedliche Äußerungen je nachdem, ob sie in einem hetero- oder einem homosozialen Kontext fallen.[4]

Eine Auflösung des spannungsreichen Verhältnisses wird zudem dadurch erschwert, dass – bedingt durch den Wandel sowohl des Geschlechterverhältnisses als auch der Strukturen der Erwerbsarbeit – immer mehr vormals Männern vorbehaltene Räume ihren homosozialen Charakter verlieren. Dies erfahren junge

---

[3] Michael Kimmel (1996, S. 7) sieht die Bedeutung homosozialer Gemeinschaften darin, dass in ihnen die männliche Geschlechtsidentität geformt wird: "Masculinity is largely a homosocial enactment." Pierre Bourdieu (1997, S. 203) zufolge wird der männliche Habitus in den „ernsten Spielen des Wettbewerbs" geformt, welche die Männer untereinander austragen (Meuser 2007b).

[4] Man kann dies als einen Aspekt eines von Böhnisch konstatierten, breiter angelegten strukturellen Spannungsverhältnisses im Alltag von Männern sehen, das er als eine „Gleichzeitigkeit von Zurückweisung und Aufforderung von Männlichkeit" (Böhnisch 2018, S. 201) beschreibt.

Männer insbesondere in der Sphäre des Berufs, wo in Folge der deutlich gestiegenen Erwerbsquote von Frauen, des nicht mehr nur gleichen, sondern leicht höheren Bildungsniveaus junger Frauen und der Etablierung des Modells des nicht mehr nach Geschlecht differenzierenden "adult worker" Kooperations- und Konkurrenzverhältnisse mit Frauen zur alltäglichen Erfahrung werden (King 2000, S. 98). Dies bietet die Chance, Männlichkeitsentwürfe jenseits der tradierten Vorgaben zu entwickeln, kann aber auch Verunsicherung zur Folge haben. Allerdings ist Identität unter den Bedingungen spätmoderner Lebensformen nicht mehr als eine widerspruchsfreie Einheit möglich, sie muss als ein spannungsreicher Prozess verstanden werden. ‚Identitätsarbeit' besteht vor allem in der Bewältigung von Ambivalenzen (Keupp et al. 1999). Mannsein ist für junge Männer eine ambivalente Angelegenheit geworden, die ein hohes Maß an Balance zwischen diskrepanten Erwartungen erfordert.

Immer noch hegemonial? Ansätze zu einer begrifflichen Neubestimmung

Die skizzierten Spannungen, Ambivalenzen und Verunsicherungen werfen die Frage auf, ob bzw. inwieweit das Konzept der hegemonialen Männlichkeit weiterhin geeignet ist, als analytische Leitkategorie der Männlichkeitsforschung zu fungieren. Zwar war dieses Konzept niemals unumstritten und schon recht früh Gegenstand kritischer Diskussionen, in jüngerer Zeit ist jedoch eine Reihe neuer Männlichkeitsbegriffe entwickelt worden, die die Frage nach der Gültigkeit des Konzepts der hegemonialen Männlichkeit vor dem Hintergrund des Wandels der Geschlechterverhältnisse und männlicher Lebenslagen aufwerfen und sich z. T. als Gegenentwurf verstehen: u. a. "alternative", "hybrid", "inclusive", "caring", "personalized", "flexible" masculinities (vgl. Anderson und McCormack 2018, S. 555 ff.); in der deutschsprachigen Männlichkeitsforschung hat Lothar Böhnisch (2018) den Begriff des „modularisierte[n] Mann[es]" vorgeschlagen. Man kann die Entwicklung einer Vielzahl neuer Männlichkeitsbegriffe – ungeachtet des jeweiligen theoretischen Gehalts und der empirischen Triftigkeit – als einen Indikator begreifen, dass die Männlichkeitsforschung (wie die Geschlechterforschung generell) gefordert ist, nach der Angemessenheit eines Konzepts zu fragen, das vor dem Hintergrund industriegesellschaftlicher Geschlechterverhältnisse entwickelt wurde, in denen der Alltag von Männern noch wenig von "gender troubles" berührt war und die männliche ‚Normalbiografie' sich noch weitgehend in gesicherten Erwerbs- und traditionellen Familienverhältnissen vollziehen konnte – bzw. junge Männer noch annehmen konnten, dass es eine solche

Normalbiografie als selbstverständlichen Orientierungsrahmen ihrer biografischen Entwürfe gibt. Drei dieser Begriffe sollen abschließend ein wenig genauer behandelt werden: "inclusive", "caring" und "hybrid" masculinities. Diese Begriffe dominieren die Theoriediskussion der rezenten Männlichkeitsforschung.

Das Konzept der "inclusive masculinity" ist von Eric Anderson (2009) in die Diskussion eingeführt worden. Seiner Ansicht nach ist es besser als das Konzept der hegemonialen Männlichkeit geeignet, gegenwärtige Männlichkeitskonstruktionen und deren Wandel zu beschreiben. Anderson fokussiert vor allem eine veränderte, in Richtung Akzeptanz tendierende Haltung zu Homosexualität. Diese Entwicklung ist ihm Anlass für Zweifel an der fortwährenden Gültigkeit des Konzepts der hegemonialen Männlichkeit. Eine Hierarchisierung von Männlichkeiten, wie sie dieses Konzept annimmt, begreifen Anderson und McCormack (2018) als ein Merkmal sogenannter „homohysterischer Kulturen". "The theory contends that in homohysteric cultures, men's behaviors are severely restricted, and archetypes of masculinity are stratified, hierarchically, with one hegemonic form of masculinity being culturally exalted." (Ebd., S. 548) Im Zuge abnehmender Homophobie vollziehe sich ein tiefgreifender Wandel von Männlichkeiten dergestalt, "that the stratifications of men become less hierarchical, and that more diverse forms of masculinity become more evenly esteemed"(Anderson und McCormack 2018, S. 548). Die gesellschaftliche Regulierung nicht-konformer Männlichkeiten nehme ab. Hegemoniale Männlichkeit stellt nach diesem Verständnis nicht mehr die einzig legitime Form von Männlichkeit dar. Im Sinne wachsender Diversität nimmt Anderson (2011, S. 254) eine harmonische Koexistenz multipler Männlichkeiten an.

Auch der Begriff der "caring masculinities" wird – darin dem Konzept der "inclusive masculinity" ähnlich – als "counterpart to hegemonic masculinity" (Scambor et al. 2013, S. 3) verstanden; die empirische Referenz ist allerdings die wachsende Beteiligung von Männern an Kinderbetreuung und Familienarbeit. Karla Elliott (2016) hat einen Begriff von "caring masculinities" vorgelegt, der diese Form von Männlichkeit als einen konsistenten Identitätsentwurf konzipiert. Ihr zufolge kennzeichnen caring masculinities eine "rejection of dominance" und eine "incorporation of values of care into masculine identities" (ebd., S. 241).Von "caring masculinities" könne nur dann die Rede sein, wenn sowohl eine Abgrenzung von hegemonialer Männlichkeit stattfinde als auch Sorgearbeit zu einem zentralen Element männlicher Identitätsbildung werde. Die wachsende Beteiligung von Männern z. B. an der Kinderbetreuung allein wäre mithin noch nicht als Zeichen von "caring masculinities" zu deuten. Erforderlich sei ein "ethos of affective, relational, nondominating care" (ebd., S. 254). Die damit hergestellte "relational responsibility" ebd., S. 249), welche der Sorge um das Kind ein höheres Gewicht gibt als der Erwirtschaftung des Familieneinkommens, mache "caring masculinities" zur Antithese hegemonialer Männlichkeit. In der Version von Elliott hat der Begriff der "caring masculinities" eine normative Konnotation im Sinne einer "gender equality intervention" (ebd., S. 243).

Das Konzept der "hybrid masculinities" ist ebenfalls auf die von den beiden zuvor skizzierten Konzepten ins Feld geführten empirisch beobachtbaren Einstellungs- und Verhaltensänderungen bezogen, stellt die Gültigkeit des Konzepts der hegemonialen Männlichkeit jedoch nicht infrage. Vielmehr begreift es diese Änderungen wie auch andere Phänomene des Wandels männlicher Lebenslagen als Ausdruck eines Gestaltwandels hegemonialer Männlichkeit und versucht, diesen mit dem Begriff der Hybridität theoriesprachlich zu umreißen.

Bridges und Pascoe (2014, S. 246) bezeichnen mit dem Begriff hybrider Männlichkeiten "the selective incorporation of elements of identity typically associated with various marginalized and subordinated masculinities and – at times – femininities into privileged men's gender performances and identities". In der empirischen Forschung ist dieses Phänomen vor allem bei jungen, weißen, heterosexuellen Männern festgestellt worden (ebd.; Munsch und Gruys 2018, S. 376). Hybride Männlichkeiten repräsentieren Bridges und Pascoe (2014, S. 350) zufolge Transformationen der Ausdrucksformen von Männlichkeit, verändern jedoch nicht die Substanz hegemonialer Männlichkeit (vgl. auch Arxer 2011; Munsch und Gruys 2018). Hybridisierung erhöht, so Demetriou (2001, S. 248), die interne Diversität hegemonialer Männlichkeit und macht sie dadurch dynamischer und flexibler. "It is its constant hybridization, its constant appropriation of diverse elements from various masculinities that makes the hegemonic bloc capable of reconfiguring itself and adapting to the specifities of new historical conjunctures." (Ebd.) Hybridität lässt sich als Reproduktionsmechanismus hegemonialer Männlichkeit unter den Bedingungen eines „flexiblen Kapitalismus" (Sennett 1998, S. 10) und einer flexibilisierten Geschlechterordnung (Lenz 2013, S. 126) begreifen. Hybride Männlichkeit kann man als eine (nicht notwendig intendierte) Strategie verstehen, mit den zuvor angesprochenen Ambivalenzen im Lebenszusammenhang junger Männer umzugehen, zwischen diskrepanten Erwartungen zu balancieren und entsprechende Suchbewegungen zu vollziehen[5]. Insofern als damit, anders etwa als mit dem Begriff der "caring masculinities", kein Anspruch auf einen konsistenten Identitätsentwurf verbunden ist,

---

[5] In eine ähnliche Richtung argumentiert Böhnisch (2018) mit seinem Konzept des „modularisierten Mann[es]", wenn er den „Widerspruch zwischen zurückgewiesener und neu aufgeforderter Männlichkeit" als die treibende Kraft für das „Phänomen der Modularisierung" (ebd., S. 203) begreift.

fügt sich das Konzept hybrider Männlichkeiten in den Rahmen spätmoderner, individualisierter (Multioptions-)Gesellschaften. Während die Konzepte der "caring masculinities" und der "inclusive masculinity" jeweils auf ein spezifisches empirisches Korrelat bezogen sind (Übernahme von Sorgeverantwortung durch Männer bzw. Abnahme von Homophobie), ist das Konzept der hybriden Männlichkeiten auf ein breiteres Spektrum des Wandels männlicher Lebensweisen und von Ausdrucksformen von Männlichkeit bezogen, wie man sie insbesondere unter jungen Männern findet. Das Jugend- und junge Erwachsenenalter ist eine Lebensphase, in der Lebensentwürfe ausprobiert werden. Dies gilt auch für die Entwicklung von Geschlechtsidentitäten (King 2002). Eine besondere Bedeutung kommt hierbei Jugendkulturen und -szenen zu. Diese werden in der jugendsoziologischen Forschung als Orte diskutiert, an denen ein Überschreiten von Geschlechtergrenzen und ein Ausprobieren von Geschlechtsidentitäten möglich sind (Meuser 2018, 2021b). Mit den skizzierten Konzepten liegen unterschiedliche Deutungsangebote vor, die Geschlechtsidentitätsarbeit junger Männer theoretisch einzuordnen. Über die Triftigkeit der einzelnen Ansätze kann letztlich nur auf der Basis einer empirischen Rekonstruktion von Lebenswelten junger Männer entschieden werden. Hierfür dürfte die Frage entscheidend sein, ob und inwieweit es gelingt, Männlichkeitskonstruktionen jenseits des Musters der hegemonialen Männlichkeit auch außerhalb jugendkultureller Kontexte, d. h. vor allem in beruflichen und familialen Arbeits- und Lebenszusammenhängen, zu enaktieren und in späteren Lebensphasen auf Dauer zu stellen.

Literatur

Anderson, E. (2009). *Inclusive Masculinity: The Changing Nature of Masculinities*. New York: Routledge.
Anderson, E. (2011). Updating the Outcome: Gay Athletes, Straight Teams, and Coming Out in Educationally Based Sport Team. *Gender & Society 25*, 250–268.
Anderson, E., & McCormack, M. (2018). Inclusive Masculinity Theory: Overview, Reflection and Refinement. *Journal of Gender Studies 27*, 547–561
Arxer, S. L. (2011). Hybrid Masculine Power: Reconceptualizing the Relationship between Homosociality and Hegemonic Masculinity. *Humanity & Society 35*, 390–422.
Behnke, C., & Meuser, M. (1997). Zwischen aufgeklärter Doppelmoral und partnerschaftlicher Orientierung. Frauenbilder junger Männer. *Zeitschrift für Sexualforschung 10*, 1–18.
Böhnisch, L. (2003). *Die Entgrenzung der Männlichkeit. Verstörungen und Formierungen des Mannseins im gesellschaftlichen Übergang*. Opladen: Leske + Budrich.

Böhnisch, L. (2018). *Der modularisierte Mann. Eine Sozialtheorie der Männlichkeit*. Bielefeld: transcript.
Böhnisch, L., & Winter, R. (1993). *Männliche Sozialisation. Bewältigungsprobleme männlicher Geschlechtsidentität im Lebenslauf*. Weinheim: Juventa.
Bourdieu, P. (1997). Die männliche Herrschaft. In I. Dölling & B. Krais (Hrsg.), *Ein alltägliches Spiel. Geschlechterkonstruktion in der sozialen Praxis* (S. 153–217). Frankfurt a. M.: Suhrkamp.
Bridges, T., & Pascoe, C. J. (2014). Hybrid Masculinities: New Directions in the Sociology of Men and Masculinities. *Sociology Compass 8*, 246–258.
Bründel, H., & Hurrelmann, K. (1999). *Konkurrenz, Karriere, Kollaps. Männerforschung und der Abschied vom Mythos Mann*. Stuttgart: Kohlhammer.
Buschmeyer, A., & Lengersdorf, D. (2016). The Differentiation of Masculinity as a Challenge for the Concept of Hegemonic Masculinity. *Norma 11*, 190–207.
Cohan, M. (2009). Adolescent Heterosexual Males Talk About the Role of Male Peer Groups in Their Sexual Decision-Making. *Sexuality & Culture 13*, 152–177.
Connell, R.W. (1987). *Gender and Power. Society, the Person and Sexual Politics*. Cambridge: Polity Press.
Connell, R. (2015). *Der gemachte Mann. Männlichkeitskonstruktionen und Krise der Männlichkeiten* (4. Aufl.). Wiesbaden: Springer VS.
Demetriou, D. Z. (2001). Connell's Concept of Hegemonic Masculinity: A Critique. *Theory and Society 30*, 337–361.
Diefendorf, S., & Bridges, T. (2020). On the Enduring Relationship between Masculinity and Homophobia. *Sexualities 23*, 1264–1284.
Döring, N. (2017). Männliche Sexualität im Digitalzeitalter: Aktuelle Diskurse, Trends und Daten. In Stiftung Männergesundheit (Hrsg.), *Sexualität von Männern. Dritter Deutscher Männergesundheitsbericht* (S. 39–75). Gießen: Psychosozial-Verlag.
Donaldson, M. (1993). What Is Hegemonic Masculinity? *Theory and Society 22*, 643–657.
Elliott, K. (2016). Caring Masculinities: Theorizing an Emerging Concept. *Men and Masculinities 19*, 240–259.
Faulstich-Wieland, H., Weber, M., & Willems, K. (2004). *Doing Gender im heutigen Schulalltag. Empirische Studien zur sozialen Konstruktion von Geschlecht in schulischen Interaktionen*. Weinheim & München: Juventa.
Flood, M. (2008). Men, Sex and Homosociality. How Bonds between Men Shape Their Sexual Relations with Women. *Men and Masculinities 10*, 339–359.
Gille, M. (2012). Adolescents and young adults in Germany: Increasing willingness to perform and a growing sense of social responsibility. *Panorama – Insights into Asian and European affairs on «Youth agents of change or guardians of establishment?»*, 1, 157–165.
Gille, M. (2009). Familien- und Lebensmodelle junger Männer. In K. Jurczyk & A. Lange (Hrsg.), *Vaterwerden und Vatersein heute. Neue Wege – neue Chancen!* (S. 97–120). Gütersloh: Verlag Bertelsmann Stiftung.
Harrison, J. B. (1978). Warning: The Male Sex Role May Be Dangerous to Your Health. *Journal of Social Issues 34*, 65–86.
Helfferich, C., Klindworth, H., & Kruse, J. (2005). *Männer Leben. Studien zu Lebensläufen und Familienplanung – Vertiefungsbericht*. Köln: BZgA.
Hollstein, W. (1992). *Die Männer. Vorwärts oder zurück?* München: Knaur.

Horlacher, S., Jansen, B., & Schwanebeck, W. (Hrsg.). (2015). *Männlichkeit. Ein interdisziplinäres Handbuch*. Stuttgart: Metzler.
Jösting, S. (2005). *Jungenfreundschaften. Zur Konstruktion von Männlichkeit in der Adoleszenz*. Wiesbaden: VS-Verlag.
Jurczyk, K., Schier, M., Szymenderski, P., Lange, A., & Voß, G. G. (2009). *Entgrenzte Arbeit – entgrenzte Familie. Grenzmanagement im Alltag als neue Herausforderung*. Berlin: edition sigma.
Kehily, M. J. (2009). Peer Culture, Masculinities and Schooling. In J. Budde & I. Mammes (Hrsg.), *Jungenforschung empirisch* (S. 163–173). Wiesbaden: Springer VS.
Kelan, E. (2008). Gender, Risk and Employment Insecurity: The Masculine Breadwinner Subtext. *Human Relations 61*, 1171–1202.
Keller, B., & Henneberger F. (2019). Atypische Beschäftigung. In *Gabler-Wirtschaftslexikon* (A–B, 19. Aufl.). Wiesbaden: Springer Gabler.
Keupp, H., Ahbe, T., Gmür, W., Höfer, R., Mitzscherlich, B., Kraus, W., & Sraus, F. (1999). *Identitätskonstruktionen. Das Patchwork der Identitäten in der Spätmoderne*. Reinbek: Rowohlt.
Kimmel, M. S. (1987). „Rethinking Masculinity": New Directions in Research. In ders. (Hrsg.), *Changing Men. New Directions in Research on Men and Masculinity* (S. 9–24). Newbury Park: Sage.
Kimmel, M. (1996). *Manhood in America. A Cultural History*. New York: Free Press.
King, V. (2000). Entwürfe von Männlichkeit in der Adoleszenz. Wandlungen und Kontinuitäten von Familien- und Berufsorientierungen. In H. Bosse & V. King (Hrsg.), *Männlichkeitsentwürfe. Wandlungen und Widerstände im Geschlechterverhältnis* (S. 92–107). Frankfurt a. M. und New York: Campus.
King, V. (2002). *Die Entstehung des Neuen in der Adoleszenz. Individuation, Generativität und Geschlecht in modernisierten Gesellschaften*. Wiesbaden: VS Verlag.
Lengersdorf, D., & Meuser, M. (2010). Wandel von Arbeit – Wandel von Männlichkeiten. *Österreichische Zeitschrift für Soziologie 35* (2), 89–103.
Lengersdorf, D., & Meuser, M. (2022). Männlichkeiten zwischen Neujustierung und Wandel? Persistenzen hegemonialer Männlichkeit. Erscheint in *Gender 13* (1).
Lenz, I. (2013). Zum Wandel der Geschlechterordnungen im globalisierten flexibilisierten Kapitalismus. Neue Herausforderungen für die Geschlechterforschung. *Feministische Studien 28*, 1, 124–130.
Li, X., & Zerle-Elsäßer, C. (2015). Können Väter alles unter einen Hut bringen? Das Vereinbarkeitsdilemma engagierter Väter. In S. Walper, W. Bien & T. Rauschenbach (Hrsg.), *Aufwachsen in Deutschland heute. Erste Befunde aus dem DJI-Survey AID:A 2015* (S. 16–20). München: Deutsches Jugendinstitut. https://www.dji.de/fileadmin/user_upload/bib s2015/DJI_AIDA_2015.pdf. Zugegriffen: 07. November 2021.
Matthiesen, S. (2013). Jungensexualität. In B. Stier & R. Winter (Hrsg.), *Jungen und Gesundheit* (S. 254–266). Stuttgart: Kohlhammer.
Matthiesen, S., Mainka, J., & Martyniuk, U. (2015). Beziehungen und Sexualität im Jugendalter. In S. Lewandowski, & C. Koppetsch (Hrsg.), *Sexuelle Vielfalt und die UnOrdnung der Geschlechter* (S. 219–247). Bielefeld: transcript.
McCormack, M. (2014). The Intersection of Youth Masculinities, Decreasing Homophobia and Class: An Ethnography. *The British Journal of Sociology* 65, 130–149.
Metz-Göckel, S., & Müller, U. (1986). *Der Mann*. Weinheim: Beltz.

Meuser, M. (1998). Gefährdete Sicherheiten und pragmatische Arrangements. Lebenszusammenhänge und Orientierungsmuster junger Männer. In M. Oechsle, & B. Geissler (Hrsg.), *Die ungleiche Gleichheit. Junge Frauen und der Wandel im Geschlechterverhältnis* (S. 237–255). Opladen: Leske + Budrich.
Meuser, M. (2007a). Der „kranke Mann" – wissenssoziologische Anmerkungen zur Pathologisierung des Mannes in der Männergesundheitsforschung. In M. Dinges (Hrsg.): *Männlichkeit und Gesundheit im historischen Wandel 1850–2000. Medizin, Gesellschaft und Geschichte (Beiheft 27)* (S. 73–86). Stuttgart: Franz Steiner Verlag.
Meuser, M. (2007b). Serious Games. Competition and the Homosocial Construction of Masculinity. *NORMA – Nordic Journal for Masculinity Studies 2*, 38–51.
Meuser, M. (2009). Männer und Familie – Perspektiven aus der Männlichkeitsforschung. In O. Kapella, C. Rille-Pfeiffer, M. Rupp & N. F. Schneider (Hrsg.), *Die Vielfalt der Familie* (S. 145–155). Opladen: Verlag Barbara Budrich.
Meuser, M. (2010a). *Geschlecht und Männlichkeit. Soziologische Theorie und kulturelle Deutungsmuster* (3. Aufl.). Wiesbaden: VS Verlag.
Meuser, M. (2010b). Geschlecht, Macht, Männlichkeit – Strukturwandel von Erwerbsarbeit und hegemoniale Männlichkeit. *Erwägen, Wissen, Ethik (EWE) 21* (3), 325–336.
Meuser, M. (2016). Zwischen Erwerbsarbeit und Familie – Zum Wandel männlicher Lebenslagen. In B. Grimmer, T. Afflerbach & G. Dammann (Hrsg.), *Psychoandrologie. Psychische Störungen des Mannes und ihre Behandlung* (S. 11–22). Stuttgart: Kohlhammer.
Meuser, M. (2018). Jungen und Männlichkeit. In A. Lange, C. Steiner, S. Schutter & H. Reiter (Hrsg.), *Handbuch Kindheits- und Jugendsoziologie* (S. 365–378). Wiesbaden: Springer VS.
Meuser, M. (2021a). Experimentierfeld Männlichkeit. Alltagsweltliche und konzeptuelle Suchbewegungen. In G. Betz, M. Halatcheva-Trapp & R. Keller (Hrsg.), *Soziologische Experimentalität. Wechselwirkungen zwischen Disziplin und Gegenstand* (S. 381–395). Weinheim: Beltz Juventa.
Meuser, M. (2021b). Kindheit, Jugend und Geschlecht. In H.-H. Krüger, C. Grunert & K. Ludwig (Hrsg.), *Handbuch Kindheits- und Jugendforschung*. Wiesbaden: Springer VS 2021. https://doi.org/10.1007/978-3-658-24801-7_56-1.
Munsch, C. L., & Gruys, K. (2018). What Threatens, Defines: Tracing the Symbolic Boundaries of Contemporary Masculinity. *Sex Roles 79*, 375–392.
Pross, H. (1978). *Die Männer. Eine repräsentative Untersuchung über die Selbstbilder von Männern und ihre Bilder von der Frau*. Reinbek: Rowohlt.
Rumens, Nick (2018). Age and Changing Masculinities in Gay-Straight Male Workplace Friendships. In *Journal of Gender Studies 27*, 260–273.
Scambor, E., Woijnicka, K., & Bergmann, N. (Hrsg.). (2013). *The Role of Men in Gender Equality – European Strategies and Insights*. Luxembourg: European Union.
Scholz, S. (2012). *Männlichkeitssoziologie. Studien aus den sozialen Feldern Arbeit, Politik und Militär im vereinten Deutschland*. Münster: Westfälisches Dampfboot.
Seidler, V. J. (2006). *Young Men and Masculinities. Global Cultures and Intimate Lives*. London: Zed Books.
Sennett, R. (1998). *Der flexible Mensch. Die neue Kultur des Kapitalismus*. Berlin: Berlin Verlag.
Simmel, G. (1992). *Soziologie. Untersuchungen über die Formen der Vergesellschaftung.* (Gesamtausgabe, Bd. 2). Frankfurt a. M.: Suhrkamp.

Statistisches Bundesamt (2015). Befristet Beschäftigte. https://www.destatis.de/DE/Zahlen Fakten/Indikatoren/QualitaetArbeit/Dimension4/4_2_BefristetBeschaeftigte.html. Zugegriffen: 3. Januar 2016.
Stich, J. (2005). Annäherungen an sexuelle Beziehungen. Empirische Befunde zu Erfahrungs- und Lernprozessen von Jungen. In V. King & K. Flaake (Hrsg.), *Männliche Adoleszenz* (S. 164–183). Frankfurt a. M. und New York: Campus.
Tervooren, A. (2006). *Im Spielraum von Geschlecht und Begehren. Ethnographie der ausgehenden Kindheit.* Weinheim: Juventa.
Volz, R., & Zulehner, P. M. (2009). *Männer in Bewegung. Zehn Jahre Männerentwicklung in Deutschland.* Baden-Baden: Nomos.
Winter, R., & Neubauer, G. (1998). *Kompetent, authentisch und normal? Aufklärungsrelevante Gesundheitsprobleme, Sexualaufklärung und Beratung von Jugendlichen.* Köln: BZgA.
Wippermann, C., Calmbach, M., & Wippermann, K. (2009). *Männer: Rolle vorwärts, Rolle rückwärts? Identitäten und Verhalten von traditionellen, modernen und postmodernen Männern.* Opladen: Verlag Barbara Budrich.
Zerle, C., & Krok, I. (2009). Null Bock auf Familie!? Schwierige Wege junger Männer in die Vaterschaft. In K. Jurczyk & A. Lange (Hrsg.), *Vaterwerden und Vatersein heute. Neue Wege – neue Chancen!* (S. 121–140). Gütersloh: Verlag Bertelsmann Stiftung.
Zulehner, P. M., & Volz, R. (1998). *Männer im Aufbruch. Wie Deutschlands Männer sich selbst und wie Frauen sie sehen.* Ostfildern: Schwabenverlag.

Univ.-Prof. Dr. Michael Meuser i.R., Soziologe, Professor für Soziologie der Geschlechterverhältnisse an der Fakultät Sozialwissenschaften der TU Dortmund (2007-2020) mit den Forschungsschwerpunkten Soziologie der Geschlechterverhältnisse, Familiensoziologie, Wissenssoziologie, Soziologie des Körpers und Methoden qualitativer Sozialforschung.

Antinomische Egalisierung – Einstellungen junger Männer in Deutschland zu Gleichberechtigung und Gleichstellung der Geschlechter

Katja Sabisch, Katja Nowacki und Silke Remiorz

Einleitung

Dass gruppenbezogene Menschenfeindlichkeit, antimuslimischer Rassismus und die Abwertung von Geflüchteten seit 2014 kontinuierlich zugenommen haben und gegenwärtig Höchststände erreichen, zeigt die Studie „Zugleich – Zugehörigkeit und Gleichwertigkeit", in der die Einstellungen zu Migration und Integration in der deutschen Bevölkerung repräsentativ erhoben wurden (Zick und Krott 2021). Zeitgleich erstarken seit der Fluchtbewegung im Jahr 2015 rechtspopulistische, neurechte und rechtsextremistische Bewegungen und Parteien, die sich – trotz aller Unterschiede – allesamt um eine diskursmächtige Figur versammeln: den „young foreign criminal and violent perpetrator" (Mayer et al. 2016, S. 94; Dietze 2019). Die Kölner Silvesternacht 2015/2016, in der zahlreiche Frauen von sexuellen Übergriffen durch junge Männer unterschiedlicher

---

K. Sabisch (✉)
Fakultät für Sozialwissenschaft, Lehrstuhl Gender Studies, Ruhr-Universität Bochum, Bochum, Deutschland
E-Mail: katja.sabisch@rub.de

K. Nowacki · S. Remiorz
Fachbereich Angewandte Sozialwissenschaften, Fachhochschule Dortmund, Dortmund, Deutschland
E-Mail: katja.nowacki@fh-dortmund.de

S. Remiorz
E-Mail: silke.remiorz@fh-dortmund.de

© Der/die Autor(en), exklusiv lizenziert an Springer Fachmedien Wiesbaden GmbH, ein Teil von Springer Nature 2022
K. Nowacki et al. (Hrsg.), *Junge Männer in Deutschland*, Edition Centaurus – Jugend, Migration und Diversity, https://doi.org/10.1007/978-3-658-39235-2_2

Herkunft und Aufenthaltsstatus betroffen waren (Amjahid et al. 2016), steht paradigmatisch für diese Figur und wurde vor diesem Hintergrund als Beweis für die Nicht-Integrierbarkeit von jungen muslimischen Männern instrumentalisiert (Dietze 2016). Die sich hier offenbarende *Ethnisierung von Sexismus* (Jäger 2000), die den öffentlichen Diskurs über junge muslimische Männer prägt, macht „bestimmte sexistische (oder frauenfeindliche) Haltungen und Verhaltensweisen zum Charakteristikum einer bestimmten ‚Ethnie'" (Jäger 2010, S. 455). Das heißt, dass in diesem Fall Sexismus und Misogynie einseitig muslimisch erzogenen Männern zugeschrieben werden. Anders formuliert: „Bei der ‚Ethnisierung von Sexismus' kommen zwar die Elemente Sexismus und Rassismus gleichzeitig vor, wir haben es aber an der Oberfläche mit einer rassistischen Konstruktion zu tun, die sich als Sexismuskritik tarnt" (Dietze 2016, S. 96). Denn Jäger zufolge ist ethnisierter Sexismus deshalb so wirkmächtig, weil er mit einer positiv besetzten Norm arbeitet, nämlich der Gleichberechtigung der Geschlechter. Diese wird als eine westliche Errungenschaft inszeniert, die dem rückständigen Geschlechterbild der jungen, muslimisch gelesenen Männer diametral gegenübersteht. Damit wird nicht nur die – empirisch nicht vorhandene – Gleichberechtigung der Geschlechter in Deutschland vorausgesetzt, sondern vor allem werden der ‚einheimische' Sexismus und die ‚einheimische' Gewalt unsichtbar gemacht. Vor diesem Hintergrund gilt es, eine „postmigrantische Perspektive" (Foroutan 2018) einzunehmen, die „Prozesse des Ein- und Ausschlusses, des Fremdmachens und Zuschreibens" (Huxel et al. 2020, S. 137) hinterfragt.

Postkölnische[1] Forschung – die JUMEN-Studie

Die Ethnisierung von Sexismus wurde bislang vor allem diskursanalytisch untersucht (z. B. Dziuba-Kaiser und Rott 2016; Dudler und Niedick 2020). Während also das Sagbare über junge, muslimisch gelesene Männer bzw. die rassistisch und sexistisch markierten Wissensordnungen, in denen sie eingefasst werden, gut erforscht sind, bleibt ihre eigene Perspektive ein Forschungsdesiderat.[2] Im Folgenden stehen daher nicht die *Vorstellungen über* junge Männer im Fokus der Analyse, sondern ihre *Einstellungen zu* Gleichberechtigung und Gleichstellung der Geschlechter.

---

[1] Der Begriff „PostKölnialismus" wurde von der Kulturwissenschaftlerin Mithu M. Sanyal (2017) eingeführt.

[2] Eine Ausnahme stellt die Studie von Müller (2013) dar, die die Einstellungen junger hinduistischer und muslimischer Männer in der Schweiz untersucht hat.

Wie bereits in der Einleitung dieses Bandes erläutert, wurden im Rahmen des Forschungsprojekts JUMEN die Einstellungen junger Männer mit und ohne internationale Geschichte zu Gender und LSBTI* quantitativ und qualitativ untersucht. Während für die quantitative Studie insgesamt 819 junge Männer mit und ohne internationale Geschichte standardisiert mittels eines Online-Surveys befragt wurden (vgl. Nowacki in diesem Band), gründet der qualitative Teil auf insgesamt 62 halbstandardisierten problemzentrierten Interviews (Witzel und Reiter 2012). Befragt wurden Jungen und junge Männer zwischen 14 und 28 Jahren,

(1) die eine deutsche Staatsangehörigkeit haben und deren Eltern diese auch besitzen (20 Interviews),
(2) die ausschließlich oder zusätzlich eine andere Staatsbürgerschaft als die deutsche haben (türkeistämmig,[3] 21 Interviews), sowie junge Männer,
(3) die überwiegend nach 2015 im Rahmen der Fluchtbewegung nach Deutschland gekommen sind (21 Interviews).[4]

Diese Unterscheidung basiert auf bereits etablierten Operationalisierungen, wie sie z. B. Zick und Krott (2021) in der Studie „Zugleich" anwenden. Ziel der Differenzierung ist die Möglichkeit eines Vergleichs zwischen Personengruppen, die unterschiedlich lange in Deutschland leben bzw. keine internationale Geschichte haben.

Die Interviews wurden im Jahr 2019 von jungen Männern mit und ohne internationale Geschichte geführt, um soziale und vor allem auch sprachliche Barrieren zu vermeiden.[5] Nach einer offenen Eingangsfrage („Was fällt dir zum Thema Geschlecht oder sexuelle Orientierung ein?") folgten insgesamt vier Frageblöcke, die Geschlechterbilder, Gleichberechtigung/Gleichstellung, sexuelle und geschlechtliche Vielfalt sowie persönliche Sozialisationserfahrungen behandelten. Die folgende Analyse konzentriert sich auf das Thema Gleichberechtigung/Gleichstellung, wobei auch Aussagen über Geschlechterbilder sowie die Eingangsnarrationen Berücksichtigung finden. Anzumerken ist, dass sich die Mehrheit der Interviewten als heterosexuell definiert.

---

[3] Zum Begriff „türkeistämmig" vgl. https://glossar.neuemedienmacher.de/glossar/tuerkischstaemmige-2/

[4] Die Interviewten kommen aus Afghanistan, Syrien, Guinea, Angola, Iran und Tadschikistan.

[5] An dieser Stelle sei Emre Canan, Jamshid Ghasemi und Henrik Hitzemann herzlich gedankt!

Die Transkripte der leitfadengestützten Interviews wurden inhaltsanalytisch unter Zuhilfenahme der Software MAXQDA ausgewertet. Ziel dieser qualitativen Erhebung war es, die sozialen Lebenswelten, genauer: die Einstellungen der interviewten Personen hinsichtlich des Geschlechts und der Gleichberechtigung, zu verstehen und beschreiben zu können (Przyborski und Wohlrab-Sahr 2014). Es geht also – anders als in quantitativen Ansätzen – nicht um Verteilungen oder Häufigkeiten bestimmter Einstellungen, sondern um eine Typisierung und Theoretisierung der Orientierungen und Deutungen, die dem Material kategoriengeleitet entnommen werden konnten (Mayring und Fenzl 2019).

Im Hinblick auf die oben vorgestellte gruppenspezifische Operationalisierung ist dabei festzuhalten, dass sich keine signifikanten Unterschiede in den Aussagen über Gleichberechtigung/Gleichstellung finden lassen. Besonders traditionelle oder restriktive Geschlechterbilder, die mit einer Kritik an oder der Ablehnung von gleichstellungspolitischen Maßnahmen einhergehen, sind in allen drei Interviewgruppen die Ausnahme und korrespondieren – und auch dies ist nicht überraschend – mit dem Bildungshintergrund der Befragten. Allerdings lassen sich gruppenspezifische Unterschiede in der Rahmung der Aussagen erkennen: Während vor allem die türkeistämmigen jungen Männer ihre Einstellungen zu Geschlecht und Gleichberechtigung oft vor dem Hintergrund ihrer religiösen bzw. muslimischen Sozialisation erklären, beziehen sich die jungen Männer mit Fluchterfahrung vornehmlich auf die in Deutschland geltenden Werte und „Regeln"[6], die sie nicht nur teilen, sondern auch verwirklichen möchten.

Die nachstehenden Abschnitte, die sich aus den inhaltsanalytischen Kategorien (2) Vorstellungen von Geschlecht, (3) Bewertungen von Geschlechterungleichheit sowie (4) Begründung der Ungleichheiten speisen, geben Aufschluss über diese Nuancierungen. Vor allem aber verweisen sie auf eine Gemeinsamkeit, die zum Schluss des Beitrags (5) als *antinomische Egalisierung* konzeptualisiert werden soll. Denn in nahezu allen Interviews wird ein unauflösbarer Widerspruch formuliert: Die unbedingte Befürwortung von Gleichberechtigung und gleichstellungspolitischen Maßnahmen unter der Bedingung, dass die bestehende Geschlechterordnung beibehalten wird.

---

[6] Interview Gruppe 3: JM_DI_08.

„Gender ist something you do und so etwas"[7] – dynamische und traditionelle Vorstellungen von Geschlecht

Auf die Frage, was ihnen zu Mädchen oder Jungen einfalle, zählen die meisten Befragten gängige Stereotype auf: Mädchen seien freundlich, zärtlich, schwach, manchmal zickig, fleißig, zurückhaltend, zuweilen arrogant, ideenreich, fürsorglich, ordentlich, zielstrebig, fleißig und einfühlsam; Jungen dagegen cool, gelassen und risikobereit. Bemerkenswert ist nun, dass nach dieser Aufzählung in den meisten Fällen eine Reflexion der genannten Klischees erfolgt, die dann auch als solche benannt werden. Denn eigentlich seien alle Mädchen „unterschiedlich";[8] es gäbe zwar in den letzten Jahren „wieder mehr so dieses Mädchen-, mehr so dieses Jungending", allerdings seien die Unterschiede zwischen Jungen und Mädchen insgesamt gering;[9] die „Charakterzüge", das „Persönliche zwischen Jungen und Mädchen [ist] eigentlich fast gleich".[10] Auch werden Geschlechterbilder in einen zeitlichen Zusammenhang gestellt, um auf sich wandelnde Geschlechterrollen aufmerksam zu machen:

> „Also zum Thema Mädchen und Jungs habe ich zwei Bilder. Einmal dieses klassische Bild halt von früher noch von den Generationen vor uns. Dass dann das Mädchen/die Frau halt im jungen Alter heiratet und die Hausfrau ist. Dass der Mann dann arbeiten geht. Aber heutzutage ändert sich das Bild ja sehr stark. Ich finde, da gibt es eher so eine Vermischung mittlerweile, dass mal der Mann auch zu Hause ist und die Frau arbeiten geht. Und dass einfach nicht mehr dieses alte Bild gibt."[11]

Das neue Bild, das auf einem egalitäreren Rollenverständnis fußt, wird von den türkeistämmigen und den autochthonen deutschen jungen Männern als „liberaler" und „lockerer"[12] angesehen, was letztlich zu Angleichungen der Geschlechterbilder führt: „Also ich glaube, dass es heute sehr, sehr viel komplizierter ist als vielleicht noch so vor ein paar Jahrzehnten. Weil ich glaube, es vermischt sich mehr. Und Mädchen haben auch manchmal dieselben Interessen wie Jungs und ich glaube, das kann man so eindeutig nicht sagen."[13]

---

[7] Interview Gruppe 2: JM_SN_09.
[8] Interview Gruppe 3: JM_DI_08.
[9] Interview Gruppe 1: JM_NE_05.
[10] Interview Gruppe 2: JM_AN_15.
[11] Interview Gruppe 2: JM_AN_15.
[12] Interview Gruppe 2: JM_EZ_16.
[13] Interview Gruppe 1: JM_IZ_15.

Dagegen verweisen die nach Deutschland geflüchteten jungen Männer nicht auf einen historischen Wandel der Geschlechterbilder, sondern eher auf die unterschiedlichen gesellschaftlichen Positionierungen von Frauen in Deutschland und den jeweiligen Herkunftsländern. In Deutschland hätten auch Mädchen und Frauen „alle Platz".[14]. Frauen sollen ihr Leben selbst gestalten können,[15] denn: „Wenn in den Regeln steht, dass Männer und Frauen gleich, […] dann muss es auch in vielen Sachen fifty-fifty sein."[16]

Während also die nach Deutschland geflüchteten jungen Männer auf die Frage nach Vorstellungen von Geschlecht eher auf die politische und rechtliche Situation von Frauen verweisen, bemühen sich die Interviewten der anderen beiden Gruppen um eine Ent-Stereotypisierung. Allgemein beschreibt der Begriff Geschlechtsstereotyp die „Verbindungen zwischen Attributen und einer Geschlechtskategorie, d. h. Annahmen, die Menschen darüber haben, welche Merkmale männliche und weibliche Personen (angeblich) haben" (Hannover und Wolter 2019, S. 202). Die im Material vorzufindende Ent-Stereotypisierung geschieht dabei auf zweifache Weise: Zum einen werden die Unterschiede innerhalb der Genusgruppen betont, zum anderen werden die Unterschiede zwischen den Genusgruppen eingeebnet. Diese Vorstellung von Geschlecht, die als *dynamisch-flexibel* charakterisiert werden soll, wird in den Interviews mitunter auch durch wissenschaftliche Begriffe gerahmt, wenn zum Beispiel von „Gender" („Gender is something you do") oder auch „Stereotypen"[17] die Rede ist.

Zusammenfassend lässt sich feststellen, dass die dynamisch-flexible Vorstellung von Geschlecht in allen drei Gruppen überwiegt. Dennoch lassen sich auch Einstellungen ausmachen, die Geschlecht eher *stereotyp-traditionell* konfigurieren. Dieser Typus zeigt sich u. a. in der folgenden Aussage: „Ich bin gläubiger Moslem und ja, bei uns ist das halt, Frau ist Frau, Mann ist Mann. Es gibt Frauenaufgaben, es gibt Männeraufgaben. So kenne ich das."[18] Neben solch dezidiert religiösen Begründungen (vgl. dazu Kap. 3 in diesem Band) wird auch auf Unterschiede zwischen in Deutschland lebenden Mädchen und den Mädchen in den Herkunftsländern Bezug genommen:

---

[14] Interview Gruppe 3: JM_AY_07
[15] Interview Gruppe 3: JM_BN_06.
[16] Interview Gruppe 3: JM_DI_08.
[17] Vgl. Gruppe 2: JM_NS_13, JM_SN; Gruppe 3: JM_KA_19.
[18] Interview Gruppe 2: JM_DL_10.

> „Für mich ein typisches Mädchen ist ein Mädchen, die ein bisschen schämt sich. Ist gut angezogen, ich meine nicht so offen und das ist nicht fremd für mich, weil solche Kleidung haben wir auch in meiner Heimat. Aber trotzdem finde ich es nicht so gut. Ich finde Mädchen wie Prinzessinnen und Prinzessinnen können nicht so offen sein."[19]

Zudem lassen sich Rückbezüge auf stereotyp-traditionelle Geschlechtervorstellungen erkennen, die biologisch begründet werden – Frauen und Mädchen könnten aufgrund ihrer körperlichen Konstitution weniger leisten und würden insgesamt weniger rational agieren.[20] Auffällig ist allerdings, dass diese eher abwertenden, stereotyp-traditionellen Äußerungen nicht mit der Bewertung von Geschlechterungleichheiten korrespondieren. Diesbezüglich sind sich alle Interviewten einig: Eine ungleiche Behandlung von Frauen und Männern ist nicht akzeptabel.

„Also, Gleichberechtigung sollte auf jeden Fall herrschen"[21] – Bewertungen von Geschlechterungleichheiten

Die Fragen zu dieser Kategorie wurden in zwei Themenbereiche gegliedert. Als Erstes wurde nach der Einstellung zur *Gleichberechtigung* der Geschlechter gefragt, wobei bestehende Lohnungleichheiten und der geringere Anteil von Frauen in Führungspositionen als Beispiele für bestehende Ungleichheiten genannt wurden. Im Anschluss daran wurden die Interviewten um ihre Meinung über *Gleichstellung* bzw. gleichstellungspolitische Maßnahmen wie die Quotierung gebeten.

Bezüglich des erstgenannten Themenbereiches ‚Gleichberechtigung' könnten die Einstellungen kaum gleichförmiger sein. Die Benachteiligung von Frauen auf dem Arbeitsmarkt wird von allen Interviewten als „unfair", „nicht korrekt", „Schwachsinn", „absurd", „schade", „ungerecht", „sexistisch" oder „unnötig" bewertet. Die nach Deutschland geflüchteten Männer verweisen dabei vor allem auf die in Deutschland geltenden Gesetze und Regeln und sind zum Teil erstaunt, dass es Ungleichheiten gibt: „Das ist doch eigentlich in Deutschland. Frauen arbeiten genau wie Männer. Frauen müssen auch so sein wie Männer. Müssen auch gleich Geld verdienen, die arbeiten auch gleich viel."[22] Die Befragten der

---

[19] Interview Gruppe 3: JM_QM_17.
[20] Interview Gruppe 1: JM_II_16 sowie JM_IZ_15.
[21] Interview Gruppe 2: JM_T_DL_10.
[22] Interview Gruppe 3: JM_RI_10.

beiden anderen Gruppen führen auch das Grundgesetz an, beziehen sich aber vornehmlich kritisch auf „veraltete Ansichten" oder „alte Geschlechterbilder".[23] Vor allem im Hinblick auf die bestehende Lohnungleichheit ist die Empörung groß: „Es ist keine Gleichberechtigung. Es gibt halt –. Ich sehe den Sinn dahinter nicht, dass das so aufgeteilt ist, dass sie diese Zweiklassengesellschaft, sage ich einmal, gibt."[24]

Es ist daher nicht weiter überraschend, dass der in Abschn. 2 herausgearbeitete dynamisch-flexible Typus die Befürwortung bzw. Einforderung von Gleichberechtigung einschließt:

> „Dass es so lange dauert, dass eine Frau, nur weil sie eine Frau ist, den gleichen Lohn bekommt, für die gleiche Arbeit, mit der gleichen Qualifikation wie ein Mann, das darf eigentlich nicht sein. Das ist etwas, das kann man nicht rechtfertigen. Das ist auch nicht zu rechtfertigen. Das ist ein Relikt, sozusagen, aus patriarchalischen Strukturen."[25]

Auffällig ist, dass der Fairness-Gedanke vorzugsweise durch Begriffe wie Leistung und Kompetenz illustriert wird. Geschlecht sollte, so die einhellige Meinung, bei der Bewertung von (Erwerbs-)Arbeit keine Rolle spielen:

> „Unnötig, weil eine Frau die gleichen Kompetenzen so wie ein Mann hat, aber manche Männer können es besser, manche Frauen können es besser. Das ist vom Geschlecht eigentlich unabhängig, finde ich."[26]

Auch bezüglich der Einstellungen zur *Gleichstellung* herrscht große Einigkeit, wobei hier zum Teil eklatante Wissenslücken bestehen. Den Befragten, die erst kurze Zeit in Deutschland leben, sind gleichstellungspolitische Maßnahmen gänzlich unbekannt. Ebenso können einige der jungen Männer, die in Deutschland aufgewachsen sind, erst nach einer kurzen Erläuterung auf die Frage antworten. Insgesamt ist aber festzustellen, dass gleichstellungspolitische Maßnahmen wie Quotierungen als Weg zur Gleichberechtigung angesehen und aus diesem Grund befürwortet werden:

> „Eigentlich finde ich es super […]. Weil ich finde auch, ein Mann könnte, muss ja nicht immer die typischen Männerjobs machen, könnte auch was, für was anderes

---

[23] Z.B. Gruppe 1: JM_IZ_15 oder Gruppe 2: JM_MN_14.
[24] Interview Gruppe 1: JM_KA_19.
[25] Interview Gruppe 2: JM_NS_13.
[26] Interview Gruppe 1: JM_OG_02, vgl. auch Interview Gruppe 3: JM_NL_17.

offen sein. Deine Frau könnte ja auch ebenso was anderes machen so. Von daher ist es auch vielleicht gut, dass die Frau noch in welche Bereiche gehen und auch, ja weil, können die auch selber sehen, wie das ist halt, wenn ein, wie ein Mann dort arbeitet und so."[27]

Zudem bedauern einige der Befragten, dass gleichstellungspolitische Maßnahmen überhaupt notwendig sind:

> „Ich finde auch so Sachen wie Frauenquote oder so was, wäre dann nicht wichtig, wenn man einen Menschen wirklich dann auch nach seinen Fähigkeiten beurteilen würde und nicht nach seinem Geschlecht, und ich finde, eigentlich sollte das in der heutigen Zeit nicht nötig sein, da irgendwas tun zu müssen."[28]

Die Aussagen über Gleichberechtigung und – sofern bekannt – Gleichstellung belegen demzufolge auf eindrückliche Weise, dass sich bei ihnen *Geschlechtergleichheit als unhinterfragbare Norm* etabliert hat. Dies kommt insbesondere in den Interviews zum Ausdruck, die sich eher den in Abschn. 2 skizzierten stereotyp-traditionellen Vorstellungen von Geschlecht zuordnen lassen. Denn auch hier wird das Gleichberechtigungspostulat keinesfalls angezweifelt. Während also im dynamisch-flexiblen Typus Gleichberechtigung und Gleichstellung als unbedingt erstrebenswert integriert werden, besteht im stereotyp-traditionellen Typus ein Bruch, der durch folgendes Ankerbeispiel illustriert werden soll:

> „Ich bin gläubiger Moslem und ja, bei uns ist das halt Frau ist Frau, Mann ist Mann. Es gibt *Frauenaufgaben, es gibt Männeraufgaben*. So kenne ich das […] Also, *Gleichberechtigung sollte auf jeden Fall herrschen*, aber in manchen Punkten finde ich so, gibt es so die Frauenrollen und die Männerrolle. So zum Beispiel, wenn ich eine Familie hätte, meine Frau dürfte natürlich machen, was sie will. Die dürfte arbeiten, aber wenn ich dann ein Kind habe, ab einem bestimmten Zeitpunkt *muss sie dann halt zu Hause sein* und auf das Kind aufpassen. So hätte ich das gerne. Und ich muss arbeiten. Ich glaube, so denken auch viele andere, würde ich sagen. […] Ich glaube, so diese *Klischees, die Frauen gehören in die Küche* zum Beispiel, solche Aussagen, solche Gedanken … die führen dazu, dass Frauen halt benachteiligt werden, würde ich jetzt sagen."[29]

In diesem Interviewabschnitt deutet sich die Widersprüchlichkeit, auf die in Abschn. 5 näher eingegangen werden soll, bereits an: Männer und Frauen haben

---

[27] Interview Gruppe 2: JM_UN_18.
[28] Interview Gruppe 1: JM_RS_20.
[29] Interview Gruppe 2: JM_DL_10, Hervorh. KS; vgl. dazu auch Müller (2013).

unterschiedliche Aufgabenbereiche, Männer sind erwerbstätig, Frauen „zu Hause"; gleichzeitig sollte Gleichberechtigung „auf jeden Fall herrschen". Tut sie es nicht, sind „Klischees, die Frauen gehören in die Küche" schuld an der Benachteiligung.

Die augenscheinliche logische Diskrepanz innerhalb der Aussage deutet darauf hin, dass das Sagbare über Gleichberechtigung stark eingegrenzt ist. Denn Gleichberechtigung erscheint selbst vor dem Hintergrund der Aussage, dass Frauen zu Hause bleiben (müssen) und „so auch viele andere denken", als unhinterfragbar gesetzt. Demnach fungiert Gleichberechtigung in diesem Fall paradoxerweise als selbstverständlicher Rahmen einer Aussage, die Ungleichberechtigung meint. An dieser Stelle zeigt sich der von Angelika Wetterer analysierte Siegeszug der „rhetorischen Modernisierung" (Wetterer 2005): Da Gleichberechtigung zu einer gesellschaftlichen Norm avanciert ist, die nicht mehr begründungsbedürftig ist, haben wir es hier „mit einem Bruch zu tun, […] der mitten durch die Individuen selbst hindurchgeht: Ihr Wissen und ihr Tun passen nicht mehr so recht zusammen, und das, was sie tun, hat Effekte, die ihnen eher fremd erscheinen und über die sie umso weniger reden" (ebd., S. 77).

Das Ankerbeispiel verweist damit auf die von Wetterer herausgearbeitete Ungleichzeitigkeit in den Individuen selbst: Das Wissen um Gleichberechtigung steht dem gleichberechtigten Tun diametral gegenüber. Dass es sich hierbei jedoch um mehr als einen „Verdeckungszusammenhang" (ebd.) oder eine „Widerspruchskonstellation" (ebd.) handelt, die sich ausschließlich für stereotyptraditionelle Vorstellungen von Geschlecht formulieren lassen, soll im Folgenden anhand der Aussagen über die vermuteten Gründe für Geschlechterungleichheit gezeigt werden.

„Weil eine Frau schwanger werden kann"[30]
– Begründungen von Geschlechterungleichheiten

Bisher konnte gezeigt werden, dass die insgesamt dominierende Vorstellung von Geschlecht als einer dynamisch-flexiblen Kategorie mit einer affirmativen Einstellung hinsichtlich Gleichberechtigung und Gleichstellung einhergeht. Außerdem wurde herausgearbeitet, dass Gleichberechtigung selbst im Rahmen der im Material eher randständig vorkommenden stereotyp-traditionellen Vorstellung als Norm konfiguriert wird. Während sich also die Vorstellungen von

---

[30] Interview Gruppe 1: JM_SS_13.

Geschlecht in zwei sich diametral gegenüberstehende Einstellungsmuster unterteilen lassen – dynamisch-flexibel vs. stereotyp-traditionell –, finden sich beide Typen in der unhinterfragbaren Norm der Gleichberechtigung wieder zusammen. Ähnlich verhält es sich mit den von den Befragten angenommenen Gründen für geschlechtsspezifische soziale Ungleichheiten. Die Interviewten sind sich einig: Der Körper der Frau ist letztlich ausschlaggebend für ihre Benachteiligung auf dem Arbeitsmarkt, „Schwangerwerdenkönnen" (Schrupp 2019) fungiert als archimedischer Punkt der Begründung von Ungleichheit:

> „Die Familienplanung. Ist auch ein großes Thema, dass *die Unternehmen* vielleicht irgendwie längerfristig planen wollen. Und bei einer jüngeren Dame halt so bis unter 40 können die noch schwanger werden, damit das Kind auch dann gesund ist, und dass die vielleicht nicht dieses Risiko eingehen wollen, dass die schwanger werden und dann nicht mehr arbeiten kann. Das würde ich auch schon als Grund nehmen."[31]

Auch wird häufig auf die vermeintliche körperliche Schwäche von Frauen verwiesen – vor allem, wenn es um ungleiche Bezahlung geht. Hier wird mit Bezug auf das im vorherigen Abschnitt genannte Leistungsprinzip vermutet, dass Frauen aufgrund ihrer körperlichen Konstitution diskriminiert werden. Diese meritokratische Argumentation – weniger (körperliche) Leistung geht mit weniger Geld einher – findet sich in vielen der Interviews:

> „Das kommt darauf an, wo gearbeitet wird. Wenn, irgendwie, eine Frau auf dem Bau arbeitet, dann ist halt für mich klar, dass sie weniger verdient als ein Mann. Das ist jetzt *nicht sexistisch*, in meinem Sinne. Sondern eine Frau kann halt, sage ich einmal, nicht so viel tragen wie ein Mann. Oder so viel schleppen als so ein normal – . Natürlich gibt es auch, keine Ahnung so – . Und Frauen kriegen ja auch, wie heißt das, Schwangerschaftsurlaub oder so. Oder auch hier, wenn man halt ein Kind hat, dann kriegt man ja auch, irgendwie, drei Jahre oder so, bezahlten Urlaub. *Interviewer: Ja, Elternzeit, nennt sich das. Könnte aber auch ein Mann nehmen.* Ja, ja. Aber das ist ja bei Frauen schon häufiger. Aber das ist ja auch klar, dass ich sie halt weniger verdienen. Das mit den Führungspositionen, das ist dann halt *Sexismus*. Also das kann ich halt jetzt nicht verstehen, warum eine Frau irgendwie so manche Sachen nicht machen darf, was halt nur Männer machen dürfen."[32]

Das Zitat verdeutlicht, dass der schwache und schwangere Körper der Frau als Grund für ihre Benachteiligung angenommen wird. Und nicht nur dies: Spielt die Biologie bzw. die körperliche Verschiedenheit eine Rolle, so ist eine ungleiche Bezahlung keinesfalls sexistisch, sondern gerecht:

---

[31] Interview Gruppe 2: JM_AN_15, Hervorh. KS.
[32] Interview Gruppe 1: JM_II_16, Hervorh. KS.

„Also ich finde, es kommt so drauf an, in welchem Beruf jeweils Frauen und Männer so arbeiten, und also ich glaube, es ist halt zum Beispiel so, in so Bauarbeiten-Berufen, weil es gibt ja sehr viel Frauen, die jetzt nicht so kräftig sind wie Männer und dann halt weniger leisten und ergo weniger Leistung find ich, ist dann auch weniger Geld, weil weniger Leistung. Aber so dieses mit diesem *klischeemäßigem* ‚Ja die wird ja eh irgendwann schwanger und dann fällt die ewig aus', das ist auch ziemlicher Quatsch. Weil: Klar kann es sein, dass eine Frau mal schwanger wird, das kann passieren, aber wenn sie jetzt karriereorientiert ist, dann wird sie damit auch warten, zu einem günstigeren Zeitpunkt."[33]

Entsprechend der in Abschn. 3 herausgearbeiteten unhinterfragbaren Norm der Gleichberechtigung ist es „Sexismus" oder „klischeemäßig", wenn Frauen außerhalb von Baustellen Führungspositionen verwehrt bleiben. Denn geht es um entkörperte Arbeit und wird ein Ausfall aufgrund von Schwangerschaft minutiös geplant, so ist die Benachteiligung von Frauen „ziemlicher Quatsch".

Allerdings ist es nicht nur der weibliche Körper, der als Grund für soziale Ungleichheit genannt wird. Denn die Mehrheit der Befragten greift auf stereotyp-traditionelle Vorstellungen von Geschlecht zurück, um Ungleichheiten zu erklären. So wird angenommen, dass „Frauen eher das schwächere Glied sind in der Gesellschaft und dementsprechend niedrige Führungsqualitäten haben".[34] Männer würden „halt autoritärer und dominanter auftreten und sind [...] viel seriöser".[35] Und nicht nur das: „Die meisten Männer sind halt ein bisschen aggressiver, auch in ihren Einstellungen. Aggressivität auch im Sinne von Sachen machen, in Angriff nehmen, mit dem Kopf durch die Wand und so".[36] Demgegenüber könnten sich Frauen „schlechter durchsetzen"[37] und hätten auch gar keine Lust dazu.[38] Wenn sie es doch tun, dann hätten sie „höhere Testosteronspiegel" und wären eher „wie Männer".[39]

All diese Aussagen weisen auf einen Gegenentwurf hin, der im Interviewmaterial omnipräsent ist: die sorgende Frau, die nicht nach einer beruflichen Karriere strebt, sondern aufgrund ihrer „Natur"[40] die Familienarbeit übernimmt. So wird vermutet, dass „die Männer nicht so gut mit den Kindern umgehen können und

---

[33] Interview Gruppe 1: JM_IZ_15, Hervorh. KS.
[34] Interview Gruppe 1: JM_CR_06.
[35] Interview Gruppe 1: 2 JM_II_16.
[36] Interview Gruppe 1: JM_RR_01.
[37] Interview Gruppe 1: JM_LF_09.
[38] Interview Gruppe 1: JM_NE_05.
[39] Interview Gruppe 1: JM_RR_01.
[40] Interview Gruppe 2: JM_KR_06.

deshalb die Frauen das machen müssen. Und, wenn Frauen halt nur alleine für die Kinder zuständig sind, können sie halt nicht gleichzeitig arbeiten."[41] Augenfällig ist dabei die geradezu idealisierende Beschreibung der Mutter, die aufopfernd, zärtlich und liebevoll die Familie umhegt:

> „Weil, Frauen sind wie die Mutter einfach. Mehr Frauen, Damen sind wie eine Mutter. Zum Beispiel: Eine Mutter kann ihren Sohn besser verstehen als ein Vater. Weil, der Vater ist nicht die ganze Zeit bei seinem Kind, aber die Mutter die ganze Zeit. Und Gott hat den Frauen, wie soll ich sagen, mehr als den Männern an Herz gegeben."[42]

Bemerkenswert ist nun, dass sich dieses stereotyp-traditionelle Familienbild in nahezu allen Interviews wiederfindet. Es korrespondiert mit der *Relevanzsetzung männlicher Erwerbsarbeit*, die sich in der Betonung der eigenen „Versorgerfunktion" (Demircioglu 2017; Aunkofer et al. 2019; Meuser, Kap. Männlichkeitsforschung. Entwicklung, Befunde, Perspektiven in diesem Band) niederschlägt. Nur in Ausnahmefällen wird dieses stereotyp-traditionelle Ernährer- oder Zuverdienerinnenmodell hinterfragt:[43]

> „Also, ich finde, da sind beide Elternteile gleichermaßen in der Pflicht. Man hört auch oft: ‚Ja, Frauen sind emotionaler und dies und das. Und deswegen müssen die das mehr machen.' Das stimmt auch nicht, finde ich. Also, natürlich kann ich das nicht so gut beurteilen wie eine Frau jetzt. Also –. Aber ich glaube, das stimmt nicht. Ich glaube, wie ein Mensch geprägt ist, hängt vielmehr von Sozialisation und Erziehung ab und nicht davon, welches biologische Geschlecht sie haben. Und deswegen halte ich von solchen: ‚Ja, biologisch betrachtet sind die so und die so' so ziemlich gar nichts."[44]

Dagegen gründet das in den Interviews dominierende stereotyp-traditionelle Familienbild auf Geschlechtervorstellungen, die Männlichkeit vor allem mit Erwerbstätigkeit verknüpfen. Hier zeigt sich, dass der „Berufsmensch […] ein männliches Subjekt" (Scholz und Heilmann 2019, S. 13) ist; Erwerbstätigkeit fungiert als das „strukturgebende Zentrum männlicher Identitätsbildung" (Meuser

---

[41] Interview Gruppe 2: JM_RL_19.
[42] Interview Gruppe 3: JM_DI_08, auch Interview Gruppe 3: JM_AR_11; vgl. dazu auch Kap. Bindung und Männlichkeit in diesem Band.
[43] Vgl. hierzu auch Meuser (Kap. Männlichkeitsforschung. Entwicklung, Befunde, Perspektiven), der hinsichtlich der Ernährerrolle von einer „wirkmächtigen Orientierungsfolie" spricht, die aber zuweilen „Brüche" aufweise.
[44] Interview Gruppe 2: JM_NS_13, auch Gruppe 1: JM_NL_17, JM_SR_12.

2010, S. 431, vgl. Kap. Männlichkeitsforschung. Entwicklung, Befunde, Perspektiven in diesem Band). In den Interviews wird die eigene Berufstätigkeit demzufolge unreflektiert vorausgesetzt:

> „Wenn ich verheiratet bin, dann will ich Kinder haben. Und auf die muss ja jemand aufpassen. Klar, ich könnte mir einen Babysitter oder so besorgen, aber das würde ich nicht wollen. Ich würde schon wollen, dass meine Frau die Kinder erzieht. So habe ich das gelernt, und so würde ich das auch weitermachen."[45]

Hier zeigt sich, dass das stereotyp-traditionelle Familienarrangement nicht hinterfragt wird. Mehr noch: Ähnlich wie die in Abschn. 3 herausgearbeitete Norm der Gleichberechtigung wird auch die männliche Versorgerfunktion aprioristisch angenommen – sie wird als natürliche, biologische und mitunter historisch begründete Tatsache konfiguriert.[46] Das daraus resultierende Paradoxon wurde bereits in der Einleitung dieses Beitrags formuliert: Die unbedingte Befürwortung von Gleichberechtigung und gleichstellungspolitischen Maßnahmen unter der Bedingung, dass die bestehende Geschlechterordnung beibehalten wird.

Egalität und Familialität im Widerspruch: antinomische Egalisierung

Dass „Einstellungen und alltägliche Handlungspraxis stark auseinander klaffen können" (Meuser 2010, S. 429), zeigte zuletzt Judith Conrads in ihrer empirischen Studie „Das Geschlecht bin ich. Vergeschlechtlichte Subjektwerdung Jugendlicher" (2020). Hier formuliert sie die paradoxe Gleichzeitigkeit von Desartikulation und Relevanzsetzung von Geschlechterdifferenzen (Conrads 2020, S. 218), die in den Diskussionen junger Frauen und Männer über sexuelle und geschlechtliche Vielfalt zutage treten. Denn die Jugendlichen betonen zwar die „Gleichheit bzw. weitgehende[r] Unterschiedslosigkeit der Geschlechter" (ebd., S. 219), beziehen sich aber auch auf „binäre Geschlechtsdifferenzen, die sich von biologischen Faktoren über Fähigkeitszuschreibungen bis hin zu Interessen und Bedürfnissen erstrecken und jeweils geschlechtsspezifische Erwartungen und Verhaltensmaßstäbe an Frauen und Männer nach sich ziehen" (ebd., S. 218).

---

[45] Interview Gruppe 2: JM_DL_10.
[46] Z. B. Interview Gruppe 2 JM_MN07: „Vielleicht, dass die Männer einfach mehr Erfahrung damit haben, also so, war ja schon immer so, dass die Männer sozusagen gearbeitet haben meist und die Frauen ja nicht so. Das kann jetzt noch ein Grund sein."

Allerdings offenbart sich hier nicht nur eine „Diskrepanz zwischen Alltagswissen und Alltagspraxis" (Wetterer 2005, S. 75), wie sie Angelika Wetterer mit ihrer rhetorischen Modernisierung beschreibt. Conrads Analyse weist vielmehr auf die Komplexität der Widersprüchlichkeiten hin, die sich in einer „Verwobenheit divergierender Wahrheiten, Ansprüche und Aussagen – und möglicherweise Handlungspraxen" (Conrads 2020, S. 219) vergegenständlicht.

Die inhaltsanalytische Auswertung der im Rahmen der JUMEN-Studie geführten Interviews weist in eine ähnliche Richtung. Denn in erster Linie geht es hier nicht um eine Diskrepanz zwischen Alltagswissen und Alltagspraxis, sondern um eine *Diskrepanz innerhalb der Aussageereignisse* über Geschlecht, Gleichberechtigung und vergeschlechtlichte Ungleichheit. Und mehr noch: Die von den jungen Männern als unhinterfragbar gesetzte Norm der Gleichberechtigung (3) und das von ihnen unhinterfragte Ernährermodell (4) stehen nicht nur in einem Missverhältnis zueinander, sondern schließen sich gegenseitig aus. Da „[g]eschlechterpolitisch […] das Fürsorgeengagement von Männern als zentraler Aspekt [gilt], um eine Gleichstellung der Geschlechter und mehr Geschlechtergerechtigkeit zu erreichen" (Scholz und Heilmann 2019, S. 18), müsste die stereotyp-traditionelle Geschlechterordnung zumindest auf den Prüfstand gestellt werden (vgl. Li und Zerle-Elsäßer 2015; Elliott 2016; Lengersdorf und Meuser 2019;). Die unbedingte Befürwortung von Gleichberechtigung unter Beibehaltung der bestehenden Geschlechterordnung ist demzufolge sinnwidrig; die Einstellungen stehen in einem antinomischen Verhältnis zueinander.

Damit lassen sich abschließend drei Typisierungen vornehmen, die charakteristisch für die Einstellungen der jungen Männer zu Geschlecht, Gleichberechtigung und Ungleichheit sind:

a. Geschlecht wird überwiegend als *dynamisch-flexibel* konfiguriert; Unterschiede innerhalb der Genusgruppen werden aufgewertet, Unterschiede zwischen den Genusgruppen eingeebnet (vgl. 2.).
b. Gleichberechtigung wird ausnahmslos als *unhinterfragbare Norm* gesetzt; Egalität wird als Wert betont (vgl. 3.).
c. Vergeschlechtlichte soziale Ungleichheit wird überwiegend auf biologische Unterschiede zurückgeführt; *stereotyp-traditionelle* Familialität wird nicht hinterfragt (vgl. 4.).

In der Zusammenschau ergeben diese drei Typisierungen ein Einstellungsmuster, welches aufgrund seiner Widersprüchlichkeit als *antinomische Egalisierung* gekennzeichnet werden soll (Abb. 1 unten):

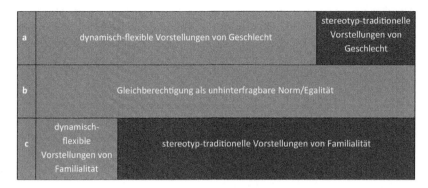

Abb. 1 Modell der antinomischen Egalisierung. (Eigene Darstellung)

Für die geschlechter- und gleichstellungspolitische Praxis bedeutet dies, dass vor allem die dritte Ebene der Familien- und Lebensentwürfe in den Blick genommen werden muss. Sozial- und geschlechterpädagogische Ansätze sollten verdeutlichen, dass die Gleichberechtigung der Geschlechter zwingend an egalitäre Formen von Familie und Zusammenleben geknüpft ist (vgl. Kap. 77 in diesem Band). Denn geteilte Fürsorge ist ein zentraler Baustein für eine geschlechtergerechte Gesellschaft.

Literatur

Amjahid, M., Fuchs, C., Guinan-Bank, V., Kunze, A., Lebert, S., Mondial, S., Müller, D., Musharbash, Y., Nejezchleba, M., Rieth, S. (2016). Was geschah wirklich? www.zeit.de/zeit-magazin/2016/27/silvesternacht-koeln-fluechtlingsdebatte-aufklaerung. Zugegriffen: 18. November 2021.

Aunkofer, S., Wimbauer, C., Neumann, B., Meuser, M., & Sabisch, K. (2019). Väter in Elternzeit. Deutungen, Aushandlungen und Bewertungen von Familien- und Erwerbsarbeit im Paar. *Berliner Journal für Soziologie* 29, 93–125.

Conrads, J. (2020). *Das Geschlecht bin ich. Vergeschlechtlichte Subjektwerdung Jugendlicher.* Wiesbaden: Springer VS.

Demircioglu, J. (2017). Geschlechterrollen- und Vaterschaftskonzepte bei Jugendlichen in Deutschland. *Der pädagogische Blick* 25 (3), 156–168.

Dietze, G. (2016). Das ‚Ereignis Köln'. *Femina Politica* 1, 93–102.

Dietze, G. (2019). *Sexueller Exzeptionalismus. Überlegenheitsnarrative in Migrationsabwehr und Rechtspopulismus.* Bielefeld: Transcript.

Dudler, T., & Niedick, J. (2020). „Fakten können nicht rassistisch sein"? Eine kritische Diskursanalyse der ‚Nafri'-Debatte. *Freiburger Zeitschrift für Geschlechterstudien* 26, 55–69.

Dziuba-Kaiser, S., & Rott, J. (2016). Immer eine Armlänge Abstand vom „Anderen"? Zur medialen Berichterstattung über das „Ereignis Köln". *Femina Politica* 2, 121–128.

Elliott, K. (2016). Caring Masculinities. Theorizing an Emerging Concept. *Men and Masculinities* 19, 240–259.

Foroutan, N. (2018). Was will eine postmigrantische Gesellschaftsanalyse? In: N. Foroutan, J. Karakayalı & R. Spielhaus (Hrsg.), *Postmigrantische Perspektiven. Ordnungssysteme, Repräsentationen, Kritik* (S. 269–300). Frankfurt a. M.: Campus.

Hannover, B., & Wolter, I. (2019). Geschlechterstereotype: wie sie entstehen und wie sich auswirken. In: B. Kortendiek, B. Riegraf & K. Sabisch (Hrsg.), *Handbuch interdisziplinäre Geschlechterforschung* (S. 201–210). Wiesbaden: Springer VS.

Huxel, K., Spies, T., & Supiket, L. (2020). „PostKölnialismus" Otheringeffekte als Nachhall Kölns im akademischen Raum. In: K. Huxel, J. Karakayali, E. Palenga-Möllenbeck, M. Schmidbaur, K. Shinozaki, T. Spies, L. Supik & E. Tuider (Hrsg.), *Postmigrantisch gelesen. Transnationalität, Gender, Care* (S. 127–144). Bielefeld: Transcript.

Jäger, M. (2000). Ethnisierung von Sexismus im Einwanderungsdiskurs. Analyse einer Diskursverschränkung. http://www.diss-duisburg.de/Internetbibliothek/Artikel/Ethni-sierung_von_Sexismus.htm. Zugegriffen: 18. November 2021.

Jäger, M. (2010). Die Kritik am Patriarchat im Einwanderungsdiskurs. Analyse einer Diskursverschränkung. In: R. Keller, A. Hirseland, W. Schneider & W. Viehöver (Hrsg.), *Handbuch Sozialwissenschaftliche Diskursanalyse. Band 2: Forschungspraxis* (S. 455–471). Wiesbaden: Springer VS.

Lengersdorf, D., & Meuser, M. (2019). Leistungsbereit und fürsorgend? Zum Konzept der Caring Masculinities. In: S. Scholz, A. Heilmann (Hrsg.), *Caring Masculinities? Männlichkeiten in der Transformation kapitalistischer Wachstumsgesellschaften* (S. 97–108). München: oekom.

Li, X., Zerle-Elsäßer, C. (2015). Können Väter alles unter einen Hut bringen? Das Vereinbarkeitsdilemma engagierter Väter. In: S. Walper, B. Walter & T. Rauschenbach (Hrsg.), *Aufwachsen in Deutschland heute. Erste Befunde aus dem DJI-Survey AID:A 2015* (S. 16–20). München: Deutsches Jugendinstitut. https://www.dji.de/fileadmin/user_upload/bibs2015/DJI_AIDA_2015.pdf. Zugegriffen: 18. November 2021.

Mayer, S., Šori, I., & Sauer, B. (2016). Gendering 'the People'. Heteronormativity and 'Ethnomasochism' in Populist Imaginary. In M. Raineri (Hrsg.), *Populism, Media, and Education. Challenging Discrimination in Contemporary Digital Societies* (S. 84–104). New York: Routledge.

Mayring, P., & Fenzl, T. (2019). Qualitative Inhaltsanalyse. In N. Baur & J. Blasius (Hrsg.), *Handbuch Methoden der empirischen Sozialforschung* (S. 633–648). Wiesbaden: Springer VS.

Meuser, M. (2010). Junge Männer: Aneignung und Reproduktion von Männlichkeit. In R. Becker & B. Kortendiek (Hrsg.), *Handbuch Frauen- und Geschlechterforschung* (S. 420–427). Wiesbaden: Springer VS.

Müller, M. (2013). *Migration und Religion. Junge hinduistische und muslimische Männer in der Schweiz*. Wiesbaden: VS Springer.

Przyborski, A., & Wohlrab-Sahr, M. (2014). *Qualitative Sozialforschung*. München: De Gruyter Oldenbourg.
Sanyal, M. M. (2017). PostKölnialismus. Welche Erzählungen braucht es, um aus vermeintlichen Krisen Chancen werden zu lassen? Ein feministischer Zwischenruf zur Dauerkrisenerzählung der Kölner Silvesternacht. https://www.gwi-boell.de/de/2017/01/25/postkoelnialismus. Zugegriffen: 18. November 2021.
Scholz, S., & Heilmann, A. (Hrsg.) (2019). *Caring Masculinities? Männlichkeiten in der Transformation kapitalistischer Wachstumsgesellschaften*. München: oekom.
Schrupp, A. (2019). *Schwangerwerdenkönnen: Essay über Körper, Geschlecht und Politik*. Roßdorf: Ulrike Helmer Verlag.
Wetterer, A. (2005). Rhetorische Modernisierung und institutionelle Reflexivität. Die Diskrepanz zwischen Alltagswissen und Alltagspraxis in arbeitsteiligen Geschlechterarrangements. *Freiburger FrauenStudien* 16, 75–96.
Witzel, A., & Reiter, H. (2012). *The Problem-centred Interview*. London: SAGE Publications.
Zick, A., & Krott, N. R. (2021). Einstellungen zur Integration in der deutschen Bevölkerung von 2014–2020. Studienbericht der vierten Erhebung im Projekt ZUGLEICH – Zugehörigkeit und Gleichwertigkeit. https://www.stiftung-mercator.de/de/publikationen/einstellungen-zur-integration-in-der-deutschen-bevoelkerung-2021/. Zugegriffen: 18. November 2021.

Prof. Dr. Katja Sabisch, Diplom-Soziologin, leitet seit 2008 die interdisziplinären Gender Studies-Studiengänge an der Ruhr-Universität Bochum. Sie ist dort Sprecherin des „Marie Jahoda Centers for International Gender Studies" [MaJaC] und forscht zu geschlechter- und wissenssoziologischen Themen (z. B. Care, Inter*, feministische Wissenschaftskritik, Wissensgeschichte der Geschlechterungleichheit).

Prof. Dr. Katja Nowacki, Diplom-Psychologin und Diplom-Sozialpädagogin, lehrt klinische Psychologie und Sozialpsychologie an der Fachhochschule Dortmund im Fachbereich Angewandte Sozialwissenschaften. Ihre Forschungsschwerpunkte liegen im Bereich von Bindungsbeziehungen, Entwicklungsprozessen im Kindes- und Jugendalter und Maßnahmen im Rahmen der Hilfen zur Erziehung unter Berücksichtigung der Themen internationale Geschichte und Geschlecht. Davor war sie unter anderem zwölf Jahre in der Kinder- und Jugendhilfe tätig.

Dr. Silke Remiorz, Sozialarbeiterin & Sozialpädagogin (B. A.) und Sozialwissenschaftlerin (M. A.), war wissenschaftliche Mitarbeiterin in verschiedenen Forschungsprojekten zu den Themen Kinder- und Jugendhilfe und Migration an der Fachhochschule Dortmund und hat das Forschungsprojekt JUMEN koordiniert. Sie ist aktuell im Bereich der Hilfen zur Erziehung tätig.

Einstellungen junger Männer zu sexueller und geschlechtlicher Vielfalt. Herausforderungen und Implikationen

Silke Remiorz, Katharina Kohl, Katja Sabisch und Katja Nowacki

Einleitung

„Abwertung und Diskriminierung von Menschen aufgrund von Merkmalen wie der sexuellen Orientierung oder der Geschlechtsidentität verstoßen gegen die fundamentalen Grundwerte einer demokratischen Verfasstheit, die das Grundgesetz und die Menschenrechte vorgeben, und gegen ethische und moralische Grundwerte, seien sie humanistisch oder religiös abgeleitet" (Küpper et al. 2017, S. 11).

Lesbisch-schwule Lebenswelten sind in Deutschland – nicht erst seit der Einführung der „Ehe für alle" im Jahr 2017– sichtbarer geworden und scheinen in der Mitte der Gesellschaft angekommen zu sein. Auch die Lebenslagen von homosexuellen Menschen haben sich laut einer repräsentativen Umfrage in Deutschland verbessert (Küpper et al. 2017 S. 9). Dennoch werden homosexuelle Personen immer noch häufig Opfer von Ablehnung, Gewalt und Diskriminierung. Letztere

---

S. Remiorz (✉) · K. Nowacki
Fachbereich Angewandte Sozialwissenschaften, Fachhochschule Dortmund, Dortmund, Deutschland
E-Mail: silke.remiorz@fh-dortmund.de

K. Nowacki
E-Mail: katja.nowacki@fh-dortmund.de

K. Kohl · K. Sabisch
Fakultät für Sozialwissenschaft, Lehrstuhl Gender Studies, Ruhr-Universität Bochum, Bochum, Deutschland
E-Mail: katharina.kohl@rub.de

K. Sabisch
E-Mail: katja.sabisch@rub.de

zeigt sich nicht nur offen, sondern auch in neueren, subtileren Formen, beispielsweise in der Leugnung von Diskriminierung („Was wollen die denn noch?"), der Überbetonung von vermeintlichen Privilegien oder Machtstellungen („queere Agenda") oder benevolent-bemitleidenden Einstellungen (z. B. Anderson und Kanner 2011; Brooks et al. 2020; Morrison und Morrison 2003). Auch die neuen Medien (z. B. Social Media) spielen im Kontext von Homonegativität und Diskriminierung eine zunehmend wichtige Rolle (Küpper et al. 2017). Der Anteil an Menschen, die sich selbst der Gruppe der Lesbisch-Schwulen-Bisexuellen-Trans*-Inter* (LSBTI*)[1] Community zugehörig fühlen, liegt schätzungsweise bei ca. 7 % an der Gesamtbevölkerung in Europa (Deveaux 2016). Der gemittelte Schätzwert von Personen, die sich in Deutschland als lesbisch, schwul oder bisexuell identifizieren würden, liegt bei ca. 2 % (Kroh et al. 2017).

Neben der Gruppe der homo- und bisexuellen Personen in Deutschland erfahren inter* und trans* Personen ebenfalls Diskriminierungen aufgrund ihrer Geschlechtsmerkmale bzw. ihrer eigendefinierten Geschlechtsidentität. Häufig, so die Antidiskriminierungsstelle des Bundes (2015, S. 21), fühlen sich inter* und trans* Personen gesellschaftlich „nicht existent", da Geschlecht mehrheitlich als Strukturkategorie und nicht als soziale Konstruktion bzw. Konfliktkategorie verstanden wird. So kann zwar angenommen werden, dass durch die Einführung der dritten Geschlechtsoption „divers" in das deutsche Personenstandsregister eine Sichtbarmachung angestrebt wird; die eben angeführte Studie der Antidiskriminierungsstelle des Bundes (2015) stellt jedoch heraus, dass inter* und trans* Personen trotzdem alltäglich in vielen Lebensbereichen Diskriminierungen erfahren und wie bereits zuvor erwähnt häufig nicht sichtbar sind. Insbesondere über inter* Personen ist auch kaum Wissen vorhanden (Krämer und Sabisch 2019).

Wenngleich die Ursachen von negativen Einstellungen gegenüber und Diskriminierung von LSBTI* Personen komplex sind, deuten theoretische Überlegungen und empirische Befunde zu Geschlecht und Einstellungen zu Geschlecht auf zwei zentrale Faktoren hin. Beispielsweise argumentieren Bereswill und Ehlert (2017, S. 500), „[…] dass Zweigeschlechtlichkeit und Heterosexualität nach wie vor als gesellschaftliche Normen und Normalität gesetzt sind […]" und dementsprechend all diejenigen, die von diesen gesellschaftlichen Normen abweichen, mit „[…] Sanktionierungen bis hin zu offener Gewalt rechnen müssen". Auch sozialpsychologische Perspektiven betonen die wichtige Rolle von traditionellen Geschlechternormen und wahrgenommener Bedrohung dieser Normen (symbolic

---

[1] Der Asterisk bei Trans* und Inter* weist auf die vielfältigen Identitäten und körperlichen Merkmale hin, mit denen verschiedene Bennungspraktiken einhergehen können (vgl. z. B. https://www.trans-inter-beratungsstelle.de/de/begriffserklaerungen.html, https://inter-nrw.de/glossar/).

threat; Reese et al. 2014; Stephan und Stephan 2000), insbesondere für die Einstellungen von Männern gegenüber LSBTI* Personen. Darüber hinaus belegen quantitativ-empirische Studien relativ konsistent, dass Männer tendenziell negativere Einstellungen zu LSBTI*-Themen haben als Frauen (Adamczyk und Pitt 2009; Jäckle und Wenzelburger 2015; Steffens und Wagner 2004).

Zentral für die Einstellungen sind auch Kontakte zu LSBTI* Personen und Wissen über deren Lebenswirklichkeit (Herek und Capitanio 1996; Herek und Glunt 1993; Pettigrew und Tropp 2006). Personen mit persönlichen Kontakten zu LSBTI* Personen, beispielsweise im Freundeskreis oder der Familie, geben häufig positivere Einstellungen an (Mereish und Poteat 2015; Zmyj und Huber-Bach 2020). Solche Kontakte können aber auch stellvertretend/indirekt stattfinden, beispielsweise über LSBTI* Charaktere in Fernsehsendungen (Hoffarth und Hodson 2020; Schiappa et al. 2006; Zhou et al. 2019). Zu beachten ist jedoch, dass nicht alle Kontakte positive Effekte haben (Reimer et al. 2017) und dass weitere Faktoren wie die emotionale Nähe eine Rolle spielen können. So zeigte eine Studie der European Commission (2015), dass der Kontakt zu einer homo- oder bisexuellen Arbeitskollegin oder einem homo- oder bisexuellen Arbeitskollegen positiver betrachtet wird als ein Outing des eigenen Kindes als homo- oder bisexuell.

Neben diesen Faktoren auf Individualebene sind auch gesellschaftliche Faktoren für die Einstellungen gegenüber LSBTI* Personen von großer Bedeutung. Neben Gesetzen zur Strafbarkeit von Homosexualität einerseits und von Diskriminierung aufgrund von Geschlecht und sexueller Orientierung andererseits beeinflussen auch gesellschaftlich geteilte Normen zu LSBTI*-Themen und zum Umgang mit Normverletzungen individuelle Einstellungen und individuelles Handeln (Sozialisationsprozesse, Gruppenprozesse) (Adamczyk und Pitt 2009; Donaldson et al. 2017; Jäckle und Wenzelburger 2015; Van der Bracht und Van de Putte 2014). Solche Normen wirken zudem auch indirekt, beispielsweise auf die Sichtbarkeit von LSBTI* Personen und somit auch die (direkten und stellvertretenden) Kontaktmöglichkeiten (Hoffarth und Hodson 2020). Sind LSBTI* Personen gesellschaftlich nicht anerkannt oder ist Homosexualität sogar verboten, werden weniger LSBTI* Personen offen leben und somit wird auch die Wahrscheinlichkeit für nicht-LSBTI* Personen geringer, Kontakte zu knüpfen und Berührungspunkte mit LSBTI*-Lebenswelten zu haben. Zu beachten ist, dass es dabei nicht einfach „gesamtgesellschaftliche" Normen gibt, sondern diese sich in verschiedenen Kontexten und gesellschaftlichen Gruppen unterscheiden. Dabei lässt sich ein Trend erkennen, der Diskriminierungen von LSBTI* Personen häufig aus rechtspopulistischen, ultrakonservativen und religiös-fundamentalistischen Gruppierungen heraus aufzeigt, welches nicht allein ein deutscher, sondern ein globaler Trend ist (Küpper et al. 2017).

In der JUMEN Studie sollen die Einstellungen von jungen Männern gegenüber LSBTI* Personen genauer betrachtet werden. Wie oben beschrieben, zeigen Männer häufig negativere Einstellungen als Frauen – darüber, wie diese Einstellungen aussehen und welche Faktoren sie erklären, ist jedoch für Deutschland wenig bekannt. Solche Befunde wären allerdings für die Praxis von hoher Relevanz, nicht zuletzt, um Bedarfe und Ansatzpunkte für die Verringerung von Diskriminierung zu bestimmen oder besonders schutzbedürftige Gruppen unter LSBTI* Personen zu identifizieren.

Deshalb soll in diesem Kapitel in einem ersten Schritt untersucht und beschrieben werden, was junge Männer in Deutschland über LSBTI*-Themen denken. Dabei werden sowohl qualitative als auch quantitative Methoden eingesetzt, um auf deskriptiver Ebene ein möglichst reichhaltiges Bild des Status Quo zeichnen zu können. Die Studie bezieht Einstellung zu verschiedenen LSBTI*-Themen mit ein (z. B. „Ehe für alle", Adoption, trans* und inter*). Zu erwarten ist, dass oben ausgeführte Faktoren unterschiedlich (stark) auf die unterschiedlichen Bereiche Einfluss nehmen und sich die Einstellungen je nach Thema unterscheiden. Befragt wurden junge Männer in Deutschland ohne und mit internationaler Geschichte. Letztere sind ebenfalls Stereotypisierung und Diskriminierung ausgesetzt, da ihnen häufig negative Einstellungen und erhöhte Gewaltbereitschaft gegenüber LSBTI* Personen zugeschrieben werden (Dietze 2019). Dabei wird neben dem Herkunftsland häufig auch die Religionszugehörigkeit zu stereotypisierenden Beschreibungen instrumentalisiert, insbesondere, wenn es sich um muslimische Männer handelt. Empirische Befunde zu Einstellungen von jungen Männern mit internationaler Geschichte in Deutschland gibt es jedoch nur wenige (z. B. Reese et al. 2014; Simon 2008; Zmyj und Huber-Bach 2020).

In einem zweiten Schritt werden die deskriptiven Befunde genauer analysiert und eingeordnet. Dabei werden zum einen Unterschiede in Abhängigkeit von Themenbereich und Gruppenzugehörigkeit (mit bzw. ohne internationale Geschichte) herausgearbeitet, zum anderen werden Faktoren beleuchtet, die Einstellungen und mögliche Unterschiede in den Einstellungen potenziell erklären können. Dabei stellt die Gruppenzugehörigkeit eine distale Variable dar. Es ist also anzunehmen, dass nicht die Gruppenzugehörigkeit per se Einstellungen zu LSBTI*-Themen vorhersagt, sondern damit assoziierte Merkmale und Variablen. Einbezogen werden in dieser Studie a) Einstellungen zu Geschlecht als Variable, die theoretisch und empirisch mit Einstellungen zu LSBTI* in Verbindung gebracht wird (Piumatti 2017; Reese et al. 2014; Whitley 2001) und die gerade für Männer von besonderer Bedeutung zu sein scheint, b) Religionszugehörigkeit und Religiosität, die ebenfalls theoretisch und empirisch mit den Einstellungen verknüpft werden (Finlay und Walther 2003; Whitley 2009) und die zentrales

Merkmal der oben ausgeführten stereotypisierenden Beschreibungen sind, und c) diverse Kontrollvariablen (Alter, elterliche Bildung, eigene sexuelle Orientierung). Die Ergebnisse dieser Studie werden anschließend diskutiert und dazu genutzt, um gesellschaftlich relevante praktische Implikationen herauszuarbeiten.

Methode

Die JUMEN Studie ist eine Mixed-Method-Befragung zur Erfassung von Einstellungen junger Männer im Alter zwischen 13 und 28 Jahren zu, unter anderem, sexueller und geschlechtlicher Vielfalt.

In einem qualitativen Teil der Untersuchung wurden leitfadengestützte Interviews zu Geschlecht, Gleichstellung, Gleichberechtigung und zur sexuellen und geschlechtlichen Vielfalt geführt, in einem quantitativen Teil Online-Fragebögen erhoben. Die teilnehmenden jungen Männer lassen sich drei Gruppen zuordnen: 1) junge Männer mit deutscher Staatsangehörigkeit ohne internationale Geschichte, 2) junge Männer mit oder ohne deutsche Staatsangehörigkeit, die türkeistämmig sind, und 3) junge Männer ohne deutsche Staatsangehörigkeit mit Fluchtgeschichte, die im Zuge der Flüchtlingswelle der Jahre 2014/2015 nach Deutschland gekommen sind. Darüber hinaus enthält die quantitative Stichprobe auch Angaben von jungen Männern mit internationaler Geschichte aus weiteren Herkunftsländern (d. h. nicht türkeistämmig). Um die quantitative Stichprobe an das Design der qualitativen Erhebung anzupassen, wurden diese jedoch nicht in die Analysen für diesen Beitrag einbezogen. Im Folgenden wird der methodische Rahmen sowohl des quantitativen als auch des qualitativen Teils der JUMEN Studie beschrieben und in den Ergebnissen zusammengeführt.

Qualitative Stichprobe

Die qualitative Stichprobe besteht aus $N = 62$ jungen Männern mit und ohne internationale Geschichte, die in drei gleich große Subgruppen aufgliedert ist ($n = 20$ deutsche junge Männer ohne internationale Geschichte, $n = 21$ türkeistämmige junge Männer (ab der 2. Generation) und $n = 21$ junge Männer mit Fluchtgeschichte. Das Alter der Befragten betrug zum Zeitpunkt der Datenerhebung im Mittel 18.7 Jahre ($SD = 3.56$, Range: 14–27). Die Männer mit Fluchtgeschichte kamen aus Afghanistan (6 Teilnehmer), Syrien (4), Guinea (3), Angola (1), dem Iran (1) und Tadschikistan (1) und lebten im Schnitt seit 2.89 Jahren in Deutschland ($SD = 0.96$; Range: 1–4 Jahre). Bei fünf der jungen Männer mit Fluchtgeschichte konnte nicht nachvollzogen werden, in welchem Land sie geboren wurden. Die Akquise der Probanden erfolgte durch gezielte Ansprache der kooperierenden Praxiseinrichtungen, durch Anzeigen in Social-Media-Portalen (Instagram & Facebook) und Aushänge in Universitäten, Jugendzentren und Supermärkten etc. Die Datenerhebung fand sowohl in den Räumen der Fachhochschule Dortmund bzw. der Ruhr-Universität Bochum als auch im häuslichen Umfeld der Probanden oder in Räumen der kooperierenden Praxiseinrichtungen statt. Die resultierende Stichprobe war dementsprechend heterogen bezüglich ihres Bildungsstandes und ggf. der intrinsischen Motivation bzgl. der Teilnahme an der Studie. Die Teilnahme an der Studie war freiwillig, die Teilnehmer hatten die Möglichkeit, einzelne Fragen nicht zu beantworten und konnten das Interview jederzeit abbrechen. Im Anschluss an das Interview standen die männlichen Interviewer, welche sich selbst der jeweiligen interviewten Subgruppe zuordneten, für Rückfragen zur Verfügung. Ein sozial erwünschtes Antwortverhalten sollte durch die Zuordnung der jeweiligen Interviewer zu den jeweiligen Subgruppen möglichst minimiert werden. Die Interviews dauerten im Schnitt 40 min (Min. 25 min, Max. 75 min) und wurden im Anschluss an die Durchführung wörtlich transkribiert und anonymisiert (Dresing und Pehl 2015).

Instrument der qualitativen Untersuchung

Die vorliegenden Daten wurden mithilfe eines halbstandardisierten problemzentrierten Interviews angelehnt an die Ausführungen von Witzel und Reiter (2012) erhoben. Der Interviewleitfaden beinhaltete neben einer Eingangserläuterung über das Forschungsvorhaben zu Beginn insgesamt **fünf Fragenkomplexe:**

1. Einstellungen zu Geschlecht,
2. Einstellungen zur Gleichberechtigung und zur Gleichstellung der Geschlechter,
3. Einstellungen zu Homosexualität,
4. Einstellungen zu Trans* und Inter*,
5. Fragen zur eigenen Sozialisation.

Im Fragenkomplex zu den Einstellungen zur Gleichberechtigung und Gleichstellung der Geschlechter wurden u. a. folgende Fragen und Nachfragen gestellt: „**In den Medien (Zeitungen oder sozialen Netzwerken) lesen wir viel darüber, dass**

Frauen weniger Geld verdienen als Männer und seltener in Führungspositionen von Organisationen und Unternehmen sind. Was denken Sie darüber? Was glauben Sie sind die Gründe dafür? Wie finden Sie, dass dagegen Maßnahmen ergriffen werden, z. B. so etwas wie die Geschlechterquote oder Gleichstellungsbeauftragte? Wie fänden Sie es, wenn mehr Frauen in Führungspositionen wären?"

Im Fragenkomplex zu den Einstellungen der Probanden zur Homosexualität wurden folgende Fragen gestellt: „**Vielleicht wissen Sie, dass es mit der Einführung der ‚Ehe für alle' im Jahr 2017 in Deutschland Schwulen und Lesben erlaubt ist zu heiraten.** Was denken Sie darüber? Diese Paare dürfen auch Kinder adoptieren, was denken Sie darüber?" etc.

In den Fragen zur eigenen Sozialisation wurde der Aspekt „Geschlecht" ebenfalls aufgenommen. Hier wurden den Probanden Fragen dazu gestellt, ob ihr biologisches Geschlecht eine Rolle in ihrer Erziehung gespielt hat und welche Rolle der jeweilige Elternteil in der Erziehung übernommen hat. Zudem wurden auch Fragen zur eigenen Religiosität gestellt.

Qualitative Analyse

Die Interviews wurden vor der Analyse wortwörtlich transkribiert und anonymisiert (Dresing und Pehl 2015). Die Auswertung der Interviews erfolgte anhand der Qualitativen Inhaltsanalyse nach Mayring (2015) und wurde durch die Verwendung des Programms MAXQDA 2020 unterstützt (VERBI Software 2019). Die folgenden Kategorien wurden deduktiv gebildet, dies ergab sich in Anlehnung an die im Interviewleitfaden gebildeten Fragenkomplexe: Einstellungen gegenüber Homosexualität und der „Ehe für alle", Einstellung gegenüber der Adoption von Kindern durch homosexuelle Paare, Einstellung gegenüber trans* Menschen und Einstellung gegenüber inter* Menschen. Die Ergebnisse der Kategorien werden für die jeweiligen Subgruppen dargestellt, da so eine Vergleichbarkeit der vorhandenen Daten über alle Gruppen gewährleistet werden kann.

Quantitative Stichprobe

In die Analysen der quantitativen Stichprobe gingen die Angaben von $n = 819$ jungen Männern im Alter von 13 bis 28 Jahren ($M = 22.11$; $SD = 3.42$) ein. Von diesen Männern hatten $n = 664$ die deutsche Staatsangehörigkeit und keine internationale Geschichte, $n = 94$ waren türkeistämmig, das heißt sie selbst oder mindestens ein Elternteil besaßen die türkische Staatsangehörigkeit. Bis auf einen Probanden dieser Gruppe waren alle türkeistämmigen Teilnehmer in Deutschland aufgewachsen. Die übrigen $n = 61$ Teilnehmer hatten eine Fluchtgeschichte, das heißt sie sind aus Ländern nach Deutschland gekommen, die von Krieg, bewaffneten Konflikten oder Armut betroffen waren bzw. sind. Am häufigsten waren das in dieser Stichprobe Syrien ($n = 10$) und Marokko ($n = 7$). Die jungen Männer waren im Schnitt seit 3.31 Jahren in Deutschland ($SD = 1.86$; Range: 0–7 Jahre).

Instrumente der quantitativen Untersuchung

Die *Einstellungen der Teilnehmer zu LSBTI*-*Themen wurden über fünf Aussagen erfasst, die sich auf die Gleichberechtigung und die Heirat von Schwulen und Lesben, Adoption von Kindern durch homosexuelle Paare, Anpassung des Geschlechts bei trans* Personen und die Entscheidung für ein Geschlecht bei inter* Personen bezogen. Die zu beantwortenden Skalen wurden von den Antragstellerinnen der JUMEN Studie selbst entwickelt. Die Teilnehmer konnten ihre Zustimmung zu den zuvor genannten Aussagen auf einer vierstufigen Ratingskala angeben (1 = stimmt überhaupt nicht; 4 = stimmt ganz genau). Die Items wurden sowohl einzeln betrachtet als auch zusammengefasst zu einem LSBTI*-Gesamtscore (Mittelwert der fünf Items). Bis auf das Item zu inter* Menschen, bei dem hohe Werte für eine weniger offene Einstellung stehen, bedeuten höhere Werte positivere Einstellungen zu den jeweiligen LSBTI*-bezogenen Themen. Das Item zu Intergeschlechtlichkeit wurde deshalb für den Gesamtscore recodiert. Die Reliabilität der Skala betrug Cronbachs $\alpha = .82$.

Zur Erfassung der *Geschlechtsidentität* diente die *Gender Identity Scale* (GIS; Egan und Perry 2001) in ihrer deutschen Fassung von Hartmann und Trautner (2009). Die Skala erfasst verschiedene Dimensionen der Geschlechtsidentität auf vier Subskalen: Geschlechtstypikalität mit sechs Items, z. B. „Ich halte mich für einen typischen Jungen/Mann"; Zufriedenheit mit dem eigenen Geschlecht mit sechs Items, z. B. „Ich denke manchmal, dass es vielleicht mehr Spaß machen würde, ein Mädchen/eine Frau zu sein", empfundener sozialer Druck zur Geschlechtsrollenkonformität (erlebter Anpassungsdruck) mit 10 Items, z. B. „Ich kann mir vorstellen, dass meine Freunde kein Problem damit hätten, wenn ich etwas lernen wollte, was sonst eher Mädchen/Frauen tun" und Bevorzugung der eigenen Geschlechtergruppe (intergroup bias IB) mit 8 Items, z. B. „Ich denke, dass Jungen/Männer ehrlicher sind als Mädchen/Frauen". Die Beantwortung der einzelnen Items erfolgte auf einer vierstufigen Ratingskala (1 = stimmt überhaupt nicht; 4 = stimmt ganz genau). Aus den Items der einzelnen Subskalen wurde jeweils der Mittelwert berechnet, einzelne fehlende Werte wurden dabei durch den Mittelwert ersetzt. Höhere Werte stehen jeweils für eine stärkere Ausprägung auf der jeweiligen Subskala. Bei der Betrachtung der internen Konsistenz zeigte sich, dass die Subskala zur Bevorzugung der eigenen Geschlechtergruppe mit einem Cronbachs Alpha von $\alpha = .31$ nicht ausreichend reliabel war. Die Subskala wurde deshalb von den Analysen ausgeschlossen. Die übrigen drei Subskalen wiesen dagegen gute Reliabilitäten auf (Geschlechtstypikalität: $\alpha = .81$; Zufriedenheit mit dem eigenen Geschlecht $\alpha = .69$; erlebter Anpassungsdruck $\alpha = .86$).

Die Teilnehmer beantworteten außerdem die Frage „Wie gläubig bist du?" über einen Schieberegler (0–100, höhere Werte stehen für stärkere *Religiosität*) und gaben an, welcher *Religionsgemeinschaft* sie offiziell angehören (Auswahl aus Antwortkategorien, eigene Eingabe möglich). Da es nur wenige Teilnehmer gab, die eine andere Religion angaben als christlich, muslimisch oder keine, wurden nur diese drei Gruppen in die Analysen aufgenommen.

Als Kontrollvariablen wurden folgende Merkmale erfasst: Über das Geburtsdatum der Teilnehmer wurde ihr *Alter* zum Zeitpunkt des Interviews errechnet. Die *elterliche Bildung* wurde anhand des höchsten Schulabschlusses innerhalb der Eltern bestimmt (4 Stufen: kein Abschluss, niedrig, mittel, hoch). Außerdem wurden die Teilnehmer nach dem Geschlecht ihrer bisherigen Partner*innen gefragt. Aus den Angaben wurde die Variable *sexuelle Orientierung* gebildet (3 Stufen: heterosexuell, bisexuell, homosexuell).

Quantitative Auswertung und Analysen

Die Auswertung der Fragebogendaten erfolgte mit dem Statistikprogramm SPSS 27 (IBM Corp. 2020). Neben deskriptiven Analysen wurden zur Untersuchung von möglichen Unterschieden der Einstellungen zwischen den verschiedenen LSBTI*-Themen und zwischen den drei untersuchten Gruppen Varianzanalysen durchgeführt. Dabei gingen die Einzelitems der LSBTI*-Skala als messwiederholter Faktor ein. Gruppenunterschiede in den Einstellungen wurden explorativ auch regressionsanalytisch untersucht. Gruppenzugehörigkeit ging dabei als dummycodierte Variable ein mit Zugehörigkeit zur Gruppe der jungen Männer ohne internationale Geschichte als Referenzkategorie. Es wurden eigene Regressionsanalysen für den LSBTI*-Gesamtscore sowie die fünf Einzelitems als Outcome berechnet, jeweils mit den folgenden Prädiktoren in zwei Schritten: Im ersten Schritt gingen die beiden Dummy-Variablen zur Gruppenzugehörigkeit sowie Alter, Bildungshintergrund und sexuelle Orientierung ein, im zweiten Schritt wurden Religionszugehörigkeit und Religiosität sowie die drei Subskalen zur Geschlechtsidentität hinzugefügt. Einzelne fehlende Werte auf Einzelitems von Skalen (LSBTI*-Skala und Skalen zur Geschlechtsidentität) wurden durch den Mittelwert ersetzt. Anderen fehlenden Werte wurden aus den Analysen ausgeschlossen (listwise deletion).

Ergebnisse der qualitativen und quantitativen Untersuchung

Zuerst erfolgt die Darstellung der qualitativen Ergebnisse, ergänzt um die jeweils zugehörigen deskriptiven quantitativen Befunde (für eine Übersicht siehe Tab. 1). Die Ergebnisdarstellung erfolgt für jede gebildete Kategorie einzeln und in folgender Reihenfolge: „Gruppe der jungen Männer ohne internationale Geschichte", „Gruppe der türkeistämmigen jungen Männer" und „Gruppe der jungen Männer mit Fluchtgeschichte". Die Festlegung der Reihenfolge der jeweiligen Gruppe ergab sich aufgrund der Anzahl der erhobenen quantitativen Daten. Danach werden die Ergebnisse aus den inferenzstatistischen quantitativen Analysen dargestellt.

Insgesamt konnten am gesamten Datenmaterial in der deduktiv gebildeten Hauptkategorie „Einstellungen zu Lesbisch, Schwul, Bisexuell, Trans* und Intergeschlechtlichkeit" $n = 682$ Codierungen vorgenommen werden. Die Codierungen sind auf drei Subkategorien verteilt, sodass $n = 378$ Codierungen (55 %) auf die Einstellungen (positiv, negativ und neutral) der befragten jungen Männer zu LSBTI* Personen und deren Lebenswelten entfallen, $n = 214$ Codierungen (31 %) entfallen auf Erklärungs- und Deutungsansätze zu dem zuvor genannten Thema. Zudem wurden $n = 90$ Codierungen (13 %) für Aussagen vergeben, in denen die jungen Männer sich in Bezug auf ihr vorhandenes bzw. nicht vorhandenes Wissen im Kontext der oben genannten Fragestellung äußerten.

Ergebnisse der 1. Kategorie: Einstellung gegenüber Homosexualität und der „Ehe für alle"

Gruppe der jungen Männer ohne internationale Geschichte

Generell äußern die befragten jungen Männer ohne internationale Geschichte eine eher positive Einstellung gegenüber homosexuellen Personen. Häufig wird

Tab. 1 Deskriptive Angaben zu den LSBTI*-Skalen nach Gruppenzugehörigkeit

Item	Gesamt		Ohne internationale Geschichte		Türkeistämmig		Mit Fluchtgeschichte	
	M (SD)	Häufigkeit[1] (Anteil %)	M (SD)	Häufigkeit[1] (Anteil %)	M (SD)	Häufigkeit[1] (Anteil %)	M (SD)	Häufigkeit[1] (Anteil %)
Gleichberechtigung	3.61 (0.79)	38/41/122/618 5/5/15/76	3.76 (0.62)	16/19/74/555 2/3/11/84	3.17 (0.99)	10/9/30/45 11/10/32/48	2.69 (1.10)	12/13/18/18 20/21/30/30
Heirat	3.50 (0.92)	62/60/103/594 8/7/13/73	3.70 (0.75)	30/26/60/548 5/4/9/83	2.88 (1.10)	15/17/26/36 16/18/28/38	2.33 (1.06)	17/17/17/10 28/28/28/16
Adoption	3.21 (1.09)	107/93/140/479 13/11/17/59	3.43 (0.96)	55/56/103/450 8/8/16/68	2.37 (1.11)	26/27/21/20 28/29/22/21	2.13 (1.13)	26/10/16/9 43/16/26/15
Transsexuelle	3.22 (1.01)	83/93/199/443 10/11/24/54	3.42 (0.88)	41/55/149/419 6/8/22/63	2.49 (1.05)	21/24/31/18 22/26/33/19	2.17 (1.03)	21/14/19/6 35/23/32/10
Intergeschlechtliche (R)	2.72 (1.11)	153/188/213/262 19/23/26/32	2.76 (1.11)	123/136/177/226 19/21/27/34	2.51 (1.02)	17/32/25/20 18/34/27/21	2.50 (1.11)	13/20/11/16 22/33/18/27

Anmerkungen. Der Range betrug für alle Items und alle Gruppen jeweils 1–4. R = recodiert. [1] = Häufigkeit und Anteil der einzelnen Antwortkategorien: stimmt überhaupt nicht/stimmt eher nicht/stimmt eher/stimmt ganz genau.

angeführt, dass Homosexuelle gesamtgesellschaftlich gleichgestellt seien bzw. die Befragten dies annehmen oder behaupten.

„**Was denkst du über die Ehe für alle?**" „Ja, dass finde ich auch gut. Das finde ich, mich persönlich trifft es ja im Prinzip gar nicht. Aber wenn ich mir Gedanken darüber mache, finde ich es gut, weil die ganzen Leute, die es halt betrifft, wollen so was. Uns macht das ja auch glücklich und ich finde, ich halte das halt auch für richtig, weil wenn sich zwei Menschen lieben, dann sollten die auch das Recht haben, eine richtige Familie gründen zu können. Und das nicht nur, weil die halt beide vom gleichen Geschlecht sind, dass das nicht möglich sein sollte." *[Proband_JM_D_SS_13; Zeile 91]*

In Bezug auf Diskriminierungen von Schwulen und Lesben in Deutschland nehmen die Befragten an, dass diese gesellschaftlich keine großen Diskriminierungserfahrungen erlebten. Es wird jedoch auch deutlich, dass die befragten jungen Männer Vorurteile gegenüber homosexuellen Personen haben, dies jedoch im Besonderen beim Thema Adoptionsrecht für gleichgeschlechtliche Paare (siehe Kategorie 2).

Bei einer persönlichen Betroffenheit, also wenn sich jemand aus der eigenen Familie oder dem eigenen Freundeskreis als homosexuell outen würde, äußern die jungen Männer leichte Bedenken bzw. Vorurteile insbesondere gegenüber männlichen Homosexuellen – „[…] wenn jemand aus meiner Familie schwul wäre, müsste ich mich erst mal daran gewöhnen […]" *[Proband_JM_D_CR_06, Zeile 43]*. Teilweise äußerten die Befragten, dass sie selbst in ihrer Schulzeit gerne mehr über das Thema der sexuellen Vielfalt (z. B. im Sexualkundeunterricht) erfahren hätten.

Auch im quantitativen Sample zeigten sich deskriptiv positive Einstellungen gegenüber Homosexuellen. Die jungen Männer bewerteten die Aussage „Ich denke, dass Schwule und Lesben gleichberechtigt sein sollten" im Schnitt mit $M = 3.76$ ($SD = 0.62$), was deutlich über dem Skalenmittelwert von 2.5 liegt. Bei einer genaueren Betrachtung der Antwortkategorien zeigte sich, dass 95 % der Aussage zustimmten, also „stimmt eher" oder „stimmt ganz genau" angegeben hatten (siehe Abb. 1). Der Aussage „Ich denke, dass Schwule und Lesben heiraten können sollten" stimmte mit 92 % ebenfalls die überwiegende Mehrheit der Teilnehmer ohne internationale Geschichte zu (siehe Abb. 1). Der Mittelwert für die Skala lag hier bei $M = 3.70$ ($SD = 0.75$).

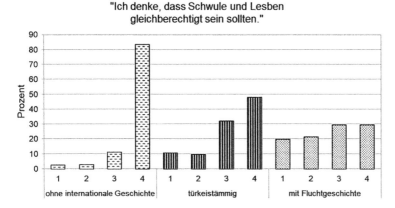

Abb. 1 Einstellungen zur Gleichberechtigung von Schwulen und Lesben. Anteil der Teilnehmer pro Gruppe für die vier Antwortkategorien: 1 = stimmt überhaupt nicht; 2 = stimmt eher nicht; 3 = stimmt eher; 4 = stimmt ganz genau

Gruppe der türkeistämmigen jungen Männer

In der Gruppe der türkeistämmigen jungen Männer äußerten sich einige der Befragten eher kritisch gegenüber dem Themenkomplex der sexuellen Vielfalt. So ist generell in dieser Gruppe weniger Zuspruch gegenüber homosexuellen Personen zu finden als z. B. über die gesamte Gruppe der jungen Männer ohne Migrationsgeschichte. Die eher kritischen Äußerungen der türkeistämmigen jungen Männer werden teils verallgemeinert, sodass diese nicht direkt auf den einzelnen Befragten zurückzuführen sind: So wird angemerkt, dass die Gesamtgesellschaft noch nicht bereit dazu sei, die „Ehe für alle" zu akzeptieren.

> „Weil, die Gesellschaft ist, glaube ich, noch nicht einfach dafür bereit. Wir sind einfach zu weit davon entfernt, dass wir so was tolerieren. Also generell, wenn du heutzutage –. Schon alleine, wenn heutzutage einer nicht normal aussieht, wird der ja direkt beschimpft. Zum Beispiel, hat der Tattoo im Gesicht, direkt Krimineller. Ja, der war fünfzig Jahre im Gefängnis. Oder, ist einer schwul und trägt –, verhält sich anders oder trägt ein pinkes Oberteil. ,Kuck mal diese Schwuchtel an. Was will er hier? Der soll mal gehen.'" JM_T_DL_10_29.03.2019

Zudem wird aufgeführt, dass es biologisch und von Gott nicht vorgesehen sei und damit nicht akzeptiert werden könne, dass es generell homosexuelle Personen gibt.

> „Weil es im Koran oder im Islam nicht gerne gesehen diese Homosexuelle, weil es einfach nicht biologisch passt. Weil es Gott sozusagen nicht so vorgesehen hat." JM_T_AN_15_18.04.2019

Gegenüber einem potenziellen Outing eines Familienmitgliedes oder eines Freundes als schwul oder lesbisch sind die befragten türkeistämmigen jungen Männer auch eher skeptisch und nehmen an, dass sie geschockt und abweisend darauf reagieren würden. Hier wird kaum eine Unterscheidung darin vorgenommen, ob es sich bei der sich outenden Person um ein Familienmitglied oder einen männlichen Freund des jeweils befragten jungen Mannes handelt. Bei einer männlichen homosexuellen Person aus dem Freundes- oder Bekanntenkreis gaben einige der Befragten an, dass sie von der betroffenen Person Abstand nehmen würden, weil sie Bedenken hätten, dass diese sexuelle oder romantische Gefühle für den Befragten haben könnte. Die weibliche Homosexualität wird in den Aussagen der Probanden nicht mitbedacht, Homosexualität wird von den Befragten mit „schwul" gleichgesetzt. Es gibt aber auch positive Aussagen in Bezug auf Homosexualität. Ein Proband distanziert sich von den von ihm benannten religiösen Erwartungen und äußert, dass ein Outing sich nicht auf die Beziehung zu der Person auswirken würde.

> „Also wenn jemand jetzt sich jetzt outen würde, ist es mir jetzt nicht –. Also, obwohl es halt im Islam halt ein bisschen strenger ist, ist mir halt etwas egal, ob es jetzt halt, ob mein Freund jetzt halt schwul ist oder heterosexuell, ja heterosexuell. Er ist halt immer noch mein Freund. Da wird sich nichts ändern." JM_T_RU_12_12.04.2019

Trotz der in einigen der Interviews gefundenen Skepsis zeigte in der quantitativen Stichprobe eine deutliche Mehrheit der türkeistämmigen Teilnehmer eine positive Einstellung gegenüber der Gleichberechtigung von Schwulen und Lesben. Die Zustimmung lag hier bei 80 % ($M = 3.17$; $SD = 0.99$). Auch was die „Ehe für alle" angeht, waren zwei Drittel der Teilnehmer der Ansicht, dass Schwule und Lesben heiraten dürfen sollten ($M = 2.88$, $SD = 1.10$). Die genauen Antwortmuster sind in Abb. 1 und 2 dargestellt.

Gruppe der jungen Männer mit Fluchtgeschichte

In der Gruppe der jungen Männer mit Fluchtgeschichte wurde u. a. von einem der Befragten herausgestellt, dass seiner Ansicht nach homosexuelle Handlungen bzw. eine homosexuelle Orientierung im Allgemeinen im Islam nicht vorkommen würden.

„[...] Zum Beispiel im Islam es gibt auch kein Schwul und Lesbisch. Es gibt einfach Mann und Frau. Und wenn man mit einem Mann, darf keiner mit anderem Mann Sex haben oder Frau mit Frau. Im Islam ist das verboten. Da darf man das nicht." JM_G_AR_11_23.03.2019

In einem weiteren Interview wird auch die „Ehe für alle" als eine Institution erwähnt, die gemäß der Aussage des jungen Mannes sowohl durch den Koran als auch durch die Bibel verboten sei.

„**Vielleicht weißt du, dass mit der Einführung der ‚Ehe für alle' in 2017 in Deutschland den Schwulen und Lesben erlaubt ist zu heiraten. Wie findest du das?** Es ist schwierig zu sagen. Also jeder Kultur unterscheidet sich das. [...] Zum Beispiel im Koran wird das nicht akzeptiert, sowohl im Koran als auch in der Bibel. Glaube ich, mit der Bibel habe ich keine Erfahrungen. Aber es ist auch verboten." JM_G_SI_04_26.02.19

Kommen homosexuelle Handlungen vor, dann „[…] nur, wenn ein Mann sein sexuelles Begehren nicht mit einer Frau befriedigen kann". Weiter merkt der Proband an, dass, wenn ein Mann schwul sei, dieser dann im Islam kein „richtiger" Mann mehr sei. Diese Ausführungen werden von dem Probanden nicht weiter erläutert oder inhaltlich ausgeführt, es ist jedoch anzumerken, dass der Islam als Religion größtenteils von den befragten Probanden als handlungsleitender Aspekt genannt wird, um Werte und Normen einzuordnen bzw. rechtfertigend hervorzuheben.

Einige junge Männer äußerten sich auch positiv in Bezug auf die Gleichstellung von homosexuellen Personen und Paaren in der deutschen Gesellschaft, da dies, so deren Aussage, auch rechtlich begründet sei.

„**Seit 2017 gibt es in Deutschland die ‚Ehe für alle'. Demnach ist es Schwulen und Lesben erlaubt zu heiraten. Was denkst du darüber?** Das ist eine sehr gute Idee, das ist sehr gutes Gesetz. Dass die verschiedenen Menschen, die das vorher nicht konnten, jetzt frei entscheiden und dann heiraten können." JM_Geflüchtet_MH_16_06.04.19

Die jungen Männer mit Fluchtgeschichte, die während des Interviews angaben, selbst homosexuell zu sein, berichteten von Diskriminierungserfahrungen und sexueller Gewalt ihnen gegenüber in ihren Herkunftsländern und gaben dies als Hauptgrund für ihre Flucht an.

Auch unter den Teilnehmern des quantitativen Samples mit Fluchtgeschichte war die Mehrheit positiv gegenüber der Gleichberechtigung von Schwulen und Lesben eingestellt ($M = 2.69$, $SD = 1.10$). Wie in Abb. 1 zu sehen ist, stimmten 59 % dem Item zu. Allerdings lehnte mit 20 % ein nicht unerheblicher Teil des

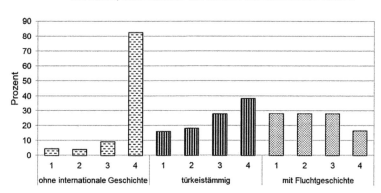

Abb. 2 Einstellungen zur Heirat von Schwulen und Lesben. Anteil der Teilnehmer pro Gruppe für die vier Antwortkategorien: 1 = stimmt überhaupt nicht; 2 = stimmt eher nicht; 3 = stimmt eher; 4 = stimmt ganz genau

Samples das Item kategorisch ab („stimme überhaupt nicht zu"). Die Einstellungen gegenüber gleichgeschlechtlicher Ehe waren deutlich weniger positiv (siehe Abb. 2; $M = 2.33$, $SD = 1.06$), 56 % lehnten die Möglichkeit einer Heirat für Schwule und Lesben ab.

Ergebnisse der 2. Kategorie: Einstellung gegenüber der Adoption von Kindern durch homosexuelle Paare

Gruppe der jungen Männer ohne internationale Geschichte

Ein Teil der befragten jungen Männer ohne internationale Geschichte haben keine grundsätzlichen Bedenken bzw. Vorbehalte in Bezug auf die Adoption eines Kindes durch homosexuelle Paare. Jedoch wird deutlich, dass einige der Befragten zwischen weiblicher und männlicher Homosexualität unterscheiden und insbesondere die Adoption eines Kindes durch zwei Männer als deutlich schwieriger bewertet wird als durch zwei Frauen.

> „Also Kinder können ja sehr gemein sein und können ja auch meistens gar nicht so –, also im jungen Alter ja gar nicht so rational denken. Und das Einzige, was die sich dann denken –. Ja, der hat zwei Väter, der ist anders. Ist halt ein Opfer für

Mobbing, also leichtes Ziel für Mobbing. Zwei Frauen können sich eher kümmern."
JM_D_II_16_20.03.19

Ein weiterer Proband äußerte sich ähnlich zum Thema Adoption durch homosexuelle Paare.

„Ist aber auch eine Frage, für das Kind ist das, glaube ich, auch nicht allzu gut, weil wenn man nur Väter hat, ist es was anderes, wenn man es ausgeglichen hat. Wenn man zum Beispiel jetzt zwei Väter hat und man hat keinen Kontakt zur Mutter, ist es schwierig, weil generell die Adoption finde ich ein schwieriges Thema, weil die meisten werden ja ihre leiblichen Eltern gar nicht kennenlernen. Und ob sie jetzt zwei Schwule oder zwei Lesben sind, die ein Kind adoptieren, oder zwei unterschiedliche Geschlechter. Also ist es mir persönlich egal, aber es ist halt für das Kind auch wieder, glaube ich, wenn es älter wird ein Problem in der Gesellschaft, wenn man sagt: ‚Ich habe zwei schwule Partner. Meine Eltern sind schwul, ich habe zwei Väter.' Das ist, glaube ich, in der Gesellschaft ein bisschen nicht so gut angesehen."
JM_D_OG_02_07.02.19

Andere Probanden gaben an, dass das Wohl des Kindes im Falle einer Adoption durch ein homosexuelles Paar nicht gewährleistet werden könnte, da dieses nicht durch zwei gegengeschlechtliche Elternteile erzogen würde und somit nicht beide Rollenvorbilder vorhanden wären, was ggf. einen negativen Einfluss auf die kindliche Entwicklung haben könnte. Ein anderer Proband merkte an, dass „Waisenkinder ja auch eine Familie haben sollen", in diesem Fall wäre laut seiner Aussage dann eine Unterbringung auch bei homosexuellen Paaren in Ordnung. Als primäres Merkmal nennt er das Beziehungsangebot, was aus seiner Einschätzung heraus in einer gleichgeschlechtlichen Familie vergleichbar sei.

„Jedes Kind soll ein vernünftiges Zuhause haben, und wenn es von den eigenen Eltern, sage ich jetzt mal, entweder nicht gewollt ist oder aus Waisengründen nicht mehr, keine Eltern mehr hat, dann ist es natürlich völlig in Ordnung, wenn es in einer anderen Familie aufwächst und wenn es eine homosexuelle Familie ist. Ich denke mal, die Liebe ist da genauso wie bei einer normalen Hetero-Familie."
JM_D_CR_06_20.02.19

Ein weiterer Aspekt, welcher von vielen der jungen Männer ohne internationale Geschichte angesprochen wurde, ist, dass diese davon ausgehen, dass Kinder von homosexuellen Elternpaaren insbesondere im Schulkontext auf jeden Fall gemobbt werden würden. Die getätigten Aussagen der Befragten beruhen jedoch lediglich auf deren individuellen Vermutungen.

Empathische Äußerungen tätigten einige wenige der Probanden in Bezug auf die Schwierigkeiten im „Zugang" zu Kindern von homosexuellen Paaren, da es diesen ja rein biologisch nicht möglich sei, selbst Kinder zu bekommen.

Eine grundsätzliche Offenheit spiegelt sich in den Befunden der quantitativen Analysen wider. Mit 83 % stimmte eine sehr deutliche Mehrheit der Teilnehmer dem Item „Ich denke, dass homosexuelle Paare Kinder adoptieren können sollten" zu, davon 68 % voll und ganz (siehe Abb. 2; $M = 3.43$, $SD = 0.96$).

Gruppe der türkeistämmigen jungen Männer

Wie die Gruppe der jungen Männer ohne internationale Geschichte äußern auch die türkeistämmigen jungen Männer Vorbehalte bzw. Bedenken in Bezug auf die Adoption von Kindern durch homosexuelle Paare. Auch in dieser Gruppe wird das Wohl des Kindes als ein wichtiger Grund genannt, warum sie einer Adoption eher kritisch gegenüberstehen. Einem adoptierten Kind würde im Fall einer Adoption durch ein homosexuelles Elternpaar das gegengeschlechtliche Elternteil fehlen, was sich negativ auf die Entwicklung des Kindes auswirken würde. Das Kind würde, so die Aussage eines Probanden, „gestört" werden oder in seiner Entwicklung beeinflusst. Ferner wird die Adoption eines Kindes durch homosexuelle Paare als „abnormal" eingeordnet. Die betroffenen Kinder würden, so die Befragten, zudem in der Schule aufgrund ihrer homosexuellen Eltern gemobbt werden, auch diese Aussagen basieren auf individuellen Vermutungen der Befragten.

> **„Vielleicht weißt du ja, dass es mit der Einführung der ‚Ehe für alle' im Jahr 2017 in Deutschland Schwulen und Lesben erlaubt ist zu heiraten. Was denkst du darüber?** Sollen sie machen. Wie ich am Anfang gesagt habe, solange die mich dabei nicht in die Quere kommen, nicht stören, sollen die das machen. Ich sehe es eher so kritisch, wenn sie dann so Kinder adoptieren wollen. **Genau, das wäre auch die nächste Frage. Diese Paare dürfen auch Kinder adoptieren. Was denkst du darüber?** Ich finde das ein bisschen nicht so passend. Ich glaube, dass die Kinder dann da in ihrem Bild, in ihrer Biologie einfach zu sehr gestört werden. Ich glaube, ich sehe einfach so biologisch einfach so, dass Mann und Frau, dass der Mann wirklich eine Frau begehrt, aber es dann halt auch Leute gibt, die dann wirklich anders sind und das gleiche Geschlecht begehren. Aber biologisch ist das so, dass dann Mann und Frau, ich weiß nicht, wie sehr die Kinder im Wachstum sich beeinflussen und in der Schule gemobbt werden." JM_T_AN_15_18.04.2019

Ebenfalls wie die befragten Männer ohne internationale Geschichte bewerteten einige der türkeistämmigen jungen Männer es als eher positiv, wenn die betroffenen Kinder durch die Adoption durch homosexuelle Eltern zumindest eine Art „Familie" haben würden.

Eine eher kritische Einstellung zeigte sich auch in der quantitativen Stichprobe. Wie in Abb. 2 zu sehen, stimmten nur 44 % der türkeistämmigen Männer dem Item zu ($M = 2.37$, $SD = 1.11$).

Gruppe der jungen Männer mit Fluchtgeschichte

Die Gruppe der jungen Männer mit Fluchtgeschichte unterscheidet sich in ihren Aussagen über die Adoption von Kindern durch homosexuelle Paare grundsätzlich kaum von den Einstellungen der jungen Männer aus den anderen beiden Subgruppen. Auch die jungen Männer mit Fluchtgeschichte stellen heraus, dass ein Kind für seine gesunde Entwicklung sowohl eine Mutter als auch einen Vater benötige.

> „**Schwule und Lesben können Kinder adoptieren. Ist das okay, deiner Meinung nach?** Nein. **Das findest du nicht okay, warum?** Also, ich finde das nicht gut, wenn zwei Männer zusammen sind. Also, mit einem Kind adoptieren finde ich nicht gut, also **Das passt nicht?**, nein, die Kinder können nicht so viele Dinge machen, wie mit ihre Mutter zusammen sind, weißt du? Weißt du, ich, wenn man mit ihre Mutter zusammen sind, kannst du da so viele Dinge machen. Und, weißt du, da gibt es keine Mutter. **Also, eine Mutterrolle gibt es, aber das ist ein Mann.** Ja, ein Mann, finde ich nicht gut." JM_Geflüchtet_MW_20_12.04.19

Es ist jedoch auch festzustellen, dass die Befragten es generell befürworten würden, dass Kinder, die ansonsten keine familiäre Anbindung an ihre Herkunftsfamilie hätten, bei homosexuellen Paaren leben könnten, bevor diese in einer Heimeinrichtung leben müssten.

Auch in den quantitativen Analysen zeigten sich tendenziell negative Einstellungen der Teilnehmer mit Fluchtgeschichte ($M = 2.13$, $SD = 1.13$). Die Adoption von Kindern durch homosexuelle Paare lehnten 59 % der Teilnehmer mit Fluchtgeschichte ab.

Interessant ist die Verteilung der Antwortkategorien (siehe Abb. 3) unter den Teilnehmern aller drei Subgruppen. Hatten die Befragten eine negative Einstellung gegenüber Adoption, stimmten mehr „überhaupt nicht" zu als „eher nicht"; unter den Teilnehmern mit positiver Einstellung stimmte ein größerer Anteil

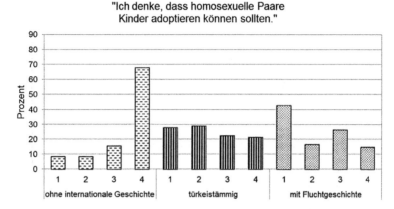

Abb. 3 Einstellungen zur Adoption von Kindern durch homosexuelle Paare. Anteil der Teilnehmer pro Gruppe für die vier Antwortkategorien: 1 = stimmt überhaupt nicht; 2 = stimmt eher nicht; 3 = stimmt eher; 4 = stimmt ganz genau

„eher" zu als „ganz genau". Die Zustimmung ist hier also weniger deutlich als die Ablehnung.

Ergebnisse der 3. Kategorie: Einstellung gegenüber trans* Personen

Gruppe der jungen Männer ohne internationale Geschichte

Wenn die befragten Probanden einen persönlichen Kontakt zu einer trans* Person z. B. innerhalb der eigenen Schul- bzw. Ausbildungsklasse haben oder hatten, äußerten sich diese mit deutlich geringeren Vorbehalten gegenüber dieser Personengruppe als Probanden, die noch nie oder kaum Kontakt zu trans* Personen hatten. Größtenteils hielten die jungen Männer in Bezug auf Trans* an einer biologisch binären Einteilung der Geschlechter fest. Sie stellten jedoch auch die Individualität in der Entscheidung von trans* Personen in Bezug auf deren geschlechtliche Zuordnung heraus, wobei vereinzelt angemerkt wurde, dass es „rausgeschmissenes Geld" wäre, wenn eine trans* Person eine geschlechtsangleichende Operation vornehmen würde.

"Ich finde das rausgeschmissenes Geld, nur weil man sich umoperieren lässt. Man kann ja trotzdem einfach ein Mann sein, der sich dann halt eher wie eine Frau verhält. Dann muss man ja nicht unnötig Geld ausgeben, damit man dann wirklich da als Frau anerkannt wird. Man kann ja trotzdem ein Mann bleiben. Ich finde das irgendwie relativ unnötig, das zu machen." [Proband_JM_D_IS_04; Zeile 46-48]

Einige Befragte gaben zudem an, dass sie Trans* nicht „ernst nehmen" würden, und sprachen teilweise von einer Art „Modeerscheinung". In Bezug auf die Frage danach, wie die Probanden darauf reagieren würden, wenn sich jemand aus ihrer Familie oder ihrem Freundes- oder Bekanntenkreis als trans* outen würde, äußerten die jungen Männer deutlich größere Bedenken und Vorbehalte als bei dem Umstand, dass sich jemand als homosexuell outen würde.

Dennoch zeigte sich im quantitativen Sample, dass eine klare Mehrheit der Teilnehmer positiv gegenüber Rechten von trans* Personen eingestellt ist (siehe Abb. 3). Dem Item „Ich denke, dass Trans* ihr Geschlecht ändern können sollten" stimmten 86 % der Teilnehmer ohne internationale Geschichte zu ($M = 3.42$, $SD = 0.88$).

Gruppe der türkeistämmigen jungen Männer

Die Äußerungen in der Gruppe der türkeistämmigen jungen Männer unterscheiden sich grundsätzlich nicht von den Äußerungen der jungen Männer ohne internationale Geschichte. So stellen diese ebenfalls heraus, dass sie Trans* als eine Art „Modeerscheinung" betrachten.

„Ja, ich würde das Modeerscheinung nennen. Einfach mal mitzumachen, auch wenn es dann wirklich ein bisschen doof klingt. Und ich finde, dass das durch diese gleichgeschlechtlichen Ehen, dass das dann, glaube ich, noch mal verstärkt werden könnte. Wie ich dann gesagt habe, dass die Kinder dann während der Entwicklungsphase dann schon sehr stark beeinflusst werden. Die Gründe, dass sich ein Mann femininer fühlt, dass sich eine Frau maskuliner fühlt und sich dann dadurch irgendwie entscheiden, das dann zu machen. Ich glaube, das wäre so das." [Proband_JM_T_AN_15; Zeile 32–36]

Wenn jemand innerhalb der eigenen Familie angeben würde trans* zu sein, wären die befragten Probanden größtenteils sehr geschockt und würden versuchen, die betroffene Person davon abzubringen z. B. eine geschlechtsangleichende Operation durchzuführen. Auch die türkeistämmigen jungen Männer gaben an, dass sie ein Outing eines ihnen nahestehenden Menschen als homosexuell als weniger schwierig empfänden als ein potenzielles Outing als trans*.

Die im quantitativen Sample gefundenen Einstellungen waren heterogen (siehe Abb. 3), mit 52 % war etwa die Hälfte der türkeistämmigen Teilnehmer positiv gegenüber Rechten von trans* Personen eingestellt ($M = 2.49$, $SD = 1.05$)

Gruppe der jungen Männer mit Fluchtgeschichte

Einige der jungen Männer mit Fluchtgeschichte gaben an, dass sie Trans* ablehnen würden, da laut ihren Aussagen „Gott" nicht gewollt habe, dass eine Person ihr Geschlecht wechselt.

„Meiner Meinung nach das ist nicht gut, du machst eine Operation deines Körpers wegen einer kleinen Sache, das ist nicht so wichtig. Was du bist, das bleibt so, das ist eine Regel. Was Gott erschaffen hat. [...] Mann ist Mann und Frau ist Frau." [Proband_JM_Geflüchtet_AY_07; Zeile 40]

Daran angeschlossen lehnen die Befragten, die sich in diese Richtung äußerten, auch ab, dass trans* Personen geschlechtsangleichende Operationen vornehmen lassen würden. Deren Körper würde entsprechend geschädigt und die betroffenen trans* Personen würden dann, laut der Annahme der jungen Männer, eine Depression entwickeln.

Auch im quantitativen Sample gaben 58 % an, nicht der Meinung zu sein, dass trans* Personen ihr Geschlecht ändern können sollten ($M = 2.17$, $SD = 1.03$). Die Verteilung auf die Antwortkategorien ist ähnlich wie bei der Einstellung zur Adoption (siehe Abb. 4), nur wenige Teilnehmer mit Fluchtgeschichte stimmen dem Item „ganz genau" zu (Abb. 5).

Ergebnisse der 4. Kategorie: Einstellung gegenüber intergeschlechtlichen Menschen

Gruppe der jungen Männer ohne internationale Geschichte

Die Gruppe der jungen Männer ohne internationale Geschichte äußerte ein hohes Maß an Unkenntnis in Bezug auf intergeschlechtliche Menschen. Häufig verwechselten die Befragten Intergeschlechtlichkeit mit Transsexualität. Nach einer inhaltlichen Aufklärung über den Unterschied zwischen den beiden zuvor genannten Aspekten durch die Interviewer äußerten die befragten jungen Männer Mitleid gegenüber den betroffenen Personen und stellten heraus, dass dieser Umstand

Einstellungen junger Männer zu sexueller ... 61

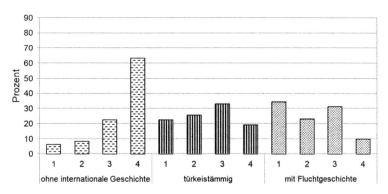

Abb. 4 Einstellungen dazu, dass Transsexuelle ihr Geschlecht ändern. Anteil der Teilnehmer pro Gruppe für die vier Antwortkategorien: 1 = stimmt überhaupt nicht; 2 = stimmt eher nicht; 3 = stimmt eher; 4 = stimmt ganz genau

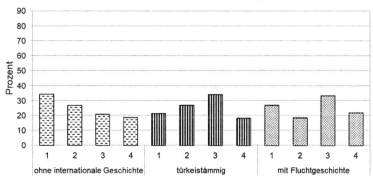

Abb. 5 Einstellungen zu intergeschlechtlichen Menschen. Anteil der Teilnehmer pro Gruppe für die vier Antwortkategorien: 1 = stimmt überhaupt nicht; 2 = stimmt eher nicht; 3 = stimmt eher; 4 = stimmt ganz genau

sicherlich eher „schwierig" für die Betroffenen scheint. Einige der jungen Männer waren von dem Umstand, dass jemand intergeschlechtlich ist, eher fasziniert. Im quantitativen Sample fanden sich heterogene (siehe Abb. 4) und deutlich weniger positive Einstellungen als bei den anderen vier Items, was auf die in den qualitativen Analysen gefundene Unkenntnis hindeuten könnte. Dem Item „Ich denke, dass intergeschlechtliche Menschen sich für ein Geschlecht entscheiden müssen" stimmten 39 % zu ($M = 2.24$, $SD = 1.11$).

Gruppe der türkeistämmigen jungen Männer

Die Einstellung der Gruppe der türkeistämmigen jungen Männer gegenüber intergeschlechtlichen Menschen unterscheidet sich nicht von den Einstellungen der jungen Männer ohne internationale Geschichte. Auch in dieser Gruppe herrscht ein hohes Maß an Unwissen über die Thematik.

Auch die quantitativen Analysen zeigten für die türkeistämmigen Teilnehmer ein sehr ähnliches Bild wie für die Teilnehmer ohne internationale Geschichte. Etwa die Hälfte der türkeistämmigen Teilnehmer (51 %) war der Meinung, intergeschlechtliche Menschen sollten sich für ein Geschlecht entscheiden müssen ($M = 2.49$, $SD = 1.02$).

Gruppe der jungen Männer mit Fluchtgeschichte

Die Gruppe der befragten jungen Männer mit Fluchtgeschichte gab ebenfalls an, sehr wenig bis gar nichts über Intergeschlechtlichkeit zu wissen. Teilweise gaben die Probanden nach einer inhaltlichen Aufklärung durch den Interviewer jedoch an, dass sie dies als „gottgegeben" akzeptieren und daher nicht ablehnen würden. Einige der Probanden gaben zudem an, dass sie sich für intergeschlechtliche Personen wünschten, dass diese glücklich sind und sich in ihrem Körper wohlfühlen würden.

In den quantitativen Analysen zeigte sich für die Teilnehmer mit Fluchtgeschichte ein ähnliches Bild wie für die anderen beiden Gruppen, 55 % waren der Meinung, intergeschlechtliche Menschen sollten sich für ein Geschlecht entscheiden müssen ($M = 2.50$, $SD = 1.11$).

Quantitative Analysen der Unterschiede und Zusammenhänge zwischen den Items und zwischen den Gruppen

In den deskriptiven quantitativen Analysen zeichnete sich deutlich ab, dass sich die Einstellungen der Teilnehmer zu LSBTI*-Themen unterscheiden, je nachdem um welche Frage es geht und welcher der drei Gruppen die Teilnehmer zuzuordnen waren. Diese beiden Unterschiede wurden in weiteren Analysen genauer untersucht. Dabei werden zunächst die beiden Variablen LSBTI*-Item und Gruppenzugehörigkeit unabhängig voneinander betrachtet (Haupteffekte über die jeweils andere Variable hinweg) und dann in ihrem Zusammenwirken (Interaktionseffekt zwischen Item und Gruppe). Anschließend werden die Unterschiede zwischen den drei Gruppen genauer untersucht und exploriert, ob Zusammenhänge zwischen Gruppenzugehörigkeit und Einstellung zu LSBTI* unter Hinzunahme weiterer Variablen bestehen bleiben (hierarchische Regressionsanalysen).

Unterschiede in den Einstellungen zu LSBTI* in Abhängigkeit vom Thema

In einer ANOVA über alle drei Gruppen hinweg mit den Items als messwiederholtem Faktor zeigten sich deutliche Unterschiede zwischen den Items (Innersubjekteffekt, Greenhouse–Geisser: $F(3,147) = 190.9$, $p < .001$). Bis auf die Items zu Adoption und Transsexualität unterschieden sich alle Items signifikant voneinander ($p < .001$). Wie in Abb. 6 dargestellt, waren die Einstellungen zu Gleichberechtigung und Heirat von homosexuellen Personen am positivsten, die niedrigsten Werte wurden für das Item zu intergeschlechtlichen Menschen gefunden. Interessant ist, dass für alle Items der Mittelwert über dem Skalenmittelwert lag (d. h. > 2.5; Skala: 1–4).

Unterschiede in den Einstellungen zu LSBTI* in Abhängigkeit von der Gruppenzugehörigkeit

Eine ANOVA mit dem LSBTI*-Gesamtscore als Outcome (d. h. über alle Items) und der Gruppenzugehörigkeit als Faktor bestätigte ebenfalls die deskriptiv gefundenen Unterschiede zwischen den Gruppen. Alle drei Gruppen unterschieden

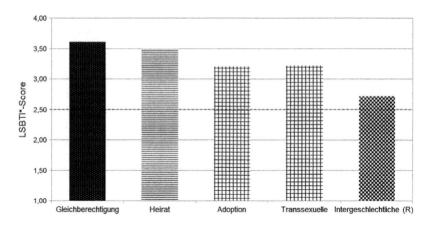

Abb. 6 Mittelwerte der fünf LSBTI*-Items über die drei Gruppen. Unterschiedliche Muster in den Säulen stehen für signifikant unterschiedliche Mittelwerte. Die gestrichelte Linie kennzeichnet den Mittelpunkt der Skala

sich signifikant voneinander (Welch-Test: $F(2, 113) = 93.9$, $p < .001$; posthoc Games-Howell: türkeistämmig < ohne internationale Geschichte $p < .001$, mit Fluchtgeschichte < ohne internationale Geschichte $p < .001$, mit Fluchtgeschichte < türkeistämmig $p = .022$), wobei die Teilnehmer ohne internationale Geschichte die positivsten und die Teilnehmer mit Fluchtgeschichte die am wenigsten positiven Einstellungen zeigten (siehe Abb. 7 und 8).

Unterschiede in den Einstellungen zu LSBTI* in Abhängigkeit von Thema und Gruppenzugehörigkeit

Außerdem interagierten die beiden Faktoren (Item und Gruppenzugehörigkeit) signifikant miteinander (mixed ANOVA; Greenhouse–Geisser: $F(5, 2243) = 18.0$, $p < .001$). Eine genauere Betrachtung der bedingten Haupteffekte zeigte, dass sich die Muster der Items je nach Gruppenzugehörigkeit unterschieden (siehe Abb. 7). Bei den jungen Männern ohne internationale Geschichte (Innersubjekteffekt, Greenhouse–Geisser: $F(3,1789) = 231.1$ $p < .001$) ergaben sich die gleichen Unterschiede wie bei Betrachtung der Gesamtstichprobe. Auch bei den türkeistämmigen Teilnehmern (Innersubjekteffekt, Greenhouse–Geisser: $F(3,294) = 16.8$, $p < .001$) waren die Werte bei Gleichberechtigung am höchsten, gefolgt

Einstellungen junger Männer zu sexueller ... 65

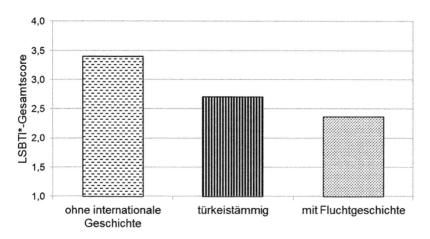

Abb. 7 LSBTI*-Gesamtscore für die drei Gruppen

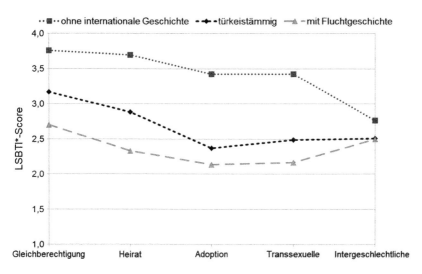

Abb. 8 Mittelwerte der LSBTI*-Scores für die Einzelitems nach Gruppe

von Heirat. Die Werte der drei anderen Items waren signifikant niedriger als die von Gleichberechtigung und Heirat, unterschieden sich untereinander jedoch nicht. In der Gruppe der Teilnehmer mit Fluchtgeschichte (Innersubjekteffekt, Greenhouse–Geisser: $F(4,144) = 3.8$ $p = .017$) lag der Mittelwert bei Gleichberechtigung signifikant höher als bei Heirat, Adoption und Trans*, alle anderen Items unterschieden sich nicht in ihren Mittelwerten.

Außerdem waren die Unterschiede zwischen den Gruppen kleiner und größer je nach betrachtetem Item (Abb. 9). Wie beim LSBTI*-Gesamtscore unterschieden sich alle drei Gruppen in ihren Einstellungen zu Gleichberechtigung (Welch-Test: $F(2, 105) = 41.80$, $p < .001$) und Heirat (Welch-Test: $F(2, 107) = 68.97$, $p < .001$), wobei die Teilnehmer ohne internationale Geschichte die höchsten Werte angaben, die Teilnehmer mit Fluchtgeschichte die niedrigsten. Auch bei den Items zu Adoption (Welch-Test: $F(2, 112) = 70.35$, $p < .001$) und Trans* (Welch-Test: $F(2, 111) = 70.55$, $p < .001$) gaben die Teilnehmer ohne internationale Geschichte signifikant höhere Werte an, türkeistämmige Teilnehmer und Teilnehmer mit Fluchtgeschichte unterschieden sich jedoch nicht voneinander. Keine Unterschiede zwischen den Gruppen zeigten sich bei der Einstellung zu intergeschlechtlichen Menschen ($F(2, 813) = 3.42$, $p = .033$; alle post-hoc Vergleiche $p > .05$). Besonders groß waren die Unterschiede von Teilnehmern ohne internationale Geschichte und Teilnehmern mit Fluchtgeschichte in Hinblick auf Heirat und Adoption.

Bleibt der Zusammenhang zwischen Gruppenzugehörigkeit und Einstellungen zu LSBTI* unter Hinzunahme weiterer Variablen bestehen?

Tab. 2 zeigt die Ergebnisse der hierarchischen Regressionsanalyse für den LSBTI*-Gesamtscore. Unter Kontrolle der Variablen Alter, Bildungshintergrund und sexuelle Orientierung in Schritt 1 sagt die Zugehörigkeit zur Gruppe der türkeistämmigen jungen Männer im Vergleich zur Gruppe der jungen Männer ohne internationale Geschichte eine negativere Einstellung zu LSBTI* vorher (ß $= -.29$, $p < .001$). Nach Hinzunahme der theoretisch und empirisch einstellungsrelevanten Variablen Religionszugehörigkeit und Religiosität sowie Geschlechtsidentität in Schritt 2 verringert sich der Zusammenhang deutlich auf ß $= -.01$ und ist nicht mehr signifikant ($p = .894$). Türkeistämmige Teilnehmer und Teilnehmer ohne internationale Geschichte unterscheiden sich also nach Berücksichtigung von Indikatoren für Religion und Geschlechtsidentität nicht mehr voneinander in ihren Einstellungen zu LSBTI*. Das heißt: Nicht die

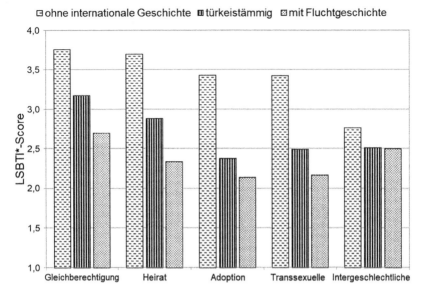

Abb. 9 Mittelwerte der LSBTI*-Scores nach Item und Gruppe

Gruppenzugehörigkeit, sondern weitere Faktoren erklären Unterschiede in den Einstellungen. Auch die Zugehörigkeit zur Gruppe der jungen Männer mit Fluchtgeschichte geht unter Berücksichtigung der Kontrollvariablen in Schritt 1 mit negativeren Einstellungen einher als die Zugehörigkeit zur Vergleichsgruppe der Männer ohne internationale Geschichte. Ebenfalls verkleinert sich das Regressionsgewicht unter Hinzunahme der Erklärungsvariablen in Schritt 2 deutlich von $\beta = -.36$ ($p < .001$) auf $\beta = -.11$, bleibt aber signifikant ($p = .015$). Auch der Unterschied zwischen den jungen Männern mit Fluchtgeschichte und den Teilnehmern ohne internationale Geschichte lässt sich also zumindest teilweise durch die hinzugenommenen Variablen, insbesondere Religiosität und Geschlechtsidentität, erklären.

Welche Variablen sagen Einstellungen zu LSBTI* vorher?

Wie in Tab. 2 dargestellt, zeigt sich ein klarer negativer Zusammenhang zwischen Religiosität und LSBTI*-Einstellungen im Gesamtscore ($\beta = -.19$, $p <$

Tab. 2 Hierarchische Regressionsmodelle zur Vorhersage des LSBTI*-Gesamtscore

Schritt	Prädiktor	b (SE)	ß	p
1	Türkeistämmig[a]	−0.69 (0.08)	−.29	<.001
	Mit Fluchtgeschichte[a]	−1.03 (0.10)	−.35	<.001
	Alter	−0.01 (0.01)	−.03	.422
	Elterliche Bildung: kein Abschluss[a]	−0.24 (0.14)	−.06	.082
	Elterliche Bildung: niedrig[a]	−0.09 (0.06)	−.06	.172
	Elterliche Bildung: hoch[a]	−0.07 (0.06)	−.05	.261
	Sexuelle Orientierung: bisexuell[a]	0.46 (0.12)	.13	<.001
	Sexuelle Orientierung: homosexuell[a]	0.43 (0.11)	.13	<.001
	$R^2 = .23^{**}$			
2	Türkeistämmig[a]	−0.02 (0.13)	−.01	.894
	mit Fluchtgeschichte[a]	−0.34 (0.13)	−.11	.007
	Alter	−0.02 (0.01)	−.07	.015
	Elterliche Bildung: kein Abschluss[a]	0.03 (0.12)	.01	.794
	Elterliche Bildung: niedrig[a]	0.01 (0.06)	<.01	.933
	Elterliche Bildung: hoch[a]	−0.05 (0.06)	−.03	.339
	Sexuelle Orientierung: bisexuell[a]	0.19 (0.10)	.05	.072
	Sexuelle Orientierung: homosexuell[a]	0.18 (0.10)	.05	.061
	Religionszugehörigkeit muslimisch[a]	−0.17 (0.13)	−.08	.186
	Religionszugehörigkeit keine [a]	0.01 (0.05)	<.01	.908
	Religiosität	−0.004 (0.001)	−.19	<.001
	GIS Geschlechtstypikalität	−0.08 (0.04)	−.07	.044
	GIS Zufriedenheit	−0.28 (0.04)	−.21	<.001
	GIS Anpassungsdruck	−0.38 (0.04)	−.31	<.001
	$R^2 = .43^{**}$ $\Delta R^2 = .20^{**}$			

Anmerkungen. $n = 777$. R^2 = korrigiertes R^2. ** $p < .001$. [a] Dummycodierung mit folgender Referenzgruppe: Gruppenzugehörigkeit: ohne internationale Geschichte; elterliche Bildung: mittel; sexuelle Orientierung: heterosexuell; Religionszugehörigkeit: christlich. GIS = Gender Identity Scale

.001). Je religiöser die Probanden sich selbst einordnen, desto negativer waren ihre Einstellungen. Hervorzuheben ist, dass keine Unterschiede in Abhängigkeit der Religionszugehörigkeit gefunden wurden. Im Gegensatz zum oben berichteten Stereotyp zeigten muslimische Probanden keine negativeren Einstellungen als christliche Teilnehmer (ß = -.08, p = .186). Wichtige Prädiktoren waren darüber hinaus die Subskalen zur Geschlechtsidentität, insbesondere die Zufriedenheit mit dem eigenen Geschlecht sowie der wahrgenommene Anpassungsdruck. Letzterer zeigte sich als stärkster Prädiktor im untersuchten Modell.

Exploration: Unterscheiden sich die Erklärungsmuster für die verschiedenen Einstellungen?

Explorativ wurden fünf weitere Regressionsanalysen mit den LSBTI*-Einzelitems als Outcomes berechnet. Die untersuchten Modelle waren analog zu den Modellen zur Vorhersage des Gesamtscores aufgebaut, das heißt, sie enthielten die gleichen Variablen in den gleichen Schritten. Die Befunde sind in Tab. 3 dargestellt. Insgesamt zeigten sich ähnliche Muster – mit Abweichungen hinsichtlich folgender Aspekte: Einige der Zusammenhänge waren weniger stark und teilweise nicht mehr signifikant, z. B. der Zusammenhang von Geschlechtstypikalität und der Einstellung zu Gleichstellung, Heirat und Adoption. Besonders interessant sind jedoch die Befunde zur Vorhersage der Einstellung zu intergeschlechtlichen Menschen. Die Varianzaufklärung war hier deutlich geringer ($R^2 = .13$) als bei den anderen Items und beim Gesamtscore. Die einzigen signifikanten Prädiktoren waren die drei Geschlechtsidentitäts-Subskalen. Je höher die Werte auf diesen Skalen, desto negativer die Einstellung auf dem recodierten Item.

Diskussion

Das vorliegende Kapitel befasste sich mit der Beschreibung der Einstellungen junger Männer in Deutschland zu LSBTI*-Themen und ersten Analysen zur Erklärung dieser Einstellungen mit besonderem Augenmerk auf mögliche Implikationen für die Praxis. Betrachtet wurden dabei neben dem kulturellen Hintergrund der Teilnehmer auch Religion und Religiosität sowie Aspekte der eigenen Geschlechtsidentität als mögliche Einflussfaktoren.

Die Einstellungen der befragten jungen Männer zu LSBTI*-Themen waren divers und spiegelten die in der Einleitung angesprochenen Strömungen wider: Einerseits gab es eine insgesamt positive Grundstimmung, andererseits fanden wir auch klar negative Einstellungen und Unwissenheit unter den Teilnehmern. Auffällig ist, dass sich die Einstellungen je nach erfragtem Thema stark unterschieden.

Tab. 3 Hierarchische Regressionsmodelle zur Vorhersage der LSBTI*-Einzelitems

Schritt	Prädiktor	Gleichberechtigung		Heirat		Adoption		Transsexuelle		Intergeschlechtliche[R]	
		β	p	β	p	β	p	β	p	β	p
1	Türkeistämmig[a]	−.24	<.001	−.27	<.001	−.31	<.001	−.25	<.001	−.07	.076
	Mit Fluchtgeschichte[a]	−.36	<.001	−.38	<.001	−.30	<.001	−.31	<.001	−.03	.374
	Alter	−.04	.274	−.03	.286	−.03	.378	−.01	.837	.002	.962
	EB kein Abschluss[a]	.03	.435	−.02	.570	−.04	.233	−.12	.001	−.06	.113
	EB niedrig[a]	−.05	.226	−.03	.509	−.06	.151	−.07	.093	−.01	.865
	EB hoch[a]	.02	.621	−.03	.533	−.07	.119	−.01	.840	−.08	.089
	SO bisexuell[a]	.10	.004	.08	.009	.11	.001	.06	.047	.12	.001
	SO homosexuell[a]	.09	.010	.09	.005	.12	<.001	.11	.001	.09	.018
		$R^2 = .18**$		$R^2 = .21**$		$R^2 = .20**$		$R^2 = .20**$		$R^2 = .03**$	
2	Türkeistämmig[a]	−.004	.949	.05	.389	−.05	.423	−.02	.789	−.002	.974
	Mit Fluchtgeschichte[a]	−.16	.001	−.12	.006	−.09	.047	−.13	.004	.04	.437
	Alter	−.06	.042	−.07	.018	−.06	.037	−.04	.215	−.03	.372
	EB kein Abschluss[a]	.08	.023	.04	.171	.02	.648	−.07	.045	−.02	.621
	EB niedrig[a]	−.01	.746	.01	.712	−.01	.751	−.03	.513	.04	.326
	EB hoch[a]	.03	.531	−.02	.555	−.06	.153	.004	.919	−.07	.139
	SO bisexuell[a]	.05	.102	.03	.308	.05	.109	.001	.968	.06	.078

(Fortsetzung)

Tab. 3 (Fortsetzung)

Schritt	Prädiktor	Gleichberechtigung		Heirat		Adoption		Transsexuelle		Intergeschlechtliche^R	
	SO homosexuell^a	.04	.194	.04	.226	−.06	.054	.05	.149	.02	.523
	Religion muslimisch^a	−.07	.307	−.13	.052	−.09	.198	−.10	.155	.05	.512
	Religion keine ^{a}	−.02	.597	−.05	.146	−.01	.700	.002	.953	.07	.049
	Religiosität	−.21	<.001	−.25	<.001	−.18	<.001	−.13	<.001	.02	.586
	GIS Geschlechtstypikalität	−.01	.755	.02	.498	−.06	.115	−.09	.018	−.10	.010
	GIS Zufriedenheit	−.11	.002	−.20	<.001	−.17	<.001	−.16	<.001	−.17	<.001
	GIS Anpassungsdruck	−.23	<.001	−.27	<.001	−.25	<.001	−.21	<.001	−.24	<.001
		$R^2 = .28^{**}$ $\Delta R^2 = .11^{**}$		$R^2 = .38^{**}$ $\Delta R^2 = .17^{**}$		$R^2 = .34^{***}$ $\Delta R^2 = .14^{**}$		$R^2 = .31^{**}$ $\Delta R^2 = .11^{**}$		$R^2 = .13^{**}$ $\Delta R^2 = .11^{**}$	

Anmerkungen. $n = 777$. $R^2 =$ korrigiertes R^2. ** $p < .001$. EB = elterliche Bildung, SO = sexuelle Orientierung, GIS = Gender Identity Scale. ^{a} Dummycodierung mit folgender Referenzgruppe: Gruppenzugehörigkeit: ohne internationale Geschichte; elterliche Bildung: mittel; sexuelle Orientierung: heterosexuell; Religionszugehörigkeit: christlich. ^{R} recodiert

Hinsichtlich der Gleichberechtigung von Schwulen und Lesben zeigen die quantitativen Daten eine breite Akzeptanz über alle Gruppen hinweg. Diese Angaben lassen sich anhand der qualitativen Interviews genauer beleuchten. Interessanterweise wird – v. a. in der Gruppe der Männer ohne internationale Geschichte – Gleichberechtigung als gegeben und akzeptiert betrachtet, was einerseits positiv ist, andererseits problematisch wird, wenn bestehende Diskriminierungen ignoriert oder sogar negiert werden (Conrads 2021). Auffallend ist, dass ein Teil der Stichprobe Gleichberechtigung befürwortet, gleichzeitig aber Heirat und Adoptionsrechte für Schwule und Lesben ablehnt, die ebenfalls als Aspekte einer rechtlichen Gleichstellung angesehen werden können. Teilnehmer, die Gleichberechtigung und Heirat skeptisch oder ablehnend gegenüberstehen, begründen dies in den Interviews häufig über gesellschaftliche oder religiöse Normen und Werte (siehe auch Remiorz, Nowacki und Sabisch in Druck[2]). Auch in den quantitativen Daten waren Religiosität und die Geschlechtsidentitäts-Subskalen die stärksten Prädiktoren für die Einstellung zu Gleichberechtigung und Heirat. Anders als hinsichtlich der Rechte von Schwulen und Lesben scheinen die Einstellungen auf persönlicher Ebene deutlich ambivalenter. So gaben viele Teilnehmer an, ein Outing in der Familie und im Freundeskreis als unangenehm, problematisch oder sogar bedrohlich zu sehen. Die vorliegenden quantitativen Befunde decken sich mit den Ergebnissen der Befragung der Antidiskriminierungsstelle des Bundes (Küpper et al. 2017). Dort gaben 12 % der Befragten an, eine negative oder sehr negative Einstellung gegenüber Homosexuellen zu haben, die breite Mehrheit (88 %) zeigte eine neutrale bis sehr positive Einstellung. Nach der Einstellung zur rechtlichen Gleichstellung homosexueller Personen wurde dabei nicht gefragt. Bezüglich der Einstellung zur Ehe zwischen zwei Frauen oder zwei Männern bestätigen unsere Ergebnisse (86 % Zustimmung) ebenfalls die der Befragung der Antidiskriminierungsstelle (83 % Zustimmung).

Für die Einstellungen zur Adoption von Kindern durch gleichgeschlechtliche Paare zeigen die quantitativen Daten insgesamt immer noch deutlich positive Einstellungen – mit einer Zustimmung von 75 % der Teilnehmenden sowohl in dieser Studie als auch in der Befragung der Antidiskriminierungsstelle (Küpper et al. 2017). Allerdings ist die Zustimmung deutlich weniger hoch als zu Gleichberechtigung und Heirat von Schwulen und Lesben, was die Befunde früherer Studien bestätigt (Dotti Sani und Quaranta 2020). Dies zeigt sich auch bei genauerer Betrachtung anhand der qualitativen Interviews: Neben einer grundsätzlichen Offenheit zeigen die Teilnehmer ohne internationale Geschichte

---

[2] In dem Beitrag werden ebenfalls qualitative Daten aus dem Projekt JUMEN verwendet.

auch große Bedenken, die türkeistämmigen Teilnehmer und die Teilnehmer mit Fluchtgeschichte sind insgesamt eher kritisch gegenüber den Adoptionsrechten eingestellt. Begründet werden diese Bedenken weitgehend ähnlich: Zentral sind hier traditionelle Vorstellungen von Familie und von Geschlechterrollen, wobei die adoptierten Kinder als „Opfer" dieser Elternkonstellationen gesehen werden. Entscheidend sind hier also persönliche Normvorstellungen von einer „richtigen" Familienform, bestehend aus Mutter und Vater (vgl. Kap. 2 in diesem Band). Diese Normvorstellung ist vermutlich auch durch die gesamtgesellschaftliche Struktur in Deutschland beeinflusst, denn traditionelle Kernfamilien machen knapp 69,4 % der im Land gelebten Familienformen mit Kindern aus (Statisches Bundesamt 2021). Aus einer solchen Normvorstellung folgt auch, dass andere Familienformen als dysfunktional oder „unnormal" empfunden und dadurch als zwangsläufig gefährlich oder schädlich für die Kinder betrachtet werden. Interessant ist, dass Unterbringung in Heimeinrichtungen von einem Teil der Befragten noch kritischer eingeschätzt wird. Die Kleinfamilie wird als besonders erstrebenswert betrachtet, mit einer klaren Hierarchisierung von der heterosexuell ausgerichteten Kleinfamilie als weiter bestehender Idealkonstellation und Kleinfamilien mit gleichgeschlechtlichen Eltern als einer Art „Notlösung". Die negativen Folgen aufgrund des Aufwachsens in anderen Konstellationen werden von den Teilnehmern fast ausschließlich hypothetisch geäußert und weder anekdotisch noch wissenschaftlich-empirisch belegt. Auch in den quantitativen Daten spielen neben Religiosität wiederum die Skalen der Geschlechtsidentität die zentrale Rolle zur Erklärung der Einstellung zu Adoptionsrechten, stärkster Prädiktor ist der wahrgenommene Anpassungsdruck bezogen auf die Geschlechtskonformität (siehe Kap. 4 in diesem Band).

Auch wenn sich in den quantitativen Daten insbesondere bei den Teilnehmern ohne internationale Geschichte eine grundsätzliche Offenheit gegenüber den Rechten von trans* Personen zeigt, gibt es einen nicht unerheblichen Teil, der diese ablehnt, wie in den qualitativen Interviews deutlich wird. Die Einstellungen gegenüber trans* Personen sind hier deutlich negativer als gegenüber Homosexuellen und ihren Rechten. Dies deckt sich auch mit den Ergebnissen der Befragung der Antidiskriminierungsstelle, bei der 17 % der Befragten eine negative oder sehr negative Einstellung gegenüber trans* Personen angaben (Küpper et al. 2017). Auffällig ist, dass Trans* in den Interviews häufig negiert oder nicht ernst genommen wird und ein Outing von Personen aus dem Familien- und Freundeskreis als trans* als schwieriger wahrgenommen wird als ein Outing als homosexuell. Die Ergebnisse der Regressionsanalysen deuten auch hier auf die wichtige Rolle der eigenen Geschlechtsidentität hin.

In Hinblick auf intergeschlechtliche Personen und ihre Rechte zeigen die Interviews eine große Unkenntnis der Befragten. Viele Teilnehmer konnten mit dem Begriff nichts anfangen oder verwechselten ihn mit Transsexualität. Interessanterweise zeigten die Interviewteilnehmer, nachdem Intergeschlechtlichkeit von den Interviewern erläutert wurde, positivere Einstellungen, die allerdings häufig durch Mitleid gekennzeichnet waren. Die Teilnehmer begründeten ihre Einstellungen dabei auf biologistischer und religiöser Ebene und konstruierten Intergeschlechtlichkeit als unverschuldete, „gottgegebene" Normabweichung. Die quantitativen Daten zeigten vergleichsweise negative Einstellungen, die möglicherweise auf fehlendes Wissen zurückgehen. Dafür spricht auch, dass die Varianzaufklärung in der Regressionsanalyse für das Item zu Intergeschlechtlichkeit mit 13 % deutlich niedriger war als bei den übrigen Items und einzig die Skalen der Geschlechtsidentität sowie die Zugehörigkeit zu keiner Religionsgemeinschaft (im Vergleich zu christlichen Teilnehmern) überhaupt mit der Einstellung zusammenhingen. Es kann auf keine geteilten, traditionellen gesellschaftlichen und religiösen Normen zurückgegriffen werden. Dennoch könnte der für die Teilnehmer unklare oder unbekannte Begriff „Intergeschlechtlichkeit" mit sexueller und/oder Geschlechtsidentität assoziiert werden, die von traditionellen, dichotomen Vorstellungen und vom eigenen Bild von Männlichkeit abweichen und dadurch negative Einstellungen bedingen.

Insgesamt spiegeln die Einstellungen unabhängig vom Thema gesellschaftlich oder religiös geprägte Normenvorstellungen wider. Als zentral zeigen sich dabei sowohl in den quantitativen als auch den qualitativen Befunden die Vorstellung, dass Geschlecht dichotom ist, sowie ein damit verknüpftes traditionelles Bild von Männlichkeit (vgl. Kap. 1 in diesem Band). Genau auf den Punkt bringt das die oben angeführte Aussage eines Teilnehmers: „Mann ist Mann und Frau ist Frau" – also Geschlecht als dichotomes Merkmal mit klar zugeschriebenen Eigenschaften. Geschlecht wird in diesen Zusammenhang von den befragten Probanden als Strukturkategorie verstanden (Degele 2008; Lenz 2017) und dies biologistisch sowie religiös begründet. In den Regressionsmodellen zeigen sich durchgängig, also sowohl für den LSBTI*-Gesamtscore als auch die Einzelitems, die drei Skalen zur Geschlechtsidentität sowie Religiosität als wichtigste Prädiktoren mit den größten Regressionsgewichten. Dabei ist hervorzuheben, dass zwar Religiosität negativere Einstellungen vorhersagt, die Religionszugehörigkeit jedoch nicht in Zusammenhang mit den Einstellungen steht. Das Stereotyp bezüglich negativerer Einstellungen von muslimischen Männern zeigt sich in den analysierten Daten nicht, es gibt keine Unterschiede zwischen muslimischen und christlichen Teilnehmern allein aufgrund ihrer Religionszugehörigkeit. Unter den GIS Skalen ist besonders der erlebte Anpassungsdruck zu Geschlechtstypikalität ein wichtiger

Faktor für die LSBTI*-Einstellungen (stärkster Einzelprädiktor in allen Modellen) und hängt negativ mit den Einstellungen zusammen. Teilnehmer, die für sich selbst höheren Anpassungsdruck wahrnehmen, nehmen diesen möglicherweise auch für andere wahr oder empfinden es als unfair oder unangemessen, wenn andere diese wahrgenommenen Normen verletzen. Interessanterweise sind auch Zufriedenheit mit dem eigenen Geschlecht und – etwas weniger stark und etwas weniger stabil – Geschlechtstypikalität negativ mit den LSBTI*-Einstellungen verknüpft. Dies ist insoweit überraschend, als hohe Werte für Geschlechtsidentität in vielen Bereichen funktional sind, beispielsweise hängen die beiden GIS Skalen positiv mit psychosozialer Anpassung und psychischer Gesundheit zusammen (Egan und Perry 2001; Jewell und Brown 2014). Denkbar wäre auch, dass hohe Werte auf den beiden Skalen eine stabile eigene Geschlechtsidentität implizieren, die von Abweichungen anderer zur eigenen Geschlechtsidentität wenig tangiert wird. Auf der anderen Seite sind die negativen Zusammenhänge zwischen den beiden Skalen und den LSBTI*-Einstellungen vor dem Hintergrund der *symbolic threat* Hypothese (Stephan und Stephan 2000) wenig überraschend, wenn Abweichungen anderer von selbst wahrgenommenen Normen und der eigenen Identität als Bedrohung empfunden werden.

Warum unterscheiden sich die Einstellungen (und deren Prädiktoren) je nach LSBTI*-Thema? Potenzielle Erklärungsansätze bieten wiederum die *symbolic threat* (Stephan und Stephan 2000), die *justification-suppression* (Crandall und Eshleman 2003; Hoffarth et al. 2018) und die Intergruppen-Kontakt Hypothese (Christ und Kauff 2019). Möglicherweise divergieren die Items in ihrem Potenzial für wahrgenommene Bedrohung. Während beispielsweise Homo- oder Bisexualität leichter als etwas rein Individuelles, also als etwas, das mit der eigenen Person nichts zu tun hat, konstruiert werden kann (oder eigene positive Einstellungen als Indikator für die eigene Offenheit und Toleranz), könnten Rechte in Bezug auf Heirat und Adoption stärker als zentrale eigene Werte und Vorstellungen (Familienbild, Geschlechterrollen, Geschlecht als dichotome Kategorie) betreffend wahrgenommen werden (Dotti Sani und Quaranta 2020). Trans* und inter* Personen und ihre Rechte stellen vielleicht darüber hinaus ganz zentrale Aspekte der eigenen Identität infrage und werden daher als besonders bedrohlich empfunden.

Nach der justification-suppression Hypothese unterscheiden sich Kontexte darin, inwieweit Intergruppen-Bias gegenüber spezifischen Gruppen sozial akzeptiert ist oder nicht. In einem Kontext, in dem ein bestimmter Intergruppen-Bias, z. B. gegenüber LSBTI* Personen, sozial nicht akzeptiert ist, wird der Ausdruck eines solchen Bias unterdrückt (suppression), es sei denn, es gibt eine Rechtfertigung (justification) dafür (Crandall und Eshleman 2003; Hoffarth et al. 2018).

Die Daten der JUMEN Studie deuten darauf hin, dass die Gleichberechtigung von Schwulen und Lesben von vielen Teilnehmern als eine Art gesellschaftlich akzeptierte Norm betrachtet wird. Für bestimmte Aspekte gibt es aber ebenfalls (vermeintlich) sozial geteilte Rechtfertigungen, warum diese nicht akzeptiert werden müssen/dürfen/können. Beispielsweise wird eine Ablehnung des Adoptionsrechts für gleichgeschlechtliche Paare mit möglichen negativen Konsequenzen für die Kinder gerechtfertigt oder negative Einstellungen gegenüber der „Ehe für alle" und Rechten von trans* Personen mit religiösen Gründen. Hier unterscheiden sich die verschiedenen Items möglicherweise in dem Grad, in dem auf der einen Seite eine hohe gesellschaftliche Akzeptanz, auf der anderen Seite sozial geteilte Rechtfertigungsargumente wahrgenommen werden.

Schließlich unterscheiden sich die Items hinsichtlich des bestehenden bzw. möglichen Kontakts zur jeweils angesprochenen Gruppe. Beispielsweise zeigten die qualitativen Interviews beim Thema Adoption, dass die Teilnehmer mögliche negative Folgen für die Kinder vermuteten, allerdings anscheinend keine persönlichen Erfahrungen bzw. persönlichen Kontakte zu „Regenbogenfamilien" bestanden, die solche Annahmen korrigieren könnten. Auch (persönliche oder mediale) Kontakte zu trans* und inter* Personen sind unter den Teilnehmern wahrscheinlich seltener als zu homosexuellen Personen (Hoffarth und Hodson 2018). Dafür sprechen auch die qualitativen Befunde, dass viele der Teilnehmer nicht wussten, was intersexuell bedeutet.

Anhand der Daten der JUMEN Studie lassen sich diese Annahmen nicht überprüfen, weitere Studien sind notwendig, die dies aufgreifen.

Gruppenunterschiede

In Hinblick auf die untersuchten Unterschiede zwischen den Teilnehmern in Abhängigkeit von einer internationale Geschichte sind folgende Ergebnisse hervorzuheben: Ohne Kontrolle weiterer Variablen zeigen sich Unterschiede zwischen den drei Gruppen, wobei türkeistämmige Teilnehmer negativere Einstellungen angaben als Teilnehmer ohne internationale Geschichte und Teilnehmer mit Fluchtgeschichte negativere Einstellungen als die beiden anderen Gruppen. Wichtig ist jedoch, dass auch bei den Teilnehmern mit Fluchtgeschichte die Einstellungen im Schnitt im mittleren Bereich der Skala lagen und ein nicht unerheblicher Teil den Items zustimmte (je nach Item 41–59 %). Das aus diversen (rechtspopulistischen) Kreisen kolportierte Bild von intoleranten und homophoben Menschen mit Fluchtgeschichte lässt sich so also nicht aufrechterhalten. Wie oben beschrieben, gilt dies auch für stereotype Vorstellungen von negativen Einstellungen muslimischer Männer, die ebenfalls empirisch nicht bestätigt wurden. Unter Kontrolle weiterer Variablen verringerte sich der Zusammenhang zwischen Gruppenzugehörigkeit und LSBTI*-Einstellungen substanziell und wurde für den Unterschied zwischen Teilnehmern ohne internationale Geschichte und türkeistämmigen Teilnehmern nicht signifikant. Nicht die Gruppenzugehörigkeit per se, sondern dahinter liegenden Faktoren und Prozesse sind also entscheidend für die Einstellungen junger Männer. Dies hat wichtige Implikationen für die Praxis, z. B. in der Sozialen Arbeit, und bietet Ansatzmöglichkeiten für Intervention (siehe Kap. 6 und 7 in diesem Band). Der negative Zusammenhang zwischen Zugehörigkeit zur Gruppe der Teilnehmer mit Fluchtgeschichte und LSBTI*-Einstellungen blieb zwar unter Kontrolle weiterer Variablen bestehen, lässt sich aber möglicherweise durch Variablen erklären, die in der vorliegenden Studie nicht erfasst wurden. Viele der Teilnehmer mit Fluchtgeschichte kamen aus Ländern, in denen Homosexualität verpönt oder verboten ist oder verfolgt wird. Wie in der Einleitung dargelegt, sind hier ein direkter Zusammenhang der gesellschaftlichen Regeln und Normen mit den individuellen Einstellungen und ein indirekter Zusammenhang durch weniger Intergruppenkontaktmöglichkeiten (Homosexuelle weniger/nicht präsent in Freundeskreis, Gesellschaft, Medien) denkbar. Trotz dieser Befunde und der dargelegten Interpretation besteht hier Handlungsbedarf, da durchaus negative und sehr negative Einstellungen in nicht unerheblichem Ausmaß gefunden wurden. Gruppenzugehörigkeit bietet hier eine erste Orientierungsmöglichkeit für die praktische Arbeit im Sinne einer Heuristik, die jedoch nicht für Stereotypisierung und Diskriminierung missbraucht werden darf. An dieser Stelle sollte auch noch einmal darauf hingewiesen werden, dass sich negative Einstellungen selbstverständlich nicht auf die Gruppe der jungen Männer mit Fluchtgeschichte beschränken, sondern auch in den anderen Gruppen negative Einstellungen geäußert wurden. Eine genauere Diskussion der praktischen Implikationen folgt in einem Abschnitt weiter unten sowie in den Kapiteln 6 und 7 in diesem Sammelband.

Limitationen

Die vorliegende Studie liefert wichtige Ergebnisse, bei deren Interpretation jedoch auch gewisse Limitationen berücksichtigt werden müssen. Die Daten wurden querschnittlich erhoben und deskriptiv-explorativ ausgewertet, erlauben also keine kausalen Schlüsse. Darüber hinaus sind Moderations- und Mediationseffekte oder Einflüsse von nicht-erhobenen Drittvariablen denkbar. Eine solche Variable stellt der Kontakt zu LSBTI* Personen dar, der für die dargestellten Befunde von hoher Relevanz sein müsste, jedoch in der vorliegenden Studie nicht erfasst wurde. Außerdem ist die Gruppe der Teilnehmer mit Fluchtgeschichte heterogen, z. B. was Herkunftsländer oder Fluchtursachen angeht. Für eine feinere Betrachtungsebene ist die Anzahl der Teilnehmer mit Fluchtgeschichte in dieser Studie jedoch zu gering. Eine weitere Einschränkung ergibt sich aus der Formulierung bzw. dem Fokus der Fragebogen-Items zu den LSBTI*-Einstellungen. Zum einen beziehen sich die Items auf die Einstellungen zu Rechten von LSBTI* Personen, nicht auf die Einstellungen zu den Personen selbst. Diese können jedoch durchaus unterschiedlich ausfallen, wie sich zum Beispiel im Vergleich der quantitativen Daten und qualitativen Aussagen zeigt. Zum anderen findet das (zugeschriebene) Geschlecht der LSBTI* Personen in den Items keine Berücksichtigung (z. B. keine Unterscheidung zwischen Schwulen und Lesben oder Transmännern und Transfrauen). Gerade im Hinblick auf die in der vorliegenden Studie festgestellte Bedeutung der eigenen Geschlechtsidentität sowie der Beobachtung, dass männliche Homosexualität teilweise negativer besetzt ist und härter sanktioniert wird (Mendos 2019; Steffens und Wagner 2004), wäre es jedoch interessant und informativ, eine solche Differenzierung in den Items vorzunehmen.

Implikationen für zukünftige Forschung

Die dargestellten Befunde der JUMEN Studie bieten diverse Ansatzpunkte für zukünftige Studien. In den Ergebnissen zeigen sich Geschlechtsidentität sowie gesellschaftlich oder religiös beeinflusste Normvorstellungen und die empfundene Normverletzung durch LSBTI* Personen als zentrale Aspekte. Zukünftige Studien sollten diese Faktoren sowie vermittelnde Prozesse oder erklärende Variablen genauer untersuchen, beispielsweise die Rolle von wahrgenommener Bedrohung (symbolic threat) oder von Rechtfertigungsstrategien (Justification-Suppression Model). Auch die hier vor allem in den qualitativen Daten gefundene Unkenntnis und die fehlenden Kontakte zu LSBTI*-Themen oder Personen bieten Ansatzpunkte zur weiteren Untersuchung, insbesondere könnten hier Aufklärungs- und Interventionsprogramme entworfen und empirisch überprüft werden.

Praktische Implikationen

Die im vorliegenden Kapitel dargelegten empirischen Befunde bieten eine Reihe von praktisch und gesamtgesellschaftlich relevanten Erkenntnissen. Zunächst ist festzustellen, dass sich gerade in den qualitativen Interviews eine gewisse Unkenntnis bezüglich sexueller und geschlechtlicher Vielfalt gezeigt hat. Besonders deutlich war dies beim Thema Intergeschlechtlichkeit zu erkennen, aber auch bei anderen Themen wie Trans* oder das Aufwachsen in Regenbogenfamilien. Vor diesem Hintergrund erscheint es elementar, dass in Bezug auf die sexuelle und geschlechtliche Vielfalt von Menschen eine umfassende Informationsvermittlung und eine (kritische) Auseinandersetzung stattfinden – und zwar auf gesamtgesellschaftlicher, kultureller und religiöser Ebene. Dies könnte beispielsweise über breite öffentliche Aufklärungs- bzw. Informationskampagnen, ggf. mit Personen des öffentlichen Lebens, mediale Repräsentanz von LSBTI* Personen und -Themen oder auch den persönlichen Kontakt zu dieser Personengruppe erfolgen. Insgesamt gilt es, Vorurteile ab- und Akzeptanz aufzubauen und sexuelle und geschlechtliche Vielfalt zu entdramatisieren bzw. zu normalisieren.

Ein weiterer praktisch relevanter Aspekt ist die Identifizierung von LSBTI* Personen oder Personengruppen, die im Hinblick auf Vorurteile und Diskriminierung ein besonderes Risiko haben. Hierfür bieten sowohl die qualitativen als auch die quantitativen Befunde der JUMEN Studie wichtige Anhaltspunkte. Es zeigten sich deutlich Unterschiede in den Einstellungen zu verschiedenen LSBTI*-Themen, mit weniger positiven Einstellungen gegenüber Rechten von Inter* und Trans* sowie der Adoption von Kindern durch gleichgeschlechtliche Paare.

Als zentrale Prädiktoren für Einstellungen zu LSBTI* erwiesen sich in der vorliegenden Studie die Skalen zu Geschlechtsidentität, insbesondere der erlebte Anpassungsdruck. Hieraus ergeben sich Hinweise darauf, dass eine Reflexion über Männlichkeit, das eigene Bild von Männlichkeit und die dazu wahrgenommenen sozialen Normen ein möglicher Ansatzpunkt für die Veränderung von Einstellungen zu LSBTI* bietet. In der Arbeit mit Jungen und männlichen Jugendlichen könnte das zum Beispiel das Aufzeigen alternativer Männlichkeiten und Geschlechterrollen (z. B. auch in Schul- und Kinderbüchern) sein.

Schließlich lassen sich aus den Befunden zur Gruppenzugehörigkeit, hier im Sinne des Herkunftslandes (der Eltern), Implikationen ableiten. Dabei gilt es, Pauschalisierungen und Diskriminierung bestimmter Personen und Personengruppen zu vermeiden und Vorurteilen zu widersprechen. Die Befunde zeigen deutlich, dass die Einstellungen der Teilnehmer mit Fluchtgeschichte oder muslimischer Religionszugehörigkeit keineswegs durchgängig negativ waren. Wie vermutet zeigten die Regressionsanalysen, dass nicht das distale Merkmal „Gruppenzugehörigkeit", sondern andere Faktoren entscheidend für die Einstellungen der jungen Männer waren. Die oben genannten Ansatzpunkte bzw. Tools und Strategien zur Veränderung von Einstellungen zu LSBTI* könnten demnach für die Arbeit mit jungen Männern mit und ohne internationale Geschichte relevant sein. Gleichzeitig sollten vorhandene negative Einstellungen ernst genommen und darauf reagiert werden. Beispielsweise zeigte sich unter den Teilnehmern mit Fluchtgeschichte im Vergleich zu den übrigen Teilnehmern in der vorliegenden Studie ein höherer Anteil an Personen mit negativeren Einstellungen. Auch in den qualitativen Interviews wurden von Teilnehmern mit Fluchtgeschichte, die sich selbst als homo- oder bisexuell bezeichneten, Diskriminierungserfahrungen berichtet oder die sexuelle Orientierung als Fluchtgrund angegeben, was sich mit Ergebnissen weiterer Studien zur Situation von LSBTI* Personen mit Fluchtgeschichte in Deutschland deckt (Golembe et al. 2019; Remiorz et al. 2019). Als praktische Ansatzpunkte lassen sich daraus zum Beispiel Veränderung von Einstellungen über Förderung von Kontakten zu LSBTI* Personen und Auseinandersetzung mit eigenen Normen und denen anderer Personen ableiten, wofür Zugang zu Medien, Sprache und Informationen, aber auch Kontakte zu Personen ohne internationale Geschichte wichtig sind. Auch bei der Unterbringung von LSBTI* Personen mit Fluchtgeschichte sollten diese Befunde berücksichtigt werden, da diese Personen möglicherweise besonders schutzbedürftig sind.

Literatur

Adamczyk, A., & Pitt, C. (2009). Shaping attitudes about homosexuality: The role of religion and cultural context. *Social Science Research, 38*, 338–351. https://doi.org/10.1016/j.ssresearch.2009.01.002.

Anderson, K. J., & Kanner, M. (2011). Inventing a gay agenda: Students' perceptions of lesbian and gay professors. *Journal of Applied Social Psychology, 41*, 1538–1564. https://doi.org/10.1111/j.1559-1816.2011.00757.x.

Antidiskriminierungsstelle des Bundes. (2015). Gleiche Rechte – gegen Diskriminierung aufgrund des Geschlechts. *Bericht der unabhängigen Expert_innenkommission des Bundes*. Berlin.

Bereswill, M., & Ehlert, G. (2017). Diskriminierung aufgrund des Geschlechts und der sexuellen Orientierung. In A. Scherr, A. El-Mafaalani & G. Yüksel (Hrsg.), *Handbuch Diskriminierung* (S. 499–509). Wiesbaden: Springer VS.

Brooks, A. S., Luyt, R., Zawisza, M., & McDermott, D. T. (2020). Ambivalent homoprejudice towards gay men: Theory development and validation. *Journal of Homosexuality, 67*, 1261–1289. https://doi.org/10.1080/00918369.2019.1585729.

Christ, O., & Kauff, M. (2019). Intergroup contact theory. In K. Sassenberg & M. L. W. Vliek, (Eds.), *Social psychology in action* (S. 145–161). Berlin: Springer.

Conrads, J. (2020). *Das Geschlecht bin ich. Vergeschlechtlichte Subjektwerdung Jugendlicher*. Wiesbaden: Springer VS.

Crandall, C. S., & Eshleman, A. (2003). A justification-suppression model of the expression and experience of prejudice. *Psychological Bulletin*, 129(3), 414–446. https://doi.org/10.1037/0033-2909.129.3.414.

Degele, N. (2008). *Gender/Queer Studies*. Paderborn: Fink.

Deveaux, F. (2016). Counting the LGBT population: 6% of Europeans identify as LGBT. *Dalia Research GmbH*. Abgerufen am 17.01.2022. https://daliaresearch.com/blog/counting-the-lgbt-population-6-of-europeans-identify-as-lgbt/.

Dietze, G. (2019). *Sexueller Exzeptionalismus. Überlegenheitsnarrative in Migrationsabwehr und Rechtspopulismus*. Bielefeld: Transcript.

Donaldson, C. D., Handren, L. M., & Lac, A. (2017). Applying multilevel modeling to understand individual and cross-cultural variations in attitudes toward homosexual people across 28 European countries. *Journal of Cross-Cultural Psychology*, 48, 93–112. https://doi.org/10.1177/0022022116672488.

Dotti Sani, G. M., & Quaranta, M. (2020). Let them be, not adopt: General attitudes towards gays and lesbians and specific attitudes towards adoption by same-sex couples in 22 European countries. *Social Indicators Research*, 150, 351–373. https://doi.org/10.1007/s11205-020-02291-1.

Dresing, T., & Pehl, T. (2015). *Praxisbuch Interview, Transkription & Analyse. Anleitungen und Regelsysteme für qualitativ Forschende*. Marburg. Abgerufen am 17.01.2022 unter: www.audiotranskription.de/praxisbuch.

Egan, S. K., & Perry, D. G. (2001). Gender identity: A multidimensional analysis with implications for psychosocial adjustment. *Developmental Psychology*, 37, 451–463. https://doi.org/10.1037/0012-1649.37.4.451.

European Commission (2015). *Discrimination in the EU in 2015: Report. Special Eurobarometer*. Abgerufen am 17.01.2022 unter: http://ec.europa.eu/COMMFrontOffice/publicopinion/index.cfm/ResultDoc/download/DocumentKy/68004.

Finlay, B., & Walther, C. S. (2003). The relation of religious affiliation, service attendance, and other factors to homophobic attitudes among university students. *Review of Religious Research*, 44, 370–393. https://doi.org/10.2307/3512216.

Golembe, J., Leyendecker, B., & Busch, J. (2019) Psychosoziale Lage und gesellschaftliche Teilhabe von LSBTI-Geflüchteten in Deutschland – Forschungsstand und Anwendungsmöglichkeiten für die Jugendhilfe. In K. Nowacki & S. Remiorz (Hrsg.), *Junge Geflüchtete in der Jugendhilfe* (S. 123–138). Wiesbaden: Springer VS.

Hartmann, P., & Trautner, H. M. (2009). Die Bedeutung des Pubertätsstatus und des Entwicklungstempos für die Geschlechtsidentität von Mädchen und Jungen in der Adoleszenz. *Zeitschrift für Entwicklungspsychologie und Pädagogische Psychologie*, 41, 63–78. https://doi.org/10.1026/0049-8637.41.2.63.

Herek, G. M., & Capitanio, J. P. (1996). „Some of my best friends": Intergroup contact, concealable stigma, and heterosexuals' attitudes toward gay men and lesbians. *Personality and Social Psychology Bulletin*, 22, 412–424. https://doi.org/10.1177/01461672962224007.

Herek, G. M., & Glunt, E. K. (1993). Interpersonal contact and heterosexuals' attitudes toward gay men: Results from a national survey. *The Journal of Sex Research*, 30, 239–244. https://doi.org/10.1080/00224499309551707.

Hoffarth, M. R., & Hodson, G. (2018). When intergroup contact is uncommon and bias is strong: The case of anti-transgender bias. *Psychology & Sexuality*, 9(3), 237–250. https://doi.org/10.1080/19419899.2018.1470107.

Hoffarth, M. R., & Hodson, G. (2020). Coming out, intergroup relations, and attitudes toward LGBT rights. *Oxford Research Encyclopedia of Politics*. Abgerufen am 17.01.2022 unter: https://oxfordre.com/politics/view/10.1093/acrefore/9780190228637.001.0001/acrefore-9780190228637-e-1179.

Hoffarth, M. R., Hodson, G., & Molnar, D. S. (2018). When and why is religious attendance associated with antigay bias and gay rights opposition? A justification-suppression model approach. *Journal of Personality and Social Psychology*, 115, 526–563. https://doi.org/10.1037/pspp0000146

IBM Corp. Released 2020. *IBM SPSS Statistics for Windows*, Version 27.0. Armonk, NY: IBM Corp.

Jäckle, S., & Wenzelburger, G. (2015). Religion, religiosity, and the attitudes toward homosexuality—A multilevel analysis of 79 countries. *Journal of Homosexuality*, 62, 207–241. https://doi.org/10.1080/00918369.2014.969071.

Jewell, J. A., & Brown C. S. (2014). Relations among gender typicality, peer relations, and mental health during early adolescence. *Social Development*, 23, 137–156. https://doi.org/10.1111/sode.12042.

Krämer, A., & Sabisch, K. (2019). Inter*: Geschichte, Diskurs und soziale Praxis aus Sicht der Geschlechterforschung. In B. Kortendiek, B. Riegraf & K. Sabisch (Hrsg.), *Handbuch Interdisziplinäre Geschlechterforschung, Geschlecht und Gesellschaft*. Wiesbaden: Springer VS.

Kroh, M., Kühne, S., Kipp, C., & Richter, D. (2017). Einkommen, soziale Netzwerke, Lebenszufriedenheit: Lesben, Schwule und Bisexuelle in Deutschland. *DIW Wochenbericht* Nr. 35/2017.

Küpper, B., Klocke, U., & Hoffmann, L.-C. (2017). *Einstellungen gegenüber lesbischen, schwulen und bisexuellen Menschen in Deutschland. Ergebnisse einer bevölkerungsrepräsentativen Umfrage*. Herausgegeben von der Antidiskriminierungsstelle des Bundes. Baden-Baden: Nomos. Abgerufen am 17.01.2022 unter: https://www.antidiskriminierungsstelle.de/SharedDocs/downloads/DE/publikationen/Umfragen/umfrage_einstellungen_geg_lesb_schwulen_und_bisex_menschen_de.pdf?__blob=publicationFile&v=4.

Lenz, I. (2017). Genderflexer? Zum gegenwärtigen Wandel der Geschlechterordnung. In I. Lenz (Hrsg.), *Geschlecht im flexiblen Kapitalismus?* (S. 181–214). Wiesbaden: Springer.

Mayring, P. (2015). *Qualitative Inhaltsanalyse: Grundlagen und Techniken*. Weinheim: Beltz.

Mendos, R. M. (2019). *International Lesbian, Gay, Bisexual, Trans and Intersex Association: State-Sponsored Homophobia 2019*. Abgerufen am 17.01.2022 unter: https://ilga.org/state-sponsored-homophobia-report-2019.

Mereish, E., & Poteat, V. P. (2015). Effects of heterosexuals' direct and extended friendships with sexual minorities on their attitudes and behaviors: intergroup anxiety and attitude strength as mediators and moderators. *Journal of Applied Social Psychology*, 45, 147–157. https://doi.org/10.1111/jasp.12284.

Morrison, M. A., & Morrison, T. G. (2003). Development and validation of a scale measuring modern prejudice toward gay men and lesbian women. *Journal of Homosexuality*, 43, 15–37. https://doi.org/10.1300/J082v43n02_02.

Pettigrew, T. F., & Tropp, L. R. (2006). A meta-analytic test of intergroup contact theory. *Journal of Personality and Social Psychology*, 90, 751–783. https://doi.org/10.1037/0022-3514.90.5.751.

Piumatti, G. A. (2017). A mediational model explaining the connection between religiosity and anti-homosexual attitudes in Italy: The effects of male role endorsement and homosexual stereotyping. *Journal of Homosexuality*, 64, 1961–1977. https://doi.org/10.1080/00918369.2017.1289005.

Reese, G., Steffens, M. C., & Jonas, K. J. (2014). Religious affiliation and attitudes towards gay men: On the mediating role of masculinity threat. *Journal of Community & Applied Social Psychology*, 24, 340–355. https://doi.org/10.1002/casp.2169.

Reimer, N. K., Becker, J. C., Benz, A., Christ, O., Dhont, K., Klocke, U., … Hewstone, M. (2017). Intergroup contact and social change: Implications of negative and positive contact for collective action in advantaged and disadvantaged groups. *Personality and Social Psychology Bulletin*, 43, 121–136. https://doi.org/10.1177/0146167216676478.

Remiorz, S., Nowacki, K., & Sabisch, K. (in Druck). Einstellungen und Werte junger Männer mit und ohne Migrations- und Fluchtgeschichte in Bezug auf Geschlecht und Gleichberechtigung: Implikationen für die Gesellschaft und die soziale Integration in Deutschland. In A. Wonneberger, K. Weidtmann, S. Stelzig-Willutzki & D. Lölsdorf. *Werte und Wertewandel in der postmigrantischen Gesellschaft*. Wiesbaden: Springer VS.

Remiorz, S., Nowacki, K., & Schrodt, T. (2019). Besonderheiten von LSBTI-Geflüchteten in der Jugendhilfe. In K. Nowacki & S. Remiorz (Hrsg.) (2019). *Junge Geflüchtete in der Jugendhilfe – Chancen und Herausforderungen der Integration* (S. 139–154). Wiesbaden: Springer VS.

Schiappa, E., Gregg, P. B., & Hewes, D. E. (2006). Can one TV show make a difference? a Will & Grace and the parasocial contact hypothesis. *Journal of Homosexuality*, 51 (4), 15–37. https://doi.org/10.1300/J082v51n04_02.

Simon, B. (2008). Einstellungen zur Homosexualität. Ausprägungen und psychologische Korrelate bei Jugendlichen ohne und mit Migrationshintergrund (ehemalige UdSSR und Türkei). *Zeitschrift für Entwicklungspsychologie und Pädagogische Psychologie*, 40, 87–99. https://doi.org/10.1026/0049-8637.40.2.87.

Statistisches Bundesamt (2021). *Haushalte und Familien. Familien nach Lebensform und Kinderzahl in Deutschland*. Abgerufen am 17.01.2022 unter: https://www.destatis.de/DE/Themen/Gesellschaft-Umwelt/Bevoelkerung/Haushalte-Familien/Tabellen/2-1-familien.html.

Steffens, M. C., & Wagner, C. (2004). Attitudes toward lesbians, gay men, bisexual women, and bisexual men in Germany. *Journal of Sex Research*, 41, 137–149. https://doi.org/10.1080/00224490409552222.

Stephan, W. G., & Stephan, C. W. (2000). An integrated threat theory of prejudice. In S. Oskamp (Hrsg.), *Reducing prejudice and discrimination* (S. 23–46). Hillsdale, NJ: Erlbaum.

Van der Bracht, K., & Van de Putte, B. (2014). Homonegativity among first and second generation migrants in Europe: The interplay of time trends, origin, destination and religion. *Social Science Research*, 48, 108–120. https://doi.org/10.1016/j.ssresearch.2014.05.011.

VERBI Software. (2019). *MAXQDA 2020* [computer software]. Berlin, Germany: VERBI Software. Available from maxqda.com.

Whitley, B. E., Jr. (2001). Gender-role variables and attitudes toward homosexuality. *Sex Roles*, 45, 691–721. https://doi.org/10.1023/A:1015640318045.

Whitley, B. E., Jr. (2009). Religiosity and attitudes toward lesbians and gay men: A meta-analysis. *The International Journal for the Psychology of Religion*, 19, 21–38. https://doi.org/10.1080/10508610802471104.

Witzel, A., & Reiter, H. (2012). *The Problem-centred Interview*. London: SAGE Publications.

Zhou, S., Page-Gould, E., Aron, A., Moyer, A., & Hewstone, M. (2019). The extended contact hypothesis: A meta-analysis on 20 years of research. *Personality and Social Psychology Review*, 23, 132–160. https://doi.org/10.1177/1088868318762647.

Zmyj, N., & Huber-Bach, L. (2020). German adolescents' homonegativity and the relationship to their religious denomination and gender role orientation. *Journal of LGBT Youth*, 17, 241–259. https://doi.org/10.1080/19361653.2019.1641174.

Dr. Silke Remiorz, Sozialarbeiterin & Sozialpädagogin (B. A.) und Sozialwissenschaftlerin (M. A.), war wissenschaftliche Mitarbeiterin in verschiedenen Forschungsprojekten zu den Themen Kinder- und Jugendhilfe und Migration an der Fachhochschule Dortmund und hat das Forschungsprojekt JUMEN koordiniert. Sie ist aktuell im Bereich der Hilfen zur Erziehung tätig.

Dr. Katharina Kohl, Diplom-Psychologin, forscht zur Entwicklung von Kindern und Jugendlichen mit und ohne internationale Geschichte mit besonderem Fokus auf (vor-)schulische Entwicklung und dem Wechselspiel von Kind, familiärem Kontext und (vor-)schulischem Kontext. Sie hat an verschiedenen größeren Projekten, unter anderem dem Projekt JUMEN an der Ruhr-Universität Bochum mitgewirkt und arbeitet aktuell am Leibniz-Institut für die Pädagogik der Naturwissenschaften und Mathematik in Kiel.

Prof. Dr. Katja Sabisch, Diplom-Soziologin, leitet seit 2008 die interdisziplinären Gender Studies-Studiengänge an der Ruhr-Universität Bochum. Sie ist dort Sprecherin des „Marie Jahoda Centers for International Gender Studies" [MaJaC] und forscht zu geschlechter- und wissenssoziologischen Themen (z. B. Care, Inter*, feministische Wissenschaftskritik, Wissensgeschichte der Geschlechterungleichheit).

Prof. Dr. Katja Nowacki, Diplom-Psychologin und Diplom-Sozialpädagogin, lehrt klinische Psychologie und Sozialpsychologie an der Fachhochschule Dortmund im Fachbereich Angewandte Sozialwissenschaften. Ihre Forschungsschwerpunkte liegen im Bereich von Bindungsbeziehungen, Entwicklungsprozessen im Kindes- und Jugendalter und Maßnahmen im Rahmen der Hilfen zur Erziehung unter Berücksichtigung der Themen internationale Geschichte und Geschlecht. Davor war sie unter anderem zwölf Jahre in der Kinder- und Jugendhilfe tätig.

Bindung und Männlichkeit: Bedeutung von Bindungsbeziehungen zu Eltern und Peers für die Einstellung zum eigenen Geschlecht bei jungen Männern mit und ohne internationale Geschichte

Katja Nowacki, Katharina Kohl, Silke Remiorz und Katja Sabisch

Theorie

Die Bedeutung der frühen Bindungserfahrungen für die psychische Befindlichkeit und das Bild von sich selbst im Verhältnis zu anderen

Bowlby (1951) hat hervorgehoben, dass die frühen Interaktionserfahrungen mit den primären Bezugspersonen bedeutsam für die weitere psychische und soziale Entwicklung sind. Kinder, deren Eltern feinfühlig auf ihre Bedürfnisse eingehen und sie entwicklungsangemessen unterstützen, entwickeln ein Gefühl der Sicherheit im Umgang mit anderen und für die Bedeutsamkeit der eigenen Person. Sie zeigen sicheres Bindungsverhalten in Momenten von Stress und Unsicherheit, indem sie nach der primären Bezugsperson rufen sowie deren Nähe suchen und sich durch diese schnell wieder beruhigen lassen. Kinder mit unsicherem Bindungsverhalten vermeiden dagegen die Nähe der Bezugsperson in Momenten von Stress und Verunsicherung (unsicher-vermeidendes Bindungsverhalten) oder können sich kaum von dieser entfernen (unsicher-ambivalentes Bindungsverhalten) (Grossmann und Grossmann 2021). In beiden Fällen ist die emotionale Regulation nicht so schnell wieder herstellbar und die Kinder bleiben deutlich länger aufgeregt und gestresst (Spangler und Grossmann 1993). Bei hochunsicherem, desorganisiertem Bindungsverhalten haben die Kinder keine erkennbare Strategie, mit der stresserregenden Situation umzugehen, weshalb es hier zu längeren Belastung kommen kann (Grossmann und Grossmann 2021). Entsprechend gehen unsichere Bindungsmuster auch im späteren Verlauf der Entwicklung häufiger mit höherer psychischer Belastung einher (Nowacki und Schoelmerich 2010; Stovall-McClough und Dozier 2016). Kinder mit sicherem Bindungsverhalten zeigen im Schnitt bereits im Kindergarten bessere soziale Kompetenz (Grossmann 2014) und in der Adoleszenz ist eine sichere Bindung zu den Eltern mit besseren Stressregulationsmechanismen assoziiert (Mattanah et al. 2011). Insgesamt sind sichere Bindungsmuster mit höherer Sozialkompetenz und mehr prosozialem Verhalten assoziiert, während unsichere Muster stärker mit psychischen Problemen einhergehen können (Allen und Tan 2016).

Neben den leiblichen Eltern können auch andere Bezugspersonen innerhalb des sozialen Umfeldes (Becker-Stoll und Beckh 2009) sowie pädagogische und soziale Fachkräfte für ein Kind wichtige Bezugs- und Bindungsfiguren werden, z. B. in Kindertageseinrichtungen (Ahnert et al. 2006) oder wenn das Aufwachsen in Pflegefamilien bzw. anderen betreuten Wohnformen erfolgt (Nowacki 2020; Günder und Nowacki 2020; Nowacki und Remiorz 2018).

Durch die frühen Bindungserfahrungen des Kindes mit erwachsenen Bezugspersonen haben sich Arbeitsmodelle von Bindung, sogenannte Bindungsrepräsentationen, entwickelt. Diese sind generalisierte Vorstellungen darüber, wie Beziehungen funktionieren und wie verlässlich sie zum Beispiel sind (Bretherton und Munholland 2016). Personen mit sicheren Bindungsrepräsentationen haben ein kohärentes, ggf. erarbeitetes Bild von den eigenen Erlebnissen mit anderen Personen (Ziegenhain 2016), insbesondere wenn dieses z. B. in Fällen von Fremdunterbringungen nach Traumatisierungen nicht unbedingt immer positiv ist (Köckeritz und Nowacki 2020).

Durch die Interaktion mit der Umwelt entwickelt sich daraus eine Vorstellung von den Beziehungen in der sozialen Umwelt, aber auch das Bild vom eigenen Selbst und damit auch die Identität (Steensma et al. 2013). So hebt Grossmann (2014) hervor, dass sich eine stabile, kohärente Identität, also eine dauerhafte, aber flexible Vorstellung vom eigenen Selbst, durch ein gemeinsames, positives Erleben mit primären Bindungspersonen entwickelt, die in der Kindheit eine sichere Basis dargestellt haben.

Bindungsbeziehungen in der Adoleszenz: Die Bedeutung der Peers

Mit zunehmendem Alter werden neben den primären Bindungspersonen weitere Menschen bedeutender und die Bindungshierarchie wird zunehmend flexibler und multidimensionaler (Allen und Tan 2016). Spätestens in der Adoleszenz werden auch Gleichaltrige (Peers) mehr und mehr zu wichtigen Bezugspersonen (Miljkovitch et al. 2021). Beziehungen zu den Peers sind bedeutsam für eine gesunde Entwicklung von Kindern und ihr Wohlbefinden und von der Kindheit bis ins Erwachsenenalter wird zunehmend mehr Zeit mit ihnen verbracht (Lopes-Moreira et al. 2021; Rubin et al. 2006).

Aber auch wenn die Bedeutung der direkten Regulation durch die primären Bindungspersonen über die Zeit abnimmt, so bleiben die Eltern bis ins junge Erwachsenenalter wichtige Ansprechpersonen und hierbei stehen die Mütter in der Hierarchie oft über den Vätern (Rosenthal und Kobak 2010). Das Beziehungsverhältnis zu den Peers ist eher durch Suchen nach gezielter Unterstützung in spezifischen Bereichen gekennzeichnet. In Fällen großer emotionaler Verunsicherung, zum Beispiel bei Krankheit, bleiben die primären Bindungspersonen in der Regel die bevorzugten Ansprechpersonen (Allen und Tan 2016).

Insgesamt kann angenommen werden, dass aufgrund der längeren Erfahrung mit den Eltern diese eine bedeutsamere Rolle spielen als die Peers. Miljkovitch et al. (2021) fanden allerdings heraus, dass sich die Bedeutung der Eltern versus Bedeutung der Peers bei Mädchen und Jungen unterscheidet. Während Mädchen Beziehungen zu Gleichaltrigen eine vergleichbar bedeutsame Rolle zuordneten, zeigten die Jungen eine höhere Bindungssicherheit in Bezug auf die Eltern als im Verhältnis zu den Peers.

Trotz der fortgesetzten Bedeutung der primären Bezugspersonen ist für alle Kinder und Jugendlichen das Zugehörigkeitsgefühl zu ihrer Peergroup hochbedeutsam für ihre psychische Zufriedenheit und ihre Sozialkompetenz. So zeigen sie, wenn sie sich ihrer Peergroup stärker zugehörig fühlen, höhere

Selbstsicherheit, weniger Internalisierungsprobleme und Depressionen, höhere Sozialkompetenz, eine bessere Bindungsbeziehung und weniger Viktimisierung durch Peers (Carver et al. 2003; Cooper et al. 2013; Egan und Perry 2001; Menon 2011; Pauletti et al. 2014; Yunger et al. 2004; für einen Überblick siehe Perry et al. 2019).

Somit ist das Zugehörigkeitsgefühl von Kindern zu ihrer Peergroup, die insbesondere im jüngeren Alter eher homogeschlechtlich ausgerichtet ist, wichtig für ihr Wohlbefinden und ihre soziale Entwicklung, was wiederum Auswirkungen auf die Identitätsentwicklung hat. Die Zugehörigkeit zur Peergroup hängt wiederum zu großen Teilen von geschlechtstypischem Verhalten ab, das ein Teil der Geschlechtsidentität ist und im Folgenden genauer definiert wird.

Geschlechtsidentitätsentwicklung bei jungen Männern unter besonderer Berücksichtigung des Einflusses der Peergroup

Identität entwickelt sich durch das Bild eines Individuums von sich selbst im Abgleich mit dem Bild anderer von einem Selbst (Steensma et al. 2013). Bezüglich der Geschlechtsidentität betonen Perry und Kolleg*innen (2019), dass diese die Einschätzung einer Person über ihre eigene Passung zum Geschlechterkollektiv und ihre Motivation, zu diesem zu gehören, umfasse. Tobin et al. (2010) gehen im Sinne eines kognitiven Ansatzes zur Geschlechtsidentitätsentwicklung davon aus, dass Kinder sich in der Regel ein Modell einer typisch männlichen oder weiblichen Person bilden, mit dem sie sich abgleichen, um ihre Passung zu bestimmen.

Aufgrund der gesellschaftlichen Norm der Zweigeschlechtlichkeit entwickeln Kinder früh geschlechtsspezifisches Verhalten und können männliche und weibliche Geschlechterstereotype benennen (Krahé et al. 2007; Trautner et al. 2005; siehe auch Remiorz 2021).

Der Sozialisierungsprozess im Hinblick auf Geschlecht wird u. a. durch (soziale) Medien, aber vor allem auch durch die Eltern und Peers beeinflusst (McCoy et al. 2019). Pauletti et al. (2016) konnten zeigen, dass Jungen, die andere Jungen mit vermeidendem Verhalten auf dem Schulhof beobachteten, dazu tendierten, dies ebenfalls häufiger zu zeigen. Je mehr sich Kinder mit der Gruppe ihrer gleichgeschlechtlichen Peers identifizieren, desto mehr entwickeln sie geschlechtsstereotypisches Verhalten.

Da die soziale Akzeptanz besonders wichtig ist für die Jugendlichen und sozial angepasstes Verhalten zu einer höheren Beliebtheit unter Peers führt

(Jewell und Brown 2014), erklärt sich ein daraus entstehender hoher Druck zu geschlechterkonformem Verhalten (McCoy et al. 2019). Entsprechend erfahren Jugendliche, die von geschlechtertypischen Erwartungen abweichen, häufiger Zurückweisung durch Peers. Dies zeigt sich bei männlichen Jugendlichen teilweise auch in eine negative Richtung, vor allem dann, wenn der Druck zu riskantem und deviantem Verhalten groß ist (Bosson et al. 2006). Heyder et al. (2021) fanden einen deutlichen Zusammenhang zwischen hohem Zugehörigkeitsgefühl zum eigenen Geschlecht und negativem Schulerfolg von Jungen, was sie ebenfalls mit einem höheren Druck zu abweichendem Verhalten durch die Peers erklären.

Wenn die Geschlechterstereotypen bezogen auf das eigene Geschlecht für überlegen gehalten werden, entsteht außerdem die Gefahr der Abwertung des anderen Geschlechts (sexistische Stereotypien) (Pauletti et al. 2014). Meuser (2010; siehe auch Kap. Männlichkeitsforschung. Entwicklung, Befunde, Perspektiven in diesem Band) konnte beobachten, dass der Geschlechtskonformitätsdruck in homosozialen Gruppensituationen höher wird. Junge Männer zeigten in Gruppeninterviews mit anderen jungen Männern mehr abwertende Äußerungen gegenüber Frauen (sexual talk), als in ihren heterosexuellen Beziehungen tatsächlich zum Ausdruck kamen. Da insbesondere männliche Stereotype in der Regel den weiblichen vorgezogen werden (Elsen 2018), könnte sich ein besonders hoher Anpassungsdruck für männliche Jugendliche erklären.

Der Anpassungsdruck bzgl. geschlechtstypischen Verhaltens könnte bei männlichen Jugendlichen mit internationaler Geschichte u. U. noch mal erhöht sein. Bohnsack (2002) hat bei türkeistämmigen Jugendlichen eine verstärkte Suche nach Milieuzugehörigkeit und habitueller Sicherheit festgestellt, die sie besonders in der Peergroup suchen. In dieser inszenieren sie aufgrund äußerlicher Merkmale, aber auch in spezifischen Verhaltensweisen einen männlichen Habitus, der sich an Gegensatzpaaren wie stark vs. schwach orientiert (Tan 2015). Durch diese starke Ausprägung männlicher Geschlechterstereotypien wird die Zugehörigkeit zu einer spezifischen Peergroup verdeutlicht (Tan 2015). Böhnisch (2004) hebt allerdings heraus, dass die Überbetonung von Männlichkeit bei männlichen Jugendlichen mit internationaler Geschichte vergleichbar bei deutschen Jugendlichen aus sozial benachteiligten Milieus zu finden ist und somit nicht auf kulturelle Unterschiede aufgrund von Herkunft zurückzuführen sei.

Es lässt sich festhalten, dass ein hoher Druck hinsichtlich geschlechtsstereotypischen Verhaltens sowohl in der primären als auch – vermittelt insbesondere über Peers – in der sekundären Sozialisation besteht und auch vom jeweiligen Geschlecht, im Sinne von Geschlecht als Strukturkategorie, erwartet wird (Remiorz 2021). Eine Abweichung von normiertem Verhalten bedeutet die

Gefahr, nicht zu bestimmten Gruppen zu gehören und damit soziale Sicherheit und ggf. Wohlbefinden zu riskieren. Dies ist besonders dort verschärft, wo alternative Wahrnehmungen des eigenen Geschlechts (Anerkennung sowohl männlicher als auch weiblicher Eigenschaften), androgyne oder gegengeschlechtliche Verhaltensmuster nicht akzeptiert werden. Auf der anderen Seite konnten Smith und Leaper (2005) zeigen, dass Abweichungen von geschlechtstypischem Verhalten dann nicht zu psychischen Belastungen bei Jugendlichen führen, wenn die Peers dies tolerieren. Damit ist die Beziehung zu den Peers mit zunehmendem Alter immer bedeutsamer und kann bei positiver Qualität als Schutzfaktor betrachtet werden.

Multidimensionale Erfassung der Geschlechtsidentität

Wie bereits besprochen wird hier die Geschlechtsidentität nicht als eine festgelegte starre Eigenschaft gesehen, sondern vielmehr als eine Verflechtung sich innerhalb sozialer Bezüge entwickelnder Kognitionen und Verhaltensmuster betrachtet, die Auswirkungen auf das persönliche Empfinden haben (u. a. Steensma et al. 2013).

Durch diese Vielfältigkeit sollte Geschlechtsidentität als ein multidimensionales Konstrukt angesehen werden (Egan und Perry 2001) und dementsprechend anhand verschiedener Faktoren bestimmt werden (siehe auch Tobin et al. 2010). Hierzu gehört vor allem die Geschlechtstypikalität, also die gefühlte Übereinstimmung mit dem eigenen Geschlecht, mit der auch die Aspekte der empfundenen Zufriedenheit mit dem eigenen Geschlecht und der Druck zur Geschlechtskonformität interagieren (Perry et al. 2019).

Die „Geschlechtstypikalität" bzgl. des eigenen Geschlechts bezieht sich auf die selbstwahrgenommenen Ähnlichkeiten mit den Peers des eigenen Geschlechts. Jewell und Brown (2014) fanden bei einer Gruppe von im Schnitt 13-jährigen Schüler*innen, dass eine hohe Geschlechtstypikalität eine höhere Popularität unter den Peers vorhersagte, dagegen eine niedrige Geschlechtstypikalität insbesondere bei Jungen mit beeinträchtigter psychischer Gesundheit einherging. Dies dürfte zumal dann zutreffen, wenn die Peers Abweichungen von geschlechtstypischem Verhalten nicht akzeptieren (Smith und Leaper 2005, s. o.).

Die „Zufriedenheit mit dem eigenen Geschlecht" erfasst die wahrgenommenen Vor- und Nachteile des eigenen und des jeweils anderen Geschlechts und korreliert relativ hoch positiv mit Geschlechtstypikalität (Pauletti et al. 2017). Beide Dimensionen hängen mit einem positiveren Selbstwert und weniger Viktimisierung durch Peers zusammen.

Der „gefühlte Druck zu geschlechtskonformem Verhalten" erfasst die als notwendig empfundenen Anstrengungen der Kinder, gegengeschlechtliches Verhalten (cross-gender behavior) zu vermeiden, und korreliert negativ mit Zufriedenheit mit dem eigenen Geschlecht (Pauletti et al. 2017). Im frühen Schulalter ist ein empfundener hoher Druck zu geschlechtskonformem Verhalten normativ, sollte aber im Laufe der Adoleszenz abnehmen (Perry et al. 2019; Carver et al. 2003). Sollte ein hoher Druck mit einer niedrigen Geschlechtstypikalität und hoher Unzufriedenheit zusammenkommen, dürfte dies im Jugendalter besonders belastend sein (Egan und Perry 2001).

Ableitung der Fragestellung: Überprüfung der Bindungsbeziehungen als Schutzfaktoren für die Entwicklung der Geschlechtsidentität bei jungen Männern

An dieser Stelle ist es wichtig herauszustellen, welche Faktoren sich schützend auf die verschiedenen Dimensionen der Geschlechtsidentität auswirken. Wie bereits gezeigt, ist die Bindung zu den Eltern ein Schutzfaktor für die Entwicklung und damit müsste dies auch für die (Geschlechts-)Identität zutreffen, wie Grossmann (2014) bereits postuliert hat. Ein Befund von Cooper et al. (2013) zeigt umgekehrt, dass eine unsichere Bindung zur Mutter bei Kindern im Alter von durchschnittlich 11 Jahren mit erhöhtem Konformitätsdruck und niedrigen Werten in Geschlechtstypikalität und Zufriedenheit einhergingen. Lemelin et al. (2021) fanden bei im Schnitt 13-jährigen Mädchen einen positiven Einfluss der Bindung zur Mutter als gleichgeschlechtlichem Elternteil auf die Geschlechtstypikalität, während es diesen Zusammenhang bei den Jungen weder zum Vater noch zur Mutter gab (allerdings war der Stichprobenumfang bei ihnen nur sehr gering).

Das Zugehörigkeitsgefühl zur Peergroup ist, wie bereits gezeigt, bedeutsam für das psychische Wohlbefinden und moderiert das eigene Bild von der Geschlechtstypikalität. Die Qualität der Beziehung zu den Peers bestimmt deutlich, inwieweit ein Konformitätsdruck empfunden wird.

Bisher gibt es nur wenige Studien, die den Einfluss der Bindungsbeziehung sowohl zu den Eltern als auch zu den Peers auf die verschiedenen Dimensionen der Geschlechtsidentität überprüfen. Aufgrund des bereits oben ausgeführten, besonders ausgeprägten Drucks zur Geschlechtstypikalität bei männlichen Jugendlichen und jungen Männern ist hier eine Fokussierung interessant, auch unter Berücksichtigung einer möglichen internationalen Geschichte (siehe u. a. Tan 2015).

Deshalb soll in der folgenden Teilstudie des Forschungsprojektes JUMEN (siehe auch Kap. Einstellungen junger Männer zu sexueller und geschlechtlicher Vielfalt. Herausforderungen und Implikationen in diesem Band) der Frage nachgegangen werden, welche Bedeutung die Bindungsbeziehungen zu den Eltern und den Peers für die Einstellung zum eigenen Geschlecht, gemessen auf verschiedenen Dimensionen der Geschlechtsidentität, bei jungen Männern haben.

Es wird davon ausgegangen, dass eine positive Bindungsbeziehung zu Mutter und Vater sowie den Peers mit hoher Geschlechtstypikalität, hoher Zufriedenheit mit dem eigenen Geschlecht und niedrigem sozialen Anpassungsdruck einhergehen. Dabei wird angenommen, dass die Eltern als primäre Bindungspersonen einen höheren Einfluss haben als die sekundären (Peers) für die Vorhersage der Geschlechtsidentität. Es wird postuliert, dass diese Zusammenhänge bei den jungen Männern, unabhängig von einer internationalen Geschichte, vergleichbar sind. Zusätzlich wird geprüft, ob die jungen Männer mit internationaler Geschichte eine höhere Geschlechtstypikalität und eine höhere Zufriedenheit mit ihrem Geschlecht berichten, dafür aber auch einen höheren Konformitätsdruck empfinden.

Methoden

Datenerhebung und Stichprobe

Die Daten für die folgenden Analysen kamen aus dem Projekt JUMEN (siehe auch Kap. Einstellungen junger Männer zu sexueller und geschlechtlicher Vielfalt. Herausforderungen und Implikationen in diesem Band). Die Rekrutierung der Teilnehmer erfolgte über soziale Medien wie Facebook und Instagram, Einrichtungen wie Familienhilfen oder interkulturelle Zentren sowie Aushänge in Jugendzentren, Universitäten und Supermärkten. Außerdem wurden E-Mails über den E-Mail-Verteiler einer der an der Datenerhebung beteiligten Hochschulen an alle Studenten im passenden Alter (jünger als 28 Jahre) gesandt. Einige Teilnehmer wurden auch von anderen Teilnehmern oder Mitarbeiter*innen der Studie geworben (Schneeballsystem). Bei Interesse an einer Teilnahme erhielten die jungen Männer einen Link zum Online-Fragebogen der Studie. Das Ausfüllen des Fragebogens dauerte bei Teilnehmenden ohne Unterbrechung beim Ausfüllen im Schnitt ca. 23 min ($SD = 10$, $n = 866$). Zu Beginn des Fragebogens erhielten die Teilnehmer Informationen zum Ablauf der Befragung, zu den Teilnahmebedingungen und zum Datenschutz und wurden gebeten, der Datenschutzerklärung zuzustimmen. Der Fragebogen enthielt eine Reihe an Fragen zu Hintergrund

und Merkmalen der Teilnehmer sowie standardisierte Instrumente (s. u.). Er war durch einen offiziellen Übersetzungsdienst von Deutsch in folgende Sprachen übersetzt worden: Englisch, Arabisch, Farsi und Französisch. Während des Ausfüllens konnte zwischen den Sprachen gewechselt werden. Die Datenerhebung erfolgte anonymisiert und die Teilnehmer konnten die Befragung jederzeit abbrechen. Unter allen Teilnehmern wurden zwei iPads sowie 18 Gutscheine im Wert von 25 € verlost.

Datensätze von Teilnehmern, die den Fragebogen vorzeitig angebrochen hatten oder nicht den Teilnahmekriterien für die Studie entsprachen (männlich/divers, 13–28 Jahre alt), wurden von den Analysen ausgeschlossen. Außerdem wurden die Daten um Fälle bereinigt, bei denen die Datenqualität zweifelhaft war oder fehlende Werte auf den zentralen Variablen vorlagen (listwise-deletion). Insgesamt gingen die Angaben von $n = 903$ jungen Männern im Alter von 13–28 Jahren ($M = 22.14$, $SD = 3.38$) in die Analysen für das vorliegende Kapitel ein. Der familiäre Hintergrund der Teilnehmer war heterogen. Ein kleiner Teil der Teilnehmer (4,4 %) kam aus Familien, in denen die Eltern keinen Bildungsabschluss hatten, in den übrigen Familien hatte mindestens ein Elternteil einen niedrigen (36,7 %), mittleren (23,5 %) oder hohen (35,4 %) Abschluss. Knapp ein Drittel der Teilnehmer (31,3 %) hatte eine Migrations- oder Fluchtgeschichte, das heißt der Teilnehmer selbst und/oder mindestens ein Elternteil hatten eine andere Staatsbürgerschaft als die deutsche. Die Mehrheit der Teilnehmer (61,9 %) gab an, christlich zu sein, 16,5 % waren muslimisch und 21,6 % gehörten keiner Religionsgemeinschaft an.

Instrumente

Bindungsbeziehungen: Die Bindungsbeziehungen wurden mit dem Inventory of Parent and Peer Attachment (IPPA; Armsden und Greenberg 1987) erfasst. Die verwendete deutsche Version wurde von den Autorinnen erstellt und bereits in einer Befragung von Jugendlichen der stationären Erziehungshilfe eingesetzt (Remiorz und Nowacki 2018). Das Instrument besteht aus drei Skalen mit jeweils 25 Items zur Bindungsbeziehung zu Mutter, Vater und Peers, z. B. „Meine Mutter/mein Vater/meine Freunde akzeptiert/akzeptieren mich so wie ich bin". Die Items wurden auf einer fünfstufigen Ratingskala (1 = „stimmt fast nie oder nie", 5 = „stimmt fast immer oder immer") bewertet und jeweils zu einem Summenscore zusammengefasst (Wertebereich 25–125). Höhere Werte stehen für bessere Bindungsqualität. Die Reliabilität war mit Cronbachs $\alpha = .94$ für Mutter-, $\alpha = .94$ für Vater- und $\alpha = .93$ für Peer-Bindung über alle drei Skalen sehr gut.

Geschlechtsidentität: Zur Erfassung der Geschlechtsidentität wurde die deutsche Version der Gender Identity Scale (GIS; Egan und Perry 2001; Hartmann und Trautner 2009) eingesetzt. Die Teilnehmer bewerteten dabei auf einer vierstufigen Skala (1 = „stimmt überhaupt nicht"; 4 = „stimmt ganz genau") Aussagen zu folgenden drei Dimensionen[1] der Geschlechtsidentität: *Geschlechtstypikalität* (GT, 6 Items), z. B. „Ich halte mich für einen typischen Jungen/Mann", *Zufriedenheit mit dem eigenen Geschlecht* (ZEG, 6 Items), z. B. „Ich mag es, ein Junge/Mann zu sein" und empfundener sozialer Druck zur Geschlechtsrollenkonformität (*erlebter Anpassungsdruck*, EAD, 10 Items), z. B. „Ich kann mir vorstellen, dass meine Freunde kein Problem damit hätten, wenn ich mich mit typischen ‚Mädchensachen'/‚Frauensachen' beschäftigen wollte (recodiert)". Für die drei Dimensionen wurde jeweils der Mittelwert der Items berechnet (Wertebereich 1–4), höhere Werte stehen für eine höhere Ausprägung auf der Skala. Die Reliabilität der Subskalen war angemessen (GT $\alpha = .81$; ZEG $\alpha = .70$; EAD $\alpha = .85$).

Weitere Angaben: Die Teilnehmer beantworteten außerdem Fragen zu ihrem *Alter* (in Jahren) und zu ihrer Staatsangehörigkeit sowie der ihrer Eltern. Teilnehmer, die selbst oder deren Eltern eine andere Staatsangehörigkeit als die deutsche hatten (ausschließlich oder zusätzlich zur deutschen), wurden als Teilnehmer mit *internationaler Geschichte* betrachtet. Der elterliche Bildungshintergrund wurde über die Bildungsabschlüsse der Eltern erfasst. Dabei wurden die angegebenen Bildungsabschlüsse der Eltern codiert (ISCED-97; Schneider 2008) und der höchste Abschluss unter den Elternteilen als *elterliche Bildung* definiert (vierstufig, kein Abschluss, niedrig, mittel, hoch). Außerdem machten die Teilnehmer Angaben zum Geschlecht bisheriger Partner*innen, die als Variable *sexuelle Orientierung* (dreistufig, heterosexuell, bisexuell, homosexuell) in die Analysen einging. Die Teilnehmer wurden außerdem gefragt, welcher Religionsgemeinschaft sie offiziell angehören (dreistufig, christlich, muslimisch, keine *Religionszugehörigkeit*) und wie gläubig sie sind (*Religiosität*, Skala von 0–100).

Auswertung: Die Auswertung erfolgte mit dem Statistikprogramm SPSS 27, Interaktionseffekte wurden mit dem PROCESS-Tool (Hayes 2018) analysiert. Zur Überprüfung der Fragestellung wurden drei getrennte hierarchische Regressionsanalysen für die drei GIS Dimensionen (GT, ZEG, EAD) als Outcomes durchgeführt. Schritt 1 umfasste die Kontrollvariablen Alter, elterliche Bildung

---

[1] Die Gender Identity Scale umfasst eine vierte Dimension, *Bevorzugung der eigenen Geschlechtergruppe* (Intergroup Bias IB, 8 Items). Diese wurde aufgrund eingeschränkter Reliabilität nicht in die Analysen dieser Studie einbezogen.

(Dummycodierung, Referenzgruppe „mittlerer Bildungsabschluss"), sexuelle Orientierung (Dummycodierung, Referenzgruppe „heterosexuell"), Religionszugehörigkeit (Dummycodierung, Referenzgruppe „christlich") und Religiosität sowie die internationale Geschichte (nein = 0, ja = 1). In Schritt 2 wurden die drei Skalen zu Bindungsbeziehungen (IPPA Mutter, Vater, Peers) hinzugefügt. In einem nächsten Schritt wurden mögliche Interaktionseffekte zwischen den Bindungsskalen und einer internationalen Geschichte getestet. Dazu wurden Moderationsanalysen durchgeführt mit internationaler Geschichte als Moderator und den Bindungsskalen als Prädiktoren sowie allen weiteren in den Regressionsanalysen einbezogenen Variablen als Kontrollvariablen. Bei drei Prädiktoren und drei Outcomes ergaben sich insgesamt neun zu testende Moderationsmodelle.

Fehlende Werte lagen auf folgenden Variablen vor: Religiosität (41), Religionszugehörigkeit (16), IPPA Vater (14), IPPA Mutter (2), und elterliche Bildung (2). Fälle mit fehlenden Variablen wurden von den Analysen ausgeschlossen (listwise deletion). Zwischen den Fällen mit und ohne fehlende Werte zeigten sich nur wenige Unterschiede (einfaktorielle ANOVA bzw. Chi2-Test): Teilnehmer mit fehlenden Werten hatten geringfügig niedrigere Werte in der Peer-Beziehung ($M = 94.05$, $SD = 16.54$ vs. $M = 98.35$, $SD = 16.17$, $p = .028$) und hatten überproportional häufig eine internationale Geschichte ($p = .005$) sowie Eltern ohne Abschluss oder mit niedriger Bildung ($p = .042$).

Ergebnisse

Deskriptive Ergebnisse

Wie in Tab. 1 dargestellt, gaben die Teilnehmer im Schnitt positive Bindungsbeziehungen an, der Mittelwert lag für alle drei Subskalen deutlich über dem Skalenmittelwert von 75 ($M = 86.70$–98.35; $SD = 16.17$–20.05). Dabei wurden die Beziehungen zu den Peers am positivsten, die zu den Vätern am wenigsten positiv eingeordnet (Greenhouse–Geisser; $F (1.92, 1733) = 179.9$, $p < .001$, partielles $\eta^2 = .16$.). Die Werte zu Geschlechtstypikalität ($M = 2.89$; $SD = 0.63$) und Zufriedenheit mit dem eigenen Geschlecht ($M = 2.80$; $SD = 0.58$) lagen im Mittel etwas über dem Skalenmittelwert (2.5), die Werte zum erlebten Anpassungsdruck ($M = 1.98$; $SD = 0.61$) etwas unterhalb. Alle drei GIS Dimensionen korrelierten signifikant positiv miteinander (siehe Tab. 2), stärker erlebter Anpassungsdruck ging also mit mehr wahrgenommener eigener Geschlechtstypikalität und mit mehr Zufriedenheit mit dem eigenen Geschlecht einher. Dagegen unterscheiden sich die Korrelationen der drei GIS Skalen mit den Skalen zu Bindungsqualität in ihrer Richtung. Während die Zusammenhänge für Geschlechtstypikalität und Zufriedenheit positiv waren, gingen höhere Werte auf den Bindungsskalen mit niedrigerem erlebtem Anpassungsdruck einher (siehe Tab. 2). Teilnehmer mit und ohne internationale Geschichte unterschieden sich nicht in ihren Bindungsbeziehungen (bzw. marginal für die Peer-Beziehungen, mit tendenziell höheren Werten bei den Teilnehmern ohne internationale Geschichte), für die drei GIS Dimensionen zeigten sich jedoch signifikante Unterschiede. Teilnehmer mit internationaler Geschichte gaben höhere Werte bei Geschlechtstypikalität und Zufriedenheit bei stärkerem erlebtem Anpassungsdruck an (siehe Tab. 1).

Tab. 1 Deskriptive Angaben und Mittelwertsunterschiede nach Migrations- und Fluchtgeschichte

Skala	Gesamt		Migrations- und Fluchtgeschichte		
	$N = 903$ $M\ (SD)$	Range	nein $n = 620$ $M\ (SD)$	ja $n = 283$ $M\ (SD)$	p
IPPA Mutter	96.81 (17.02)	36.0 – 125.0	96.78 (17.27)	96.88 (16.49)	.935
IPPA Vater	86.70 (20.05)	29.0 – 123.0	87.13 (20.04)	85.76 (20.08)	.340
IPPA Peers	98.35 (16.17)	29.0 – 123.0	99.05 (15.74)	96.83 (16.99)	.056
GT	2.89 (0.63)	1.00 – 4.00	2.86 (0.65)	2.96 (0.59)	.034[#]
ZEG	2.80 (0.58)	1.17 – 4.00	2.70 (0.57)	3.00 (0.54)	< .001
EAD	1.98 (0.61)	1.00 – 3.90	1.82 (0.54)	2.33 (0.63)	< .001[#]

Anmerkungen. [#] Welch's F-Test

Tab. 2 Deskriptive Angaben und Interkorrelationen der GIS und IPPA Subskalen

Variable	GIS GT	GIS ZEG	GIS EAD	IPPA Mutter	IPPA Vater
GIS ZEG	.48***				
GIS EAD	.15***	.27***			
IPPA Mutter	.26***	.19***	–.13***		
IPPA Vater	.26***	.15***	–.10**	.44***	
IPPA Peers	.11**	.07*	–.29***	.33***	.24***

Anmerkungen. * $p < .05$, ** $p < .01$, *** $p < .001$

Hierarchische Regressionsanalysen

Bindung und Geschlechtsidentität: Die Bindungsbeziehungen erwiesen sich für alle drei Dimensionen der Geschlechtsidentität als relevant, allerdings in unterschiedlicher Stärke und Richtung (siehe Tab. 3). Die selbst eingeschätzte Bindung zur Mutter war für alle drei GIS Skalen ein signifikanter Prädiktor, für Geschlechtstypikalität und Zufriedenheit mit dem eigenen Geschlecht in positiver Richtung, für erlebten Anpassungsdruck in negativer. Teilnehmer mit höherer Bindungsqualität zur Mutter schätzten sich also als typischer für einen Mann ein, waren zufriedener damit, ein Mann zu sein, und nahmen weniger sozialen Druck für Geschlechtsrollenkonformität wahr. Die Bindung zum Vater sagte dagegen nur höhere Werte für Geschlechtstypikalität vorher und hing nicht mit der Zufriedenheit oder dem erlebten Anpassungsdruck zusammen. Die Bindung zu den Peers erwies sich ebenfalls nur für eine der GIS Skalen als signifikanter Prädiktor: eine stärkere Bindung sagte weniger erlebten Anpassungsdruck vorher.

Internationale Geschichte: Unter Berücksichtigung der Kontrollvariablen zeigte sich internationale Geschichte als Prädiktor für Zufriedenheit und empfundenen Anpassungsdruck, nicht aber für Geschlechtstypikalität. Während sich die jungen Männer mit und ohne internationale Geschichte also nicht darin unterschieden, als wie geschlechtstypisch sie sich einschätzten, gaben Teilnehmer mit internationaler Geschichte mehr Zufriedenheit, aber auch mehr erlebten Anpassungsdruck an.

Die Interaktionseffekte zwischen den drei Bindungsskalen und internationaler Geschichte waren für alle drei GIS Outcomes bis auf eine Ausnahme nicht signifikant: Der positive Zusammenhang zwischen der Bindungsbeziehung zur Mutter und der Zufriedenheit mit dem eigenen Geschlecht bestand nur für die Teilnehmer ohne internationale Geschichte, für die Teilnehmer mit internationaler Geschichte war er nicht signifikant. Aufgrund der großen Anzahl an geprüften Interaktionstermen (insgesamt 9) sollte dieser Befund jedoch mit Vorsicht interpretiert werden. Alle anderen Zusammenhänge zwischen Bindungsskalen und Geschlechtsidentität galten für alle Teilnehmer unabhängig von einer internationalen Geschichte.

Weitere Variablen: Zusammenhänge zwischen Alter und Geschlechtsidentität wurden nur für die Dimension erlebter Anpassungsdruck signifikant. Ein höheres Alter der Teilnehmer ging dabei mit weniger erlebtem Anpassungsdruck einher. Für die Rolle des elterlichen Bildungshintergrunds ergab sich kein klares Muster. Im Vergleich zu Teilnehmern aus Familien mit mittlerem elterlichem Bildungsabschluss gaben Teilnehmer, deren Eltern keinen Abschluss hatten, stärkere Zufriedenheit und höheren Anpassungsdruck an, Teilnehmer mit

Tab. 3 Regressionsmodelle zur Vorhersage der drei GIS Dimensionen

Schritt	Prädiktor	GIS GT			GIS ZEG			GIS EAD		
		b (SE)	ß	p	b (SE)	ß	p	b (SE)	ß	p
1	Alter	−0,01 (,01)	−,04	,205	−0,01 (,01)	−,06	,062	−0,01 (,01)	−,05	,074
	EB kein Abschluss	0,08 (,11)	,03	,457	0,27 (,10)	,10	,005	0,23 (,10)	,08	,022
	EB niedrig	0,15 (,05)	,12	,004	0,03 (,05)	,03	,509	0,15 (,05)	,12	,002
	EB hoch	0,15 (,05)	,12	,004	0,04 (,05)	,03	,403	0,04 (,05)	,03	,458
	SO bisexuell	−0,63 (,10)	−,21	<,001	−0,47 (,09)	−,17	,000	−0,04 (,09)	−,01	,635
	SO homosexuell	−0,65 (,10)	−,21	<,001	−0,43 (,09)	−,15	,000	0,01 (,09)	,002	,949
	R muslimisch	0,13 (,08)	,08	,080	0,17 (,07)	,11	,015	0,42 (,07)	,25	<,001
	R keine	−0,10 (,05)	−,06	,061	−0,10 (,05)	−,07	,033	−0,01 (,05)	−,01	,857
	Religiosität	0,002 (,001)	,11	,006	0,002 (,001)	,10	,011	0,002 (,001)	,13	<,001
	MFG (ja)	−0,06 (,06)	−,04	,315	0,11 (,05)	,09	,039	0,19 (,05)	,14	<,001
		$R^2 = ,12^{***}$			$R^2 = ,15^{***}$			$R^2 = ,23^{***}$		
2	Alter	−0,01 (,01)	−,04	,258	−0,01 (,01)	−,06	,071	−0,01 (,01)	−,06	,049
	EB kein Abschluss	0,13 (,10)	,04	,217	0,30 (,10)	,11	,002	0,21 (,10)	,07	,023
	EB niedrig	0,18 (,05)	,14	<,001	0,05 (,05)	,04	,297	0,13 (,05)	,10	,006
	EB hoch	0,14 (,05)	,11	,005	0,04 (,05)	,03	,412	0,03 (,05)	,02	,506
	MFG (ja)	−0,02 (,06)	−,02	,681	0,12 (,05)	,10	,015	0,16 (,05)	,12	,001
	SO bisexuell	−0,55 (,09)	−,18	<,001	−0,43 (,09)	−,15	<,001	−0,06 (,08)	−,02	,473
	SO homosexuell	−0,54 (,09)	−,18	<,001	−0,37 (,09)	−,13	<,001	−0,06 (,09)	−,02	,510

(Fortsetzung)

Tab. 3 (Fortsetzung)

Schritt	Prädiktor	GIS GT			GIS ZEG			GIS EAD		
	R muslimisch	0.10 (.07)	.06	.160	0.15 (.07)	.10	.025	0.42 (.07)	.26	<.001
	R keine	-0.08 (.05)	-.05	.123	-0.09 (.05)	-.06	.053	-0.03 (.04)	-.02	.567
	Religiosität	**0.002 (.001)**	**.09**	**.023**	**0.002 (.001)**	**.09**	**.022**	**0.002 (.001)**	**.13**	**<.001**
	MFG (ja)	-0.02 (.06)	-.02	.681	**0.12 (.05)**	**.10**	**.015**	**0.16 (.05)**	**.12**	**.001**
	Beziehung Mutter	**0.01 (.001)**	**.14**	**<.001**	**0.004 (.001)**	**.10**	**.004**	**-0.002 (.001)**	**-.07**	**.038**
	Beziehung Vater	**0.004 (.001)**	**.14**	**<.001**	0.001 (.001)	.05	.142	-0.001 (.001)	-.03	.294
	Beziehung Peers	0.002 (.001)	.04	.190	0.001 (.001)	.04	.242	**-0.009 (.001)**	**-.23**	**<.001**
		$R^2 = .18^{***}$ $\Delta R^2 = .06^{***}$			$R^2 = .17^{***}$ $\Delta R^2 = .02^{***}$			$R^2 = .30^{***}$ $\Delta R^2 = .07^{***}$		

Anmerkungen. R^2 = korrigiertes R^2. *** $p < .001$. EB = elterliche Bildung; MFG = Migrations- und Fluchtgeschichte; SO = sexuelle Orientierung; R = Religionszugehörigkeit. Dummycodierung mit folgender Referenzgruppe: EB: mittlere elterliche Bildung; SO: heterosexuell; R = christlich

Eltern mit niedrigem Abschluss gaben höhere Geschlechtstypikalität und ebenfalls mehr erlebten Anpassungsdruck an. Teilnehmer aus Familien mit hohem elterlichem Bildungsabschluss hatten auf der Dimension Geschlechtstypikalität höhere Werte. Hinsichtlich der religionsbezogenen Variablen ergaben die Analysen, dass sich Teilnehmer ohne Religionszugehörigkeit in den GIS Skalen nicht von christlichen Teilnehmern unterschieden, während muslimische Teilnehmer höhere Zufriedenheit, aber auch höheren erlebten Anpassungsdruck angaben als christliche Teilnehmer. Eine stärkere Religiosität sagte höhere Werte auf allen drei GIS Dimensionen vorher. Und schließlich erwies sich die sexuelle Orientierung als Prädiktor für Geschlechtstypikalität und Zufriedenheit (niedrigere Werte bei bi- und homo- als bei heterosexuellen Teilnehmern), nicht aber für den erlebten Anpassungsdruck.

Diskussion

Bindung wird als Schutzfaktor für die psychosoziale Entwicklung postuliert. In der vorliegenden Untersuchung wurde der Zusammenhang von Bindungsbeziehungen und der eigenen erlebten Geschlechtsidentität in einer Gruppe von Jungen und jungen Männern mit und ohne internationale Geschichte untersucht.

Primär lässt sich festhalten, dass die Bindungsbeziehungen von allen befragten jungen Männern der gesamten Stichprobe als hochbedeutsam eingeschätzt wurden und eine internationale Geschichte hier keinen Unterschied ausgemacht hat. Die Beziehungswerte zu den Peers waren am höchsten, aber die Bindungsbeziehung zur Mutter war aus Sicht der befragten jungen Männer ebenfalls immer noch sehr wichtig und auch die Werte zum Vater lagen noch über dem Mittel der verwendeten Skala. Somit finden wir in der reinen Beschreibung der Bedeutsamkeit eine Präferenz der Peers, was aufgrund des Alters von im Schnitt rund 22 Jahren der Befragten gut nachvollziehbar ist, da die Beziehung zu Gleichaltrigen mit zunehmendem Alter wichtiger wird (Allen und Tan 2016). Die Beziehung zu beiden Elternteilen wird aber auch weiterhin noch hoch geschätzt und die gefundene Präferenz der Mutter im Verhältnis zum Vater ist ebenfalls hypothesenkonform (Rosenthal und Kobak 2010). Es könnte daraus gefolgert werden, dass die Qualität der Beziehung einen höheren Einfluss hat als das gleiche Geschlecht der Bindungsperson, wie es bereits Rupp (2009) in ihrer Forschung zu gleichgeschlechtlichen Elternteilen postuliert hat.

In Bezug auf die Geschlechtsidentität zeigte sich, dass die Skalen „Geschlechtstypikalität und Zufriedenheit mit dem eigenen Geschlecht" mit dem „empfundenen Anpassungsdruck" positiv korrelieren. Dieser Befund deckt sich nicht mit früheren Studien, die keine Zusammenhänge fanden (Egan und Perry 2001; Hartmann und Trautner 2009). Möglicherweise spielen hier Alter und Entwicklungsstand eine Rolle oder Spezifika des Studiendesigns (z. B. relativ kleine Stichprobengrößen in früheren Studien). Weitere Studien sind also notwendig, um die Zusammenhänge zwischen den einzelnen Dimensionen von Geschlechtsidentität genauer zu klären. Dies gilt auch für die Effekt-Richtung und Bedeutung der Zusammenhänge. Hier könnte beispielsweise spekuliert werden, ob nicht die positive Bewertung des männlichen Geschlechts der Teilnehmer gleichzeitig auch einen hohen Druck zur Aufrechterhaltung dieser Geschlechtsidentität erzeugt und dadurch mit einer stärkeren Wahrnehmung von Konformitätsdruck einhergeht. Egan und Perry (2001) fanden einen höheren Konformitätsdruck bei Jungen im Gegensatz zu Mädchen. Andererseits wäre ebenfalls denkbar, dass höhere Typikalität und Zufriedenheit eine Reaktion auf wahrgenommenen Anpassungsdruck sind, beispielsweise über Mechanismen der Dissonanzreduktion (siehe Festinger 2020). Damit verbunden sind auch mögliche Folgen verschiedener Kombinationen von Ausprägungen auf den einzelnen Dimensionen. Frühere Studien (Egan und Perry 2001; siehe auch Perry et al. 2019) fanden diesbezüglich höheren Stress bei Kindern, die einen hohen Druck zu Geschlechtskonformität bei gleichzeitig weniger empfundener Geschlechtstypikalität berichteten. Möglicherweise ist der Stress aber auch da hoch, wo versucht wird, den vermeintlich begehrteren männlichen Habitus beizubehalten. Dies könnte besonders da eine Rolle spielen, wo die jungen Männer aus einer marginalisierten Gruppe stammen, zum Beispiel eine internationale Geschichte haben. In unserer Studie gab es einen klaren Unterschied zwischen den Gruppen der jungen Männer mit und ohne internationale Geschichte. Gerade die Teilnehmer mit internationaler Geschichte wiesen in unserer Stichprobe deutlich höhere Werte auf den Skalen „Zufriedenheit mit dem eigenen Geschlecht" und „Druck in Bezug auf Geschlechtskonformität" auf. Wie bereits diskutiert, vermuten auch Bohnsack (2002) und Tan (2015), dass junge Männer mit internationaler Geschichte stärker den Druck zu geschlechtertypischem Verhalten empfinden, was aber eher auf den Status einer Minderheitengruppe als auf die Herkunft zurückzuführen sein dürfte (siehe auch Böhnisch 2004). Allerdings muss hier betont werden, dass der Faktor der elterlichen Bildung, als ein Hinweis auf die soziale Herkunft, nicht bedeutsam war. An dieser Stelle müssten in neuen Studien weitere Variablen zur Erfassung dessen erhoben werden.

Neben der internationalen Geschichte standen in unserer Untersuchung noch zwei weitere Faktoren im Zusammenhang mit der Geschlechtsidentität: das Alter und die nicht-heterosexuelle Orientierung der Teilnehmer. Je jünger die Teilnehmer waren, desto höheren Druck zu Geschlechtskonformität wiesen sie auf, was allerdings als normativ für die Entwicklung in diesem Alter beschrieben wird (siehe z. B. Perry et al. 2019). Außerdem wiesen Teilnehmer, die sich als nichtheteronormativ einordneten, eine geringere Geschlechtstypikalität und weniger Zufriedenheit mit dem eigenen Geschlecht auf. Dieser Aspekt soll in weiteren Beiträgen genauer beleuchtet werden (siehe Kap. 3 in diesem Band; Kohl et al. in prep.).

Die Hauptfrage der vorliegenden Untersuchung war es zu überprüfen, welchen Einfluss die Bindungsbeziehungen auf die Geschlechteridentität haben. Es zeigte sich, dass insbesondere die selbst eingeschätzte gute Bindungsbeziehung zur Mutter positiv mit der eigenen Geschlechtstypikalität und der Zufriedenheit mit dem eigenen Geschlecht und negativ mit Druck in Bezug auf Geschlechtskonformität zusammenhing. Dies passt zu den Befunden von Cooper et al. (2013), dass eine unsichere Bindung zur Mutter bei Kindern im Alter von im Mittel elf Jahren mit erhöhtem Anpassungsdruck und niedrigen Werten in Geschlechtstypikalität und Zufriedenheit einherging. Die Bindungsbeziehung zur Mutter als bedeutsamer, primärer Sozialisationsinstanz ist also entscheidend im Zusammenhang mit der Entwicklung der Geschlechtsidentität.

Bindung kann damit auch in diesem Zusammenhang als Schutzfaktor interpretiert werden, da höhere Werte bei Geschlechtstypikalität und Zufriedenheit mit dem eigenen Geschlecht sowie niedrigerem Anpassungsdruck in anderen Studien mit höherer psychosozialer Anpassung und psychischer Gesundheit einhergehen (Egan und Perry 2001; Jewell und Brown 2014).

Die Zusammenhänge zwischen der Bindung zum Vater und der Geschlechtsidentität waren nicht so stark wie bei der Mutter. Eine positiv eingeschätzte väterliche Beziehung hatte bei den jungen Männern lediglich einen deutlichen Zusammenhang mit der Geschlechtstypikalität. Die weniger starken Zusammenhänge zwischen der Beziehung zum gleichgeschlechtlichen Elternteil und der Zufriedenheit mit dem eigenen Geschlecht sowie dem Konformitätsdruck könnten mit der immer noch weniger aktiven Rolle des Vaters im Aufwachsen der jungen Menschen zusammenhängen. Die Mutter ist in vielen Kulturkreisen immer noch die zentrale primäre Bindungsperson (Bowlby 1988) und wesentlich für die alltägliche Versorgung der Kinder zuständig: Auch wenn der Vater hier immer mehr mit eingebunden ist, so hat er eine höhere Bedeutung als Spielpartner für die Kinder und ist für ihre Exploration der Umwelt stärker zuständig (Ahnert et al. 2017; Zimmermann 2017; Lewis und Lamb 2003). Dies kann insbesondere auf Sozialisationsprozesse zurückgeführt werden, da zum Beispiel in gleichgeschlechtlichen Elternfamilien ein Partner/eine Partnerin die Rolle der primären Bezugsperson übernehmen kann, unabhängig vom biologischen Geschlecht. Somit wird an dieser Stelle, auch in Anlehnung an Becker-Stoll und Beckh (2009), davon ausgegangen, dass die Qualität der Beziehung zur primären Bezugsperson bedeutsamer ist für die Geschlechtsidentitätsentwicklung als dass diese das gleiche Geschlecht hat.

Die Bindungsbeziehung zu den Peers war ebenfalls für die Geschlechtsidentität bedeutsam, allerdings nur für eine Dimension, den empfundenen Anpassungsdruck. Je positiver die Peer-Beziehung eingeschätzt wurde, desto niedriger war der Konformitätsdruck. Hier zeigt sich also ebenfalls ein möglicher wichtiger Schutzfaktor, da ein als hoch empfundener Konformitätsdruck mit psychischer Belastung zusammenhängt (siehe z. B. Perry et al. 2019). Peers werden im Laufe des jungen Erwachsenenalters zunehmend bedeutsam werden und auch in der vorliegenden Stichprobe wurde die Beziehung zu ihnen als positiv beurteilt.

Die Zusammenhänge zwischen der Bindungsbeziehung zu den Peers und der Geschlechtstypikalität sowie der Zufriedenheit waren dagegen nicht signifikant und deutlich niedriger als bei den Müttern. Dieser Befund ist überraschend, da gerade Geschlechtertypikalität für die Popularität in der Peergroup ein wichtiger Faktor sein kann (z. B. Jewell und Brown 2014). Der Einfluss durch die primäre Sozialisationsinstanz, also die Eltern, scheint hier wichtiger zu sein. Die Geschlechtstypikalität entwickelt sich früh (Trautner et al. 2005) und hängt auch im Jugend- und jungen Erwachsenenalter offensichtlich noch eng mit der Beziehungsqualität zu den primären Bezugspersonen zusammen. Für den Druck zu Geschlechtskonformität werden später positive Beziehungen zu den Peers wichtig, wobei die Beziehung zur Mutter ebenfalls relevant bleibt. Miljkovitch et al. (2021) fanden, dass gerade Jungen weniger offen mit ihren Peers über Gefühle und Probleme sprechen als Mädchen und damit die Eltern wichtige Ansprechpersonen bleiben.

Die Eltern – und hier vor allem die Mutter als überwiegend primäre Bindungsperson – bleiben für die meisten Befragten noch im Laufe des Jugend- und jungen Erwachsenenalters auch für die Geschlechtsidentität bedeutsam, auch wenn die Peers hier eine zunehmend größere Rolle einnehmen.

Bezogen auf die beschriebenen Zusammenhänge zwischen Bindungsbeziehungen und Geschlechtsidentität zeigen sich keine Unterschiede zwischen den Teilnehmern in Abhängigkeit von einer internationalen Geschichte. Auch bei den männlichen Jugendlichen mit internationaler Geschichte war also die Beziehung zu den Müttern ein wichtiger Schutzfaktor für die Geschlechtsidentität und eine positiv eingeschätzte Beziehung zu Peers wichtig für einen als niedriger empfundenen Druck zu Geschlechtskonformität. Dies ist bedeutsam, da gerade bei den jungen Männern mit internationaler Geschichte der Druck zu Konformität deutlich höher war als bei den jungen Männern ohne internationale Geschichte.

Ergänzend zu den hier dargestellten Ergebnissen zur quantitativ erfassten Geschlechtsidentität der jungen Männer mit und ohne internationale Geschichte ist es spannend, ihre subjektiven Einschätzungen zur Geschlechtsidentität zu betrachten. Wie in Kap. Einstellungen junger Männer zu sexueller und geschlechtlicher Vielfalt. Herausforderungen und Implikationen (in diesem Band) dargestellt, lag dem Projekt JUMEN ein Mixed-Method-Design zugrunde. In den qualitativen Interviews mit 62 jungen Männern mit und ohne internationale Geschichte wurde deutlich, dass sich ihre Vorstellungen von Geschlecht überwiegend als dynamisch-flexibel beschreiben lassen, während die Einstellungen zu Familialität in einem stereotyp-traditionellen Muster verbleiben. Dieses Spannungsverhältnis wird in Kap. Antinomische Egalisierung – Einstellungen junger Männer in Deutschland zu Gleichberechtigung und Gleichstellung der Geschlechter (in diesem Band) ausführlich dargestellt und diskutiert.

Fazit

Eine wesentliche Erkenntnis aus der dargestellten Untersuchung ist, dass positive Bindungsbeziehungen auch für die Geschlechtsidentität ein wichtiger Einfluss- und Schutzfaktor sind. Damit sollten auf verschiedenen Ebenen der Sozialpolitik und der Kinder- und Jugendhilfe die Förderung der Beziehung zu den primären Bezugspersonen, aber auch zu den Peers berücksichtigt werden.

Bei den primären Bezugspersonen, in der Regel also den Eltern, sollte die Beziehung zu mindestens einer Person in ihrer Qualität unterstützt und gefördert werden. Hierbei kommt es nicht so sehr darauf an, ob die primäre(n) Bezugsperson(en) dasselbe Geschlecht haben wie das Kind, sondern es sollte vielmehr ein liebevoller, unterstützender und versorgender Umgang gefördert werden. Dies ist selbstverständlich, gerade in der Phase der Kindheit, umfangreich bedeutsam für die Entwicklung und es gibt zahlreiche Ansätze der Hilfen zur Erziehung nach Sozialgesetzbuch VIII, um dies sicherzustellen (siehe z. B. Macsenaere et al. 2014).

Die Eltern bzw. primären Bezugspersonen müssen sensibilisiert werden, dass sie, gerade bei Jungen, in der Adoleszenz noch eine größere Rolle spielen, als diese unter Umständen zum Ausdruck bringen. Speziell für Jungen mit sozialen Problemen könnten hierfür Programme entwickelt werden, damit die Eltern lernen, mit ihnen wieder gut in Kontakt zu kommen, auch wenn die Jungen den Anschein machen, als sei ihnen das alles egal (siehe Miljkovitch et al. 2021).

Aber auch die Förderung von positiven Peer-Beziehungen ist bedeutsam, insbesondere um einen möglichen Druck zu Geschlechtskonformität zu minimieren.

Hierzu sollte es sowohl in der (vor-)schulischen Bildung als auch in Programmen der offenen Kinder- und Jugendarbeit Ansätze zu einem wertschätzenden, positiven Miteinander unter Gleichaltrigen geben (siehe auch Perry et al. 2019). Hierbei erscheint es vor allem wichtig, dass Kinder und Jugendliche auch in Gruppenkontexten über die Vielfalt von Geschlechtsausdruck und -identität aufgeklärt werden und ermutigt werden, ihre eigenen Interessen zu verfolgen, solange sie tolerant gegenüber den anderen Kindern sind. Wie bereits erläutert, zeigen Jugendliche dann keine Belastung bei abweichendem geschlechtstypischem Verhalten, wenn ihre Peers dies akzeptieren (Smith und Leaper 2005). Damit sind Programme und Ansätze zur Förderung eines toleranten, wertschätzenden Umgangs miteinander wichtig.

Außerdem müssen im Rahmen sozialpolitischer Erwägungen Maßnahmen zur Reduktion nachteiliger Erfahrungen marginalisierter Gruppen berücksichtigt werden. In unserer Stichprobe haben besonders die jungen Männer mit internationaler Geschichte einen hohen Druck zu Konformität angegeben. Hier müssten verstärkte Maßnahmen zur Unterstützung der Integration und zum Abbau von Benachteiligungen erfolgen, um dann damit auch wiederum die Toleranz und Wertschätzung gegenüber anderen marginalisierten Gruppen zu fördern (siehe Kohl et al. in prep.).

Die hier kurz skizzierten Handlungsempfehlungen, die sich aus der Erhebung der Geschlechtsidentitätsaspekte und ihrem Zusammenhang vor allem zur selbst eingeschätzten Bedeutung von Bindungsbeziehungen ergeben, werden in den Kap. Handlungsempfehlungen für die Praxis der Kinder- und Jugendhilfe6 und Herausforderungen und Handlungsempfehlungen für die geschlechterbezogene und diversitätssensible Jugendarbeit7 (in diesem Band) noch einmal aufgegriffen und ausgeführt.

Limitationen

Die Daten für die quantitative Analyse sind primär innerhalb einer Online-Befragung erhoben worden. Hierbei ist die Qualität der Daten nur bedingt kontrollierbar, allerdings wurden diese auf Konsistenz geprüft und stark bereinigt. Außerdem sind die Daten querschnittlich erhoben und erlauben keine kausalen Schlüsse. Auch wenn hier Vermutungen über Effekt-Richtungen (Bindungsbeziehungen haben Auswirkungen auf Geschlechtsidentität) angestellt werden, die plausibel sind, sind auch andere Effekte möglich, zum Beispiel reziproke Effekte zwischen Bindungsbeziehungen und Geschlechtsidentität oder Einflüsse von Drittvariablen (Confounder, Moderatoren oder Mediatoren).

Eine weitere Limitation stellt die eher grobe Einteilung der Teilnehmer in die beiden Gruppen ohne und mit internationaler Geschichte dar, wodurch die Gruppen recht heterogen sind. Für zukünftige Studien wäre die Identifizierung von Merkmalen, die feiner differenzieren und Zusammenhänge klarer erklären können (z. B. eigene ethnische/kulturelle Identität, gefühlte Zugehörigkeit zu einer marginalisierten Gruppe), hilfreich.

Weitere interessierende Variablen, wie zum Beispiel die psychische Belastung, konnten aufgrund des empfohlenen Umfangs einer solchen Befragung nicht erhoben werden.

Literatur

Ahnert, L., Pinquart, M., & Lamb, M. E. (2006). Security of children's relationship with nonparental care providers: A meta-analysis. *Child Development*, 77 (3), 664–679.

Ahnert, L., Teufl, L., Ruiz, N., Piskernik, B., Supper, B., Remiorz, S., Gesing, A., & Nowacki, K. (2017). Father-child play during the preschool years and child internalizing behaviors: between robustness and vulnerability. *Infant Mental Health Journal*, 38 (6), 1–13.

Allen, J. P., & Tan, J. S. (2016). The multiple facets of attachment in adolescence. In J. Cassidy & P. R. Shaver (Hrsg.), *Handbook of Attachment (3rd edition): Theory, Research, and Clinical Applications* (S. 399–415). New York, London: The Guilford Press.

Armsden, G. C., & Greenberg, M. T. (1987). The inventory of parent and peer attachment: Individual differences and their relationship to psychological well-being in adolescence. *Journal of Youth and Adolescence*, 16 (5), 427–454.

Becker-Stoll, F., & Beckh, K. (2009). Die Entwicklung der Kinder. Ergebnisse der entwicklungspsychologischen Teilstudie. In M. Rupp (Hrsg.), *Die Lebenssituation von Kindern in gleichgeschlechtlichen Lebensgemeinschaften* (S. 233–280). Köln: Bundesanzeiger.

Böhnisch, L. (2004). *Männliche Sozialisation. Eine Einführung*. Weinheim: Beltz.

Bohnsack, R. (2002). Die Ehre des Mannes – Orientierung am tradierten Habitus zwischen Identifikation und Distanz bei Jugendlichen türkischer Herkunft. In M. Kraul & W. Marotzki (Hrsg.), *Biographische Arbeit* (S. 117–141). Opladen: Leske und Budrich.

Bosson, J. K., Taylor, J. N., & Prewitt-Freilino, J. L. (2006). Gender role violations and identity misclassification: The roles of audience and actor variables. *Sex Roles: A Journal of Research*, 55 (1), 13–24.

Bowlby, J. (1951). Maternal care and mental health. *Bulletin of the World Health Organization*, 3, 355–533.

Bowlby, J. (1953/2016). *Bindung als sichere Basis*. München: Ernst Reinhardt.

Bowlby, J. (1988). *A secure base: Parent-child attachment and healthy human development*. Routledge: Basic Books.

Bretherton, I., & Munholland, K. A. (2016). The internal working model construct in light of contemporary neuroimaging research. In J. Cassidy & P. R. Shaver (Hrsg.), *Handbook of attachment (3rd Edition): Theory, research, and clinical applications* (S. 63–88). New York: Guilford Press.

Carver, P. R., Yunger, J. L., & Perry, D. G. (2003). Gender identity and adjustment in middle childhood. *Sex Roles: A Journal of Research*, 49 (3–4), 95–105.
Cooper, P. J., Pauletti, R. E., Tobin, D. D., Menon, M., Menon, M., Spatta, B. C., Hodges, E. V. E., & Perry, D. G. (2013). Mother-child attachment and gender identity in preadolescence. *Sex Roles: A Journal of Research*, 69 (11–12), 618–631.
Egan, S. K., & Perry, D. G. (2001). Gender identity: A multidimensional analysis with implications for psychosocial adjustment. *Developmental Psychology*, 37 (4), 451–463.
Elsen, H. (2018). Das Tradieren von Genderstereotypen: Sprache und Medien. *Interculture Journal*, 17 (30), 45–69.
Festinger, L. (2020). *Theorie der kognitiven Dissonanz*. Bern: Huber.
Grossmann, K. (2014). Identität als interpersonelles Konstrukt. In M. Ammon & E. Fabian (Hrsg.), *Selbstfindung und Sozialisation. Psychotherapeutische Überlegungen zur Identität* (S. 31–58). Gießen: Psychosozial Verlag.
Grossmann, K., & Grossmann, K. E. (2021). *Bindungen – das Gefüge psychischer Sicherheit*. Stuttgart: Klett-Cotta.
Günder, R., & Nowacki, K. (2020). *Praxis und Methoden der Heimerziehung*. Freiburg i. Br.: Lambertus.
Hartmann, P., & Trautner, H. M. (2009). Die Bedeutung des Pubertätsstatus und des Entwicklungstempos für die Geschlechtsidentität von Mädchen und Jungen in der Adoleszenz. *Zeitschrift für Entwicklungspsychologie und Pädagogische Psychologie*, 41 (2), 63–78.
Hayes, A. F. (2018). *Introduction to mediation, moderation, and conditional process analysis*. New York: The Guilford Press.
Heyder, A., van Hek, M., & van Houtte, M. (2021). When Gender stereotypes get male adolescents into trouble: a longitudinal study on gender conformity pressure as a predictor of school misconduct. *Sex Roles: A Journal of Research*, 84 (1–2), 61–75.
Jewell, J. A., & Brown C. S. (2014). Relations among gender typicality, peer relations, and mental health during early adolescence. *Social Development*, 23 (1), 137–156.
Köckeritz, C., & Nowacki, K. (2020). Die Bindungstheorie Teil I: Aussagen, wissenschaftliches Fundament und praktische Bedeutung. *Kindschaftsrecht und Jugendhilfe für die Praxis*, 11 (15), 408–414.
Kohl, K., Nowacki, K., Remiorz, S., & Sabisch, K. (in prep.). *What predicts young men's LGBTI-related attitudes? A study on risks and protective factors in a sample of young men in Germany*.
Krahé, B., Berger, A., & Möller, I. (2007). Entwicklung und Validierung eines Inventars zur Erfassung des Geschlechtsrollen-Selbstkonzeptes im Jugendalter. *Zeitschrift für Sozialpsychologie*, 38 (3), 195–208.
Lemelin, E., Sirois, M. S., Bernier, A., & Martin, C. L. (2021). Associations between quality of parent-child relationships and children's gender typicality: A 4-year longitudinal study. *Infant and Child Development*, 30 (2).
Lewis, C., & Lamb, M. E. (2003). Fathers' influences on children's development: The evidence from two-parent families. *European Journal of Psychology of Education*, 18 (2), 211–228.
Lopes-Moreira, A. L., Matter Yunes, M. A., Rangel Nascimento, C. R., & Bedin, L. M. (2021). Children's subjective well-being, peer relationships, and resilience: An Integrative literature review. *Child Indicators Research*, 14 (5), 1723–1742.

Macsenaere, M., Esser, K., Knab, E., & Hiller, S. (2014). *Handbuch der Hilfen zur Erziehung*. Freiburg i. Br.: Lambertus.

Mattanah, J. F., Lopez, F. G., & Govern, J. M. (2011). The contributions of parental attachment bonds to the college student development and adjustment: A meta-analytic review. *Journal of Counseling Psychology*, 58 (4), 565–596.

McCoy, S., Dimler, L. M., Samuels, D. V., & Natsuaki, M. N. (2019). Adolescents susceptibility to deviant peer pressure: does gender matter? *Adolescent Research Review*, 4 (1), 59–71.

Menon, M. (2011). Does felt gender compatibility mediate influences of self-perceived gender nonconformity on early adolescents' psychosocial adjustment? *Child Development*, 82 (4), 1152–1162.

Meuser, M. (2010). Junge Männer, Aneignung und Reproduktion von Männlichkeit. In R. Becker & B. Kortendiek (Hrsg.), *Handbuch Frauen- und Geschlechterforschung* (S. 428–435). Wiesbaden: Springer.

Miljkovitch, R., Mallet, P., Moss, E., Sirparanta, A., Pascuzzo, K., & Zdebik, M. A. (2021). Adolescents' attachment to parents and peers: links to young adulthood friendship quality. *Journal of child and family studies*, 30 (5), 1441–1452.

Nowacki, K. (2020). Bindungsphänomene im Pflegekinderwesen. In S. B. Gahleitner & H. Cornell (Hrsg.), Bindungs- und Beziehungsphänomene in der Sozialen Arbeit. *Soziale Arbeit*, (9–10), 357–363.

Nowacki, K., & Remiorz, S. (2018). *Bindung bei Pflegekindern. Bedeutung, Entwicklung und Förderung*. Stuttgart: Kohlhammer.

Nowacki, K., & Schoelmerich, A. (2010). Growing up in foster care or institutions: Attachment representation and psychological adjustment of young adults. *Attachment & Human Development*, 12 (6), 551–566.

Pauletti, R. E., Cooper, P. J., & Perry, D. G. (2014). Influences of gender identity on children's maltreatment of gender-nonconforming peers: A person x target analysis of aggression. *Journal of Personality and Social Psychology*, 106 (5), 843–866.

Pauletti, R. E., Cooper, P. J., Aults, C. D., Hodges, E. V. E., & Perry, D. G. (2016). Sex differences in preadolescents´ attachment strategies: Products of harsh environments or of gender identity? *Social Development*, 25 (2), 390–404.

Pauletti, R. E., Menon, M., Cooper, P. J., Aults, C. D., & Perry, D. G. (2017). Psychological androgyny and children's mental health: A new look with new measures. *Sex Roles: A Journal of Research*, 76 (11–12), 705–718.

Perry, D. G, Pauletti, R. E., & Cooper, P. J. (2019). Gender identity in childhood: A review of literature. International *Journal of Behavioral Development*, 43 (4), 289–304.

Remiorz, S. (2021). *Sozialisation und Lebenswelten von Kindern und Jugendlichen in Familie und stationären Heimeinrichtungen. Eine empirische Studie zu Geschlecht und geschlechtersensibler Pädagogik*. Hamburg: Dr. Kovac.

Remiorz, S., & Nowacki, K. (2018). Vertrauen von Jugendlichen zu ihren Eltern und Betreuer*innen im Kontext der Heimerziehung als unkonventionellem familienähnlichen Setting. *Psychosozial*, 41 (1), 61–68.

Rosenthal, N. L., & Kobak, R. (2010). Assessing adolescents' attachment hierarchies: differences across developmental periods and associations with individual adaption. Journal of research on adolescence, 20 (3), 678–706.

Rubin, K. H., Budowski, W. M., & Parker, J. G. (2006). Peer interactions, relationships, and groups. In N. Eisenberg (Hrsg.), *Handbook of child psychology: Social, Emotional, and Personality Development* (S. 571–645). New York: Wiley.

Rupp, M. (Hrsg.) (2009). *Die Lebenssituation von Kindern in gleichgeschlechtlichen Lebenspartnerschaften.* Köln: Bundesanzeiger.

Schneider, S. L. (2008). Applying the ISCED-97 to the German educational qualifications. In S. L. Schneider (Hrsg.), *The international standard classification of education: An evaluation of content and criterion validity for 15 European countries* (S. 76–102). Mannheim: MZES.

Smith, T. E., & Leaper, C. (2005). Self-perceived gender typicality and the peer context during adolescence. *Journal of Research on Adolescence*, 16 (1), 91–103.

Spangler, G., & Grossmann, K. E. (1993). Biobehavioral organization in securely and insecurely attached infants. *Child Development*, 64 (5), 1439–1450.

Steensma, T. D., Kreukels, P. B. C., de Vries, A. L. C., & Cohnen-Kettenis, P. T. (2013). Gender identity development in adolescence. *Hormones and Behavior*, 64 (2), 288–297.

Stovall-McClough, K. C., & Dozier, M. (2016). Attachment States of mind and Psychopathology in Adulthood. In J. Cassidy & P. R. Shaver (Hrsg.), *Handbook of Attachment (3rd edition): Theory, Research, and Clinical Applications* (S. 715–738). New York, London: The Guilford Press.

Tan, D. (2015). Von Löwen und Straßenmädchen – Konstruktionen und Störungen männlicher Identitäten von Jugendlichen in der Migrationsgesellschaft. In L. Potts & J. Kühnemund (Hrsg.), *Mann wird man: Geschlechtliche Identitäten im Spannungsfeld von Migration und Islam* (S. 209–228). Bielefeld: transcript Verlag.

Tobin, D. D., Menon, M., Menon, M., Spatta, B. C., Hodges, E. V., & Perry, D. G. (2010). The intrapsychics of gender: A model of self-socialization. *Psychological Review*, 117 (2), 601–622.

Trautner, H. M., Ruble, D. N., Cyphers, L., Kirsten, B., Behrendt, R., & Hartmann, P. (2005). Rigidity and flexibility of gender stereotypes in childhood: Developmental or differential? *Infant and Child Development*, 14 (4), 365–381.

Yunger, J. L., Carver, P. R., & Perry, D. G. (2004). Does gender identity influence children's psychological well-being? *Development Psychology*, 40 (4), 572–582.

Ziegenhain, U. (2016). Sichere mentale Bindungsmodelle. In G. Gloger-Tippelt (Hrsg.), *Bindung im Erwachsenenalter. Ein Handbuch für Forschung und Praxis* (S. 151–172). Bern: Huber.

Zimmermann, P. (2017). Bindung an den Vater. Eine andere Bindung? In P. Zimmermann und G. Spangler (Hrsg.), *Feinfühlige Herausforderung* (S. 189–206). Gießen: Psychosozial.

Prof. Dr. Katja Nowacki, Diplom-Psychologin und Diplom-Sozialpädagogin, lehrt klinische Psychologie und Sozialpsychologie an der Fachhochschule Dortmund im Fachbereich Angewandte Sozialwissenschaften. Ihre Forschungsschwerpunkte liegen im Bereich von Bindungsbeziehungen, Entwicklungsprozessen im Kindes- und Jugendalter und Maßnahmen im Rahmen der Hilfen zur Erziehung unter Berücksichtigung der Themen internationale Geschichte und Geschlecht. Davor war sie unter anderem zwölf Jahre in der Kinder- und Jugendhilfe tätig.

Dr. Katharina Kohl, Diplom-Psychologin, forscht zur Entwicklung von Kindern und Jugendlichen mit und ohne internationale Geschichte mit besonderem Fokus auf (vor-) schulische Entwicklung und dem Wechselspiel von Kind, familiärem Kontext und (vor-) schulischem Kontext. Sie hat an verschiedenen größeren Projekten, unter anderem dem Projekt JUMEN an der Ruhr-Universität Bochum mitgewirkt und arbeitet aktuell am Leibniz-Institut für die Pädagogik der Naturwissenschaften und Mathematik in Kiel.

Dr. Silke Remiorz, Sozialarbeiterin & Sozialpädagogin (B. A.) und Sozialwissenschaftlerin (M. A.), war wissenschaftliche Mitarbeiterin in verschiedenen Forschungsprojekten zu den Themen Kinder- und Jugendhilfe und Migration an der Fachhochschule Dortmund und hat das Forschungsprojekt JUMEN koordiniert. Sie ist aktuell im Bereich der Hilfen zur Erziehung tätig.

Prof. Dr. Katja Sabisch, Diplom-Soziologin, leitet seit 2008 die interdisziplinären Gender Studies-Studiengänge an der Ruhr-Universität Bochum. Sie ist dort Sprecherin des „Marie Jahoda Centers for International Gender Studies" [MaJaC] und forscht zu geschlechter- und wissenssoziologischen Themen (z. B. Care, Inter*, feministische Wissenschaftskritik, Wissensgeschichte der Geschlechterungleichheit).

Handlungsempfehlungen

Soziale Arbeit mit türkeistämmigen Jungen – eine Annäherung am Beispiel von gewaltbereiten Jungen und jungen Männern

Ahmet Toprak

Einleitung

Personen aus traditionell-türkischen Milieus sehen in Individualität kein besonders hervorzuhebendes Ideal. Sie betonen die Gemeinschaft „Familie" und stellen kollektive Interessen oft über individuelle Bedürfnisse. Sie selbst haben sich stets an diesem Prinzip orientiert und damit häufig auf persönliche Ziele und Bedürfnisse verzichtet. Im Laufe ihrer Sozialisation erfahren Heranwachsende mehrfach, wie sehr sie selbst von diesem Zusammenhalt profitieren konnten. Eine Trennung von den Normen und Werten der Eltern kommt ggf. einem Bruch mit der eigenethnischen Community gleich, was mit großen Risiken verbunden sein kann. Auf der einen Seite steht also das Bedürfnis nach einer ungewissen individuellen Entwicklung der Heranwachsenden; auf der anderen Seite steht das Kollektiv, stehen Solidarität und Loyalität – und nur solange man den traditionellen Prinzipien treu bleibt, können auch die jungen Menschen von diesem Zusammenhalt profitieren. Bei der Wahl zwischen Freiheit (also: Unsicherheit und Individualität) und Sicherheit (also: Orientierung und Kollektivität) fühlen sich Jugendliche häufig überfordert und werden sich daher für den aus ihrer subjektiven Perspektive vermeintlich sicheren Weg entscheiden – was durchaus rational sein kann.

Überforderungstendenzen, Orientierungslosigkeit und Desintegration – ausgelöst durch verschärfte „Individualisierungszwänge" in der modernen Gesellschaft – sind in der sozialwissenschaftlichen Literatur gängige Beschreibungen

A. Toprak (✉)
Fachbereich Angewandte Sozialwissenschaften, Fachhochschule Dortmund, Dortmund, Deutschland
E-Mail: ahmet.toprak@fh-dortmund.de

der Konflikte, unter denen alle Jugendlichen heute heranwachsen. Individualisierung geht einher mit zunehmender Freiheit, aber auch abnehmender Sicherheit (Hurrelmann 2016). Dabei wird betont, dass der Individualisierungsprozess für Jugendliche nur dann positive Züge hat,

> „[…] wenn diese Ablösung von Bindungen nicht in ein Vakuum mündet, sondern durch Anerkennungen als moderne Form der Integration ersetzt werden. Desintegration zeigt sich deshalb gerade in einem Anerkennungsvakuum; es ist ein Ausdruck emotionaler Desintegration, die verunsichernd wirken muss. Bleibt Anerkennung aus, kann leicht eine Entwicklung eintreten, die traditionelle Form der Integration durch Bindung wiederzubeleben." (Heitmeyer et al. 1998, S. 59).

Und für türkeistämmige Jungen stellen die Bindungen zu ihren Communitys einen bedeutsamen Orientierungspunkt dar, da die Chance, Anerkennung außerhalb dieses Kollektivs zu erfahren, ungewiss ist bzw. als unwahrscheinlich eingeschätzt wird. Weder in der Schule noch in anderen Kontexten der Mehrheitsgesellschaft erfahren sie Formen der Anerkennung, die mit ihrem Sozialisationsprozess kompatibel sind.

Es existieren also bei türkeistämmigen Jungen zwei parallel laufende Anerkennungsmodi: einerseits ein mehrheitsgesellschaftlich gewünschtes Bild von Männlichkeit, welches den Jungen mit Migrationshintergrund insbesondere in der Schule vermittelt wird, andererseits die beschriebenen Geschlechtsbilder des Herkunftsmilieus. Dies stellt eine enorme Herausforderung für das einzelne Individuum dar, denn es handelt sich um zwei unterschiedliche Identitäten, zwei verschiedene kulturelle Codes mit zwei divergierenden Geschlechtsrollenbildern, also im wörtlichen und metaphorischen Sinne um zwei Sprachen, bei denen sich die Heranwachsenden als Sprecher und Übersetzer zugleich üben müssen. Diese zu vollziehenden komplexen Syntheseleistungen zwischen herkunftsbezogenen und aufnahmelandbezogenen Erwartungen werden um schichtspezifische Problemstellungen verstärkt. Die Art, wie Jungen eine Möglichkeit erhalten bzw. erkennen, Anerkennung in Schule und Beruf zu erfahren, bestimmt entscheidend mit, inwieweit sie die traditionellen Denk- und Handlungsmuster aufrechterhalten, verstärken oder den „deutschen Verhältnissen" angleichen.

Im Folgenden sollen ausgehend von den Sozialisationsbedingungen türkeistämmiger Jungen und junger Männer sowie den sich daraus etablierenden Denk- und Handlungsmustern die Ursachen für eine allgemeine Gewaltneigung rekonstruiert werden, die sich aus Sicht der Jugendlichen kollektivistisch aus dem Ehrverhalten legitimieren. Danach werden Formen und Auslöser von kollektivistischen Gewaltneigungen erläutert, um abschließend pädagogische Schlussfolgerungen zu ziehen.

Sozialisationsbedingungen

Murat, ein heute 21-jähriger Berufsschüler, der in seiner frühen Jugendphase häufig auffällig geworden war, erzählt rückblickend über seine Orientierungsprobleme:

> „Meine Familie lebte in ihrer eigenen Welt. Wenn man zu Hause nicht gemacht hat, was mein Vater gesagt hat, gabs richtig Ärger. Wir lebten wie in der Türkei. [...] Da wurde viel gebrüllt, da gabs immer Action. Aber da war ich eigentlich immer nur zum Essen und Schlafen. Sonst war ich in der Schule oder mit meinen Jungs unterwegs. [...] Mein Vater hat immer gefragt, ob alles in der Schule gut läuft, ich habe gesagt: Klar, läuft alles. Das wars. Meine Eltern fanden Schule wichtig, aber die hatten überhaupt keine Ahnung, was in der Schule los war. [...] In der Schule war das immer so komisch, ich wusste gar nicht, was die von mir wollten. [...] Wir haben eigentlich nie das gemacht, was wir sollten. Die Lehrer wussten auch nicht, was die mit uns machen sollten. Das war so, wir sind da einfach so hingegangen, zu den Deutschen, und nach der Schule waren wir in unserer Straße und haben nur Scheiße gemacht. [...] Und später, so mit 15 oder 16, waren wir ne richtige Gang. Wenn einer Probleme hatte, haben alle mitgemacht. Da hat man sich richtig stark gefühlt, keiner konnte einem was. Das war für uns das echte Leben, das hatte ne Bedeutung für uns. [...] Aber wir hatten zu oft Stress mit den Polizei [...]." (entnommen aus El-Mafaalani und Toprak 2017, S. 116 f.)

Alle Kinder und Jugendlichen wachsen im Wesentlichen in den vier Lebenswelten Familie, Schule, Peergroup und Medienlandschaft auf. Diese vier Bezugspunkte stellen Jugendliche mit Migrationshintergrund – insbesondere türkeistämmiger Herkunft – vor besonders widersprüchliche Erwartungen und Handlungsoptionen. Das deutsche *Schulsystem* ist nachweislich kaum in der Lage, soziale Unterschiede auszugleichen. Die Nachkommen der ehemaligen Arbeitsmigrant*innen sind dadurch erwiesenermaßen benachteiligt. Sie machen seltener als ihre Altersgenossen hochwertige Schulabschlüsse und verlassen das Schulsystem deutlich häufiger ohne Abschluss (Reiss et al. 2016). Das liegt neben der Schulstruktur und wenig lernförderlichen Unterrichtsformen auch daran, dass in der Schule Werte wie Selbstständigkeit, Selbstdisziplin und Selbstreflexion innerhalb vorgegebener Regeln notwendigerweise eine besondere Rolle spielen. Denn viele dieser Jugendlichen wachsen in autoritären *Familienstrukturen* auf, in denen Gehorsam, Unterordnung und vielfach auch Gewalt den Alltag begleiten. Ihnen fehlt oft die Intimsphäre, die Heranwachsende in Deutschland benötigen, um ein selbstbestimmtes Leben zu üben (wie z. B. ein eigenes Zimmer). Zusätzlich führen inkonsistente Erziehungsstile, die sie häufig in ihren Familien, aber auch in der Schule (unterschiedliche Lehrertypen) erleben, zu Irritationen und Orientierungslosigkeit.

Die Widersprüchlichkeiten im Verhältnis von Schule und Familie, denen sich diese Jugendlichen gegenübersehen, werden dadurch verschärft, dass ihre Eltern sowohl Loyalität gegenüber den traditionellen Werten als auch Erfolg in der Schule und später im Arbeitsleben erwarten (King 2009) – eine typische Erwartungshaltung von Migrant*innen der ersten Generation gegenüber ihren Kindern. Dabei können die Eltern den Kindern kaum Hilfestellungen geben, auch weil sie traditionsbedingt die Erziehungs- und Bildungsverantwortung an die Schule abgeben. Insbesondere für junge Männer ergeben sich daraus strukturelle Konflikte in den Passungsverhältnissen von schulischer und familialer Lebenswelt.

Dieses Problem verschärft sich für Jugendliche mit Migrationsgeschichte zusätzlich, denn sie leben sowohl mit sozialen Unterschieden aufgrund ihrer Schichtzugehörigkeit als auch mit kulturellen Unterschieden aufgrund der Migrationssituation. Für sie bestehen keine „vorgeprägten Laufbahnen", an denen sie sich in Schule und Arbeitsmarkt orientieren könnten. Sie fühlen sich nicht als Deutsche und nicht als Türken oder Kurden. Sie distanzieren sich in gewisser Hinsicht sowohl von der Mehrheitsgesellschaft als auch von der Familie und der traditionellen türkeistämmigen Community. Sie suchen nach Orientierungspunkten, die Sicherheit bieten und Identität ermöglichen. Genau dieser Effekt wird durch das Kollektiv von *Peers* mit gleichartiger sozialer und kultureller Herkunft ermöglicht (El-Mafaalani und Toprak 2017). Die Ausbildung der Hauptschule als sogenannte „Restschule" – eine Entwicklung, die nicht zuletzt PISA (Programme for International Student Assessment) 2016 unbeabsichtigt zugespitzt hat – und die messbare Benachteiligung von Schüler*innen mit Migrationshintergrund bei der Überweisung auf eine Förderschule haben dazu geführt, dass sich dort junge Männer mit Migrationsgeschichte konzentrieren, die keine Vorbilder mehr kennen, die zeigen könnten, dass man Achtung und Respekt auch ohne Gewaltanwendung erfahren kann. Im Gegenteil: Sie finden eine Art Ersatzfamilie bzw. eine zweite Familie, bestehend aus wenigen – in der Regel nur eine Handvoll – Freunden, die füreinander beinahe alles tun, unter Umständen bis zur Inkaufnahme, das eigene Leben zu gefährden. So werden Gewalt und Machterfahrung zu einem „effektiven Mittel der Selbststabilisierung" (Heitmeyer 2004). Diese vermeintlichen „Tugenden" werden durch die *Medien* unterstützt – zumindest bei Betrachtung der bei diesen Jugendlichen bevorzugten Bereiche der Medienlandschaft.

Denk- und Handlungsmuster benachteiligter Jugendlicher

Der Begriff der Ehre spielt bei Gewalttaten oder abweichendem Verhalten von türkeistämmigen Jugendlichen in bestimmten Kontexten eine zentrale Rolle. Er bildet gewissermaßen die Basis der Denk- und Handlungsmuster der Jugendlichen. Insbesondere in problematischen Kontexten, also bei benachteiligten und kriminellen Jungen, wird aggressives Verhalten mit der Ehre gerechtfertigt. Dabei hängt der Ehrbegriff mit der familiären Erziehung zusammen. Traditionelle Familien betonen Werte wie Loyalität, Solidarität und Kollektivität, wobei diese Werte geschlechtsspezifisch differenziert werden. Hinzu kommt eine extreme Form der Freundschaft (vgl. dazu ausführlich Tertilt 1996; Toprak 2016; Toprak 2019). Im Folgenden werden die jugendspezifischen Charakteristika dieser Begriffe skizziert:

Nicht selten wird von Jugendlichen ihr Verhalten mit ihrem Verständnis von *Freundschaft* gerechtfertigt. Sie setzen sich für den Freund ein, auch auf die Gefahr hin, selbst verletzt zu werden. Diese bedingungslose Solidarität bedeutet auch, dem Freund, ohne die Situation zu hinterfragen, Hilfe zu leisten. Sie ist eine tief verankerte Verhaltensnorm, über die nicht nachgedacht und die auch nicht in Zweifel gezogen wird. Es wird also nicht lange darüber gesprochen, was passiert ist und wie man das Problem lösen könnte. Wenn nachgedacht und nachgefragt würde, wäre nicht nur die Freundschaft, sondern auch die Ehre und Männlichkeit des Jugendlichen infrage gestellt. Ehre und Männlichkeit sind Begriffe, auf die sich türkeistämmige jugendliche Straftäter immer wieder berufen. Die Solidarität und Loyalität innerhalb der Familie werden also bei Jugendlichen auf ihren Freundeskreis ausgeweitet. Loyalität in der Gruppe bzw. unter Freunden spielt eine große und ganz zentrale Rolle und dem Begriff der Freundschaft wird eine entscheidende Bedeutung zugesprochen. Freunde tun alles füreinander: Es wird geteilt, was man hat, z. B. Geld, Essen, Kleidung etc., und Massenschlägereien können deshalb zustande kommen, weil der Freund nicht allein gelassen werden darf. Die Freundschaft gilt dann als verletzt, wenn die Mutter und andere weibliche Familienmitglieder beschimpft, beleidigt oder auch nur „unsittlich" angeschaut werden (Ehre) oder wenn die Männlichkeit oder die Potenz angezweifelt werden (Toprak 2016).

Der Begriff *Ehre* (türkisch: *namus*) klärt ursprünglich die Beziehung zwischen Mann und Frau sowie die Grenzen nach innen und außen (vgl. hierzu auch Schiffauer 2002). Ein Mann gilt als ehrlos, wenn seine Frau, Familie oder Freundin beleidigt oder belästigt wird und er nicht extrem und empfindlich darauf reagiert. Derjenige Mann gilt als ehrenhaft, der seine Frau verteidigen kann, Stärke und Selbstbewusstsein zeigt und die äußere Sicherheit seiner Familie garantiert

(Schiffauer 2002). Gelingt ihm das nicht, dann ist er ehrlos (türkisch: *namussuz*). Eine Frau, die sexuellen Kontakt mit einem/r anderen Mann/Frau hat, befleckt damit nicht nur die eigene Ehre, sondern auch die ihres Partners, weil der Mann nicht Manns genug war, sie davon abzuhalten. Ein ehrenhafter Mann steht zu seinem Wort. Er muss dies klar und offen tun und darf niemals mit „vielleicht" oder „kann sein" ausweichen, weil Antworten dieser Art nur von einer Frau zu erwarten sind. Darüber hinaus muss ein ehrenhafter Mann in der Lage und willens sein, zu kämpfen, wenn er dazu herausgefordert wird. Die Eigenschaften eines ehrenhaften Mannes sind Virilität, Stärke und Härte. Er muss auf jede Herausforderung und Beleidigung, die seine Ehre betrifft, reagieren und darf sich nicht versöhnlich zeigen. Der Begriff der Ehre ist dabei nicht nur auf die Familie beschränkt, sondern wird auf den Freundeskreis ausgeweitet. Ehre wird im Kollektiv der Peergroup zu einem Gemeinschaftsprojekt (Tertilt 1996).

Für das Verständnis der Denk- und Handlungsmuster der Heranwachsenden spielt zuletzt auch der Begriff der hegemonialen *Männlichkeit* eine hervorzuhebende Rolle. In traditionellen Familien werden die Jungen zu körperlicher und geistiger Stärke, Dominanz und selbstbewusstem Auftreten, insbesondere im Hinblick auf die Übernahme von männlichen Rollenmustern, erzogen. Wenn ein Jugendlicher diese Eigenschaften nicht zeigt, wird er als Schwächling bezeichnet. Nimmt ein Mann zu homosexuellen Männern Kontakt auf, wird er als unmännlich und Schande begriffen, weil er – aus diesem Geschlechtsbegriff heraus – eine passive Rolle übernommen hat, die sich mit der hegemonialen Männlichkeit nicht vereinbaren lässt. Auch freundschaftliche Beziehungen zu homosexuellen Männern werden nicht toleriert. Jungen treten im Gegensatz zu Mädchen dominant und selbstbewusst auf. Ein Junge muss in der Lage sein, zu entscheiden, was für die später gegründete Familie das „Richtige" und „Vorteilhafte" ist. Dies kann er u. a. dadurch unter Beweis stellen, dass er seine Position selbstbewusst verteidigt und auf Meinungen, die von außen an ihn herangetragen werden, keine Rücksicht nimmt. Dies könnte ihm sonst als Schwäche ausgelegt werden, was als zutiefst weibliches Attribut gilt.

Ausgeprägte Männlichkeit, bezogen auf Solidarität und Loyalität innerhalb des Freundeskreises, und die bedingungslose Verteidigung der weiblichen Familienmitglieder werden gerade dann rigide gehandhabt, wenn die gesellschaftliche Anerkennung ausbleibt. Insbesondere gewaltbereite Jugendliche verfolgen ein Lebenskonzept, das einen speziellen Werte- und Normenkodex betont. Männliche Jugendliche türkeistämmiger Herkunft, zumal in der dritten Generation, wachsen mit bestimmten Vorstellungen von „Männlichkeit", „Freundschaft" und „Ehre" sowie „Solidarität" und „Loyalität" auf und definieren über diese Begriffe ihre Identität (Toprak 2016). Der Begriff der Ehre ist dabei zentral und überlagert alle anderen. So ist man nur als ehrenhafter Mann ein „richtiger" Mann: Dazu gehört, dass man ein solidarischer und loyaler Freund ist und dass man die weiblichen Familienmitglieder verteidigt und ggf. kontrolliert. Bei straffälligen Jugendlichen wird immer wieder festgestellt, dass sie aufgrund ihres Ehrbegriffes zu Straftaten bereit sind (Baier et al. 2010).

Ehre impliziert in dieser orthodoxen Ausprägung, dass die Männer die Sexualität ihrer Freundinnen, Ehefrauen, Töchter und Schwestern kontrollieren; nur wenn diese Kontrolle „erfolgreich" ist, bleibt die Ehre der Familie gewahrt. Dementsprechend werden Beleidigungen der Mutter, Schwester oder Freundin sowie Andeutungen bezüglich einer homosexuellen Orientierung zu gereiztem, unter Umständen aggressivem Verhalten des Beleidigten sowie seiner Freunde führen. Ähnliches ist zu erwarten, wenn abfällige Äußerungen gegenüber der nationalen Herkunft oder der Religion, aber auch gegenüber dieser Vorstellung von Männlichkeit gemacht würden (El-Mafaalani und Toprak 2017). Diese Reaktionen sind umso bemerkenswerter, wenn man bedenkt, dass diese Jugendlichen der dritten und vierten Generation weder ihr Herkunftsland noch ihre Religion gut kennen und zudem vielfach weder in der Lage noch willens sind, ein klassischer autoritärer Familienernährer zu sein. Jugendliche mit geringer Bildung, wenig beruflichem Prestige und mangelndem Selbstwertgefühl klammern sich an diese Verhaltensnormen deutlich stärker als beruflich und sozial etablierte Migrant*innen. Wenn man die Jugendlichen mit den Welten konfrontiert, die zwischen Anspruch (selbst ein Familienernährer zu sein) und Realität (Arbeits- bzw. Ausbildungslosigkeit) liegen, führt das nicht selten zu massiver Gereiztheit. Das Zusammenkommen eines geringen Selbstwertgefühls und eingeschränkter sozialer Fähigkeiten führt auch dazu, dass schon ein „schiefes" oder „doofes" Angucken zu einer Schlägerei führen kann.

Diese Ausführungen machen deutlich, dass die Verteidigung der weiblichen Familienmitglieder als eine wichtige Anforderung an die männlichen herangetragen wird. Während selbstbewusste und offene Jugendliche in der dritten und vierten Generation sich von diesen spezifischen Normen befreien und sich beispielsweise über ihr Studium oder ihren Beruf definieren, klammern sich Jugendliche mit wenig Selbstwertgefühl und geringer Bildung bzw. geringem Prestige in extremer Weise an diese Werte und betonen diese rigider und aggressiver als beispielsweise noch die Elterngenerationen. Denn sie wollen Stärke zeigen, etwas Besonderes sein, hohe Anerkennung und einen guten Status haben. Dieses Ideal kollidiert mit der Realität, wie sie diese Jungen bereits früh erfahren. Wenn sie weder in der Schule noch in Bereichen wie Sport oder Musik „besondere" Fähigkeiten attestiert bekommen, werden andere Formen der Anerkennung gesucht, die dann häufig mit der Intention der Eltern wenig gemeinsam haben. Diejenigen, die keine andere „ehrende" Aufgabe haben und keine anderen Formen von Anerkennung erleben, können und werden diese letzte Möglichkeit ergreifen: empfindlich und gewalttätig ihre Ehre verteidigen (ausführlich dazu Schiffauer 2002; Tertilt 1996; Toprak 2019).

Sozialisationsbedingungen und Gewaltanwendung

Gewalt zeichnet sich im Vergleich zu anderen Konfliktlösungen dadurch aus, dass ein subjektiv empfundener verkürzter Zeithorizont und ein verengter Pool von Handlungsoptionen vorliegen. Oder andersherum: Für friedliche Konfliktlösungen braucht man Zeit und Kompetenz (insbesondere sprachliche Kompetenz). Und: Man muss etwas zu verlieren haben. Nimmt man an, Menschen handelten rational, würde jeder Entscheidung für oder gegen Gewalt ein Abwägen von Kosten und Nutzen einer Gewalttat vorausgehen: Was bringt mir eine gewalttätige Auseinandersetzung und was setze ich aufs Spiel? Nun leuchtet unmittelbar ein, dass ein rein rationales Menschenbild seine Tücken hat. Es soll nur zu dem Zweck bemüht werden, zu zeigen, welche entscheidenden Faktoren gewaltbereites Verhalten aus einer subjektiven Perspektive begünstigen: 1) wenig Zeit für Handlungsspielraum, 2) eingeschränkte Handlungsmöglichkeiten und fehlende soziale bzw. kognitive Kompetenzen für kommunikative Konfliktlösungen und 3) kein Risikobewusstsein, weil die Gewaltanwendung rational erscheint (van Dieken et al. 2004). Diese drei Faktoren können nicht über längere Zeit vollständig ausgeschaltet werden, weshalb auch in insgesamt friedlichen Gesellschaften Gewalt regelmäßig auftritt. Alkohol- bzw. Drogenkonsum kann zu einer kurzfristigen Verschärfung aller drei Faktoren führen. Besonders problematisch wird ein Zustand dann, wenn eine mehr oder weniger große Gruppe von Menschen unter Sozialisationsbedingungen aufwächst, die langfristig alle Faktoren kritisch erscheinen lassen. Zusammenfassend können Perspektivlosigkeit aufgrund eines niedrigen Bildungsniveaus und eingeschränkter sozialer und kognitiver Fähigkeiten, das einseitige Wahrnehmen aggressiver Aspekte in „ambivalenten Botschaften" und das spezifische Kommunikationsverhalten in einem Konfliktfall als Nährboden für Gewalt benannt werden.

Diese Perspektivlosigkeit teilen in den meisten Jugendgangs alle Mitglieder. Sie verfügen über ein sehr geringes formales Bildungsniveau und restriktive verbale Fähigkeiten. Daher herrschen in diesen Jugendgruppen ein sehr aggressiver und einfacher Sprachstil sowie grobe Umgangsformen. Es wird gewissermaßen aus der Not eine Tugend gemacht: Alle Merkmale, die die Perspektivlosigkeit ursächlich begründen, werden besonders betont. Die jungen Männer wechseln permanent zwischen den beiden Extremen: Langeweile vs. „Action". Einerseits wird viel „abgehangen" und Zeit totgeschlagen, andererseits wird schlagartig – bei der kleinsten Provokation – aggressiv gehandelt. Ein „falscher" Blick, eine ironische Aussage oder ein lautes Lachen – also ambivalente Botschaften – können scharfe Reaktionen hervorrufen. Die Jugendlichen sehen in solchen Aktionen persönliche Angriffe, fühlen sich unwohl, wissen nicht, wie sie darauf reagieren sollen, und haben im Laufe der Zeit gelernt, sofort (also präventiv) darauf zu reagieren – mit Gewalt. Sie machen dabei die Erfahrung, dass Gewalt „funktioniert", denn wer sie einmal „schief" angeguckt hat, wird dies nicht wieder tun, und das Unwohlgefühl wird nicht wiederholt erfahren. Und was ihnen sonst selten gelingt, nämlich kurzfristig zu „agieren" und unmittelbar „Erfolge" zu erleben, kann in diesen Jugendgruppen relativ „einfach" gelingen. Sie haben nicht viel zu verlieren – im Prinzip nur die Ehre und den Respekt, den andere ihnen zeigen. Diese Form von Respekt basiert auf Gewalt und kann entsprechend auch nur durch Gewalt aufrechterhalten werden. Diese massive Gewaltneigung entwickelt sich im Kontext mit Gleichaltrigen und wird zu einer wichtigen Instanz für Status und Anerkennung innerhalb bestimmter Peergroups.

Peergroups spielen bei der Sozialisation im Jugendalter die größte Rolle (Hurrelmann 2016). Problematisch wird es, wenn ein großes Machtgefälle innerhalb der Gruppe herrscht. Dann erhöht sich die Wahrscheinlichkeit, dass die Jugendlichen in die Rolle als Opfer oder Täter von Gewalt kommen. Wer sich nicht konsequent zur Wehr setzt, wird immer wieder von demjenigen geschlagen, der seine Stärke und Macht demonstrieren will. Jeder muss sich in einer neuen Gruppe bewähren. Gewaltausübung ist dann häufig die anerkannte Demonstration von Stärke und Dominanz. Das wichtigste Prinzip in der Gruppe spiegelt sich im Begriff der „Anmache" wider: „Jemanden ‚anmachen' oder selbst ‚angemacht' zu werden, gehört zu den Grundmustern, mit denen die Jugendlichen die Entstehung gewaltförmiger Konfliktsituation beschreiben. […] Zu den Formen der ‚Anmache' gehört etwa ‚der Blick', wenn jemand ‚schief' oder ‚dumm' angeguckt wird. Ein ‚falscher Blick', d. h. ein Blick, der fixiert oder durchbohrt und sich so des Gegenübers ‚bemächtigt', zählt bereits als ‚Anmache'." (Tertilt 1996) Jedes neue Mitglied in der Gruppe wird zunächst in der von Tertilt (1996) beschriebenen Form provoziert, um herauszufinden und zu testen, ob er in der Lage und Position ist, sich gegen die „Anmache" zu wehren. In diesem Kontext bedeutet dies die körperliche Auseinandersetzung mit Kontrahenten – um die Ehre. Sich in körperliche Auseinandersetzungen zu begeben bedeutet nicht nur Gewaltanwendung, sondern vor allem Gewalterfahrung. Wer sich entschieden und selbstbewusst verteidigt und auch Gewalt anwendet, wird in der Gruppe hoch angesehen und seine Stellung in der Gruppe steigt – selbst dann, wenn er das Duell verliert. Deviantes und delinquentes Verhalten innerhalb von Peergroups kommt besonders dadurch zustande, dass die Jugendlichen häufig zu spät zu verantwortungsvollen Aufgaben in unserer Gesellschaft herangezogen werden (Moffitt 1993). Ohne Aufgaben, die ihr Selbstwertgefühl und ihre Anerkennung steigern können, müssen sie sich Herausforderungen schaffen: So lässt sich auch die Beobachtung erklären, dass es Jugendliche gibt, die gewalttätige Auseinandersetzungen aktiv suchen. Sie stellen sich in den Weg, provozieren, beschimpfen und demonstrieren Macht und Überlegenheit – und sie generieren dadurch entweder unmittelbar „Respekt" (wenn nämlich der von ihnen Provozierte nachgiebig ist) oder sie können sich in einem Kampf – also in einem Duell um Ehre und Anerkennung – bewähren.

Ehre und Anerkennung im Kollektiv

Kollektive Gewaltanwendungen um Ehre und Anerkennung entstehen meist dadurch, dass innerhalb einer Situation zwei bzw. mehrere Akteure die dominante Position beanspruchen. Es kann aber auch sein, dass ein nicht explizit „respektvolles" oder „ehrverletzendes" Verhalten als Problem wahrgenommen wird. In beiden Fällen wird der Dominanzanspruch durch klare Worte und eine aggressive Körpersprache untermauert. Nun ist die andere Seite herausgefordert. Gibt der Angesprochene nach, wird er meist weiter verbal angegriffen und weggestoßen, um ihn aufgrund der wahrgenommenen Respektlosigkeit weiter zu erniedrigen und gewissermaßen ein langfristiges Zeichen zu setzen oder ihn in seiner Ehre zu verletzen. Der Angesprochene wird sich nun unterordnen oder dem Provokateur aus dem Weg gehen – beides Formen, die als respektvolles Verhalten anerkannt werden. Sollte der Angesprochene nicht nachgeben, sollte er also verbal und durch die Körpersprache die beanspruchte Position des anderen anzweifeln, gibt es kaum noch eine Möglichkeit, ein unmittelbares Duell zu vermeiden. Sollte der Ort (z. B. wegen einer nahegelegenen Polizeiwache) ungünstig sein, ist es möglich, dass die Austragung des Konflikts um einige Stunden verschoben wird – allerdings setzt dies voraus, dass sich die beiden Parteien kennen und die Emotionen noch nicht hochgekocht sind. Wenn ein ungleiches Personenverhältnis vorliegt – z. B. einer gegen vier –, wird die in der Minderheit befindliche Partei darauf drängen, dass das Duell an einem anderen Ort ausgetragen wird. Außerdem wird diese ungleiche Verteilung als unehrenhaft wahrgenommen. Denn anders als in der romantischen Vorstellung eines Duells, geht es den Jugendlichen um die Demonstration von Stärke. Es geht also nicht zwingend um ein „Auge-um-Auge", sondern häufig um kollektive Angelegenheiten. Insbesondere bei jüngeren Jugendlichen kann eine extreme Gewaltneigung festgestellt werden, die sich darin ausdrückt, dass auch dann noch weitergeprügelt wird, wenn der Gegner regungslos am Boden liegt. Es ist daher Dritten davon abzuraten, sich *alleine* in solche Auseinandersetzungen einzumischen oder den Jugendlichen „respektlos" bzw. „provozierend" – im oben erläuterten Sinne – gegenüberzutreten (El-Mafaalani und Toprak 2017).

In solchen Jugendgruppen hat jeder seinen Platz. Es gibt meist einen „Besonnenen", der darauf achtet, dass sich der langfristige Schaden einer gewalttätigen Auseinandersetzung in Grenzen hält. Dieser führt meist auch die Gespräche (beispielsweise mit der Polizei). Ein ganz anderer Typus ist der „Unberechenbare". Dieser zeichnet sich durch extrem aggressives, theatralisches und teilweise cholerisches Verhalten aus. Auch wenn es regelmäßig zu Spannungen innerhalb einer Gruppe kommt, halten alle Gruppenmitglieder im „Notfall" bedingungslos zusammen.

Im Laufe der Zeit entstehen in Problembezirken stabile Strukturen, die sich nicht selten an der Straßenzugehörigkeit und der Verwandtschaft ausrichten. Man weiß, mit wem man sich nicht anlegen sollte bzw. wie viele Leute „hinter" einer Person stehen. Durch diese Strukturen etablieren sich in diesen Bezirken auch „neue" Spielregeln der „Ehre". Wer sich nicht organisieren kann, wer also keine Gruppe hinter sich hat, der wird „angemacht" und „abgezogen". Abziehen bedeutet hierbei, dass ihm Wertsachen (Brieftasche, Handy, Jacke etc.) unter Androhung von Gewalt abgenommen werden. Das heißt, es entsteht ein Ehrbegriff, der mit dem herkömmlichen Ehrbegriff nur am Rande etwas zu tun hat: Ehre wird für Quasi-Gewalttaten und anderes deviantes Verhalten als Legitimation herangezogen. In manchen Kontexten sind die Opfer deutsche Kinder und Jugendliche. Daher sehen sich führende Politiker*innen veranlasst, rassistische Motive zu unterstellen, die sich in dem Begriff der „Deutschenfeindlichkeit" ausdrücken (Toprak und Nowacki 2012). Dabei wird außer Acht gelassen, dass es sich hier um Machtverhältnisse handelt. Minderheiten laufen immer Gefahr, einer benachteiligten Mehrheit als Projektionsfläche zu dienen und dann diskriminiert zu werden. Dies kann unabhängig von der Herkunft geschehen, also auch dann, wenn deutsche Jugendliche in der Minderheit sind.

Diese Strukturen können aber auch ins Gegenteil umschwenken und dann zu Kollektivduellen bzw. Massenschlägereien führen. Der Einsatz von Waffen (meist Messer, Schlagringe oder Schlagstöcke) ist bei Auseinandersetzungen von großen Jugendgruppen möglich.

Kollektive Verteidigung der Ehre – Praxisbeispiel anhand einer Massenschlägerei

Im Januar des Jahres 1998 ereignete sich eine Massenschlägerei in der Münchner Fußgängerzone (Stachus) zwischen Jugendlichen türkeistämmiger und albanischer Herkunft. An dieser verabredeten Schlägerei nahmen nach offiziellen Angaben 35, nach inoffiziellen Angaben weit über 50 Jugendliche teil. Obwohl die Polizei das erfuhr und die Polizeiwache nur wenige hundert Meter von dem Ort der Schlägerei entfernt war, konnte nicht verhindert werden, dass ein Jugendlicher starb und mehrere zum Teil schwer verletzt wurden. Die damaligen Schlagzeilen reichten von „Bandenkrieg zwischen rivalisierende Gruppen", „Krieg in München" bis zu „Macht um die bessere Position in München". Darüber hinaus wurde – neben härteren Strafen für die Täter – auch über ausländerrechtliche Konsequenzen nachgedacht. Was war aber wirklich passiert? Man mag nicht glauben, dass diese Massenschlägerei einen sehr simplen und gleichzeitig absurden Grund hatte, nämlich den Wetteinsatz bei einem Kickerspiel: Zwei Jugendliche, einer türkischer, der andere albanischer Abstammung, spielen in der Münchner Volkshochschule in der Pause Tisch-Kicker. Der Verlierer soll dem Gewinner ein Bier spendieren, löst aber seinen Wetteinsatz nicht ein und es kommt zu einer verbalen Auseinandersetzung, bei der sich beide Kontrahenten massiv beleidigt haben und sich angeblich an der Ehre verletzen. Der eine ist ehrlos, weil er sein Wort nicht einhält (siehe Definition Ehre), und der andere, weil er beleidigend kommuniziert. Die Betreuerin geht dazwischen und beruhigt die Gemüter. Da die beiden das Problem aber wie „richtige Männer" lösen wollten, verabredeten sie sich an dem oben genannten Ort. Wie dieser kleine Disput zwischen zwei Jugendlichen so enden konnte, wurde anhand von mehreren Gerichtsverhandlungen, die ausführlich analysiert wurden, sowie zahlreicher Interviews rekonstruiert (Toprak 2016). Alle beteiligten Jugendrichter*innen haben in den Verhandlungen darauf Wert gelegt, den wahren Grund dieser Schlägerei zu erfahren. Viele Jugendliche haben zu Protokoll gegeben, dass sie eigentlich nicht so genau wussten, um was es sich handelte. Sie haben lediglich erfahren, dass ein Freund von einem guten Freund Hilfe braucht und dass die Albaner Probleme machen würden. Dazu auch zwei Interviewausschnitte (Toprak 2016).

> „Ich weiß nicht mehr genau wer, aber einer hat gesagt, dass die Albaner den Osman angemacht haben. Ich hab auch gehört, ne, dass sie sich am Stachus verabredet haben. [...] Alle haben gesagt, wir müssen auch hingehen. [...] Ja, weil die Albaner kommen doch nicht alleine, ne. Man muss doch den Freund helfen. [...] Nein, ich wusste auch

nicht, was der Grund war. Ich hab gehört, er braucht Hilfe. Ich hab nicht gefragt. [...] Ja, weil, wie soll ich sagen, man wird ausgelacht. Freunden muss man helfen, egal was passiert ist." (Suat).
„Ich war auch in dieser Schule. Ich habe das im Unterricht erfahren, dass der Osman sich mit dem Albaner treffen will. [...] Wir haben alle Türken in der Schule gefragt, ne. Danach haben wir die Leute angerufen. Alle sollten kommen. [...] Warum, warum? Du kennst die Albaner, die kommen nicht allein. Wenn man sich am Stachus treffen will, dann will man doch nicht reden. Da fliegen die Fetzen. [...] Der Grund war egal. Wenn du Freund hast, ja, ne, musst nicht fragen, sondern helfen." (Bilal).

Diese blinde Solidarität und der ausgeprägte Wille, dem Freund zu helfen, weil er in seiner Ehre verletzt wurde, hat sich bei beiden Parteien in der Stadt so schnell verbreitet, dass sich etwa 50 Jugendliche in der Münchner Innenstadt getroffen haben, obwohl damals weder Smartphones noch soziale Medien, wie Instagram oder Facebook, existierten. Das Missverständnis, die (kleine) Diskussion und das Verabreden in der Fußgängerzone wurden von beiden Seiten so sehr hochgepuscht, dass die beiden Kontrahenten nicht einmal den Hauch einer Chance hatten, das „Problem" mit anderen Mitteln zu lösen – denn kaum jemand wusste überhaupt, was tatsächlich der Auslöser war. Daher wurde aus dem Duell zweier Kontrahenten eine regelrechte kollektive Massenschlägerei mit Todesopfer.

Schlussfolgerungen

Im Jugendalter müssen verschiedene Herausforderungen bewältigt werden: ein Schulabschluss, Berufs- und Partner*innenwahl und der Abnabelungsprozess vom Elternhaus. Viele benachteiligte Jugendliche fühlen sich dabei überfordert und suchen nach Sicherheit und Orientierung. Insbesondere in der Sozialisation migrantischer Jugendlicher haben gruppen- und sozialorientierte Werte (Gruppenharmonie und Anpassung an Gruppenziele) einen hohen Stellenwert. Bereits die Erziehung der Kinder in der Familie ist in der Regel auf kollektive Orientierungen ausgerichtet: Übernahme von Geschlechts- und Familienrollen, soziale Normen sowie Vermittlung von Autoritätsbeziehungen. Daher suchen die Kinder und Jugendlichen Kollektive und weisen eine ausgeprägte Neigung zur Gruppenbildung auf. Wenn sowohl im familiären Kontext als auch in der Peergroup die Erfahrung gemacht wird, dass Ehrkonflikte mit Gewalt gelöst werden, kann sich sehr schnell ein Zustand etablieren, bei dem alternative Konfliktlösungsstrategien, die auf Konsens oder Meinungsaustausch basieren, kategorisch abgelehnt werden, weil diese als Ausdruck von Schwäche wahrgenommen werden.

Dann hilft es häufig auch nicht, in der pädagogischen Arbeit mit Appellen und Argumenten gegen Gewalt legitimierendende Werte und Normen zu intervenieren. Solche Belehrungen prallen an der Oberfläche ab und werden die tief verankerten Verhaltensnormen nicht ausreichend tangieren. Der allgemein bekannte (pädagogische) Leitsatz in der Arbeit mit Menschen, nämlich „sie dort abholen wo sie stehen", wurde und wird in der pädagogischen Arbeit mit interkulturellen Klient*innen extrem vernachlässigt. Gerade benachteiligte Jugendliche aus patriarchalen Familien erwarten Konfrontation und Entschiedenheit. Der pädagogische Mainstream setzt die erzieherische „Vorleistung" einer deutschen Familie voraus, in der Autorität, Kollektivität und Unterordnung weitgehend durch Verständigung, Individualität und Selbstbestimmtheit ersetzt wurden. Wer diese freiheitlichen Werte weitergeben möchte, muss bedenken, welche komplexen Anforderungen für Kind und Fachkraft damit einhergehen, und darf nicht zu viele Basics voraussetzen. Um nicht falsch verstanden zu werden: Diese Werte sind wichtig, um sich in einer offenen Gesellschaft platzieren zu können, aber sie müssen auch gelehrt, vorgelebt und selbst erfahren werden. Sie sind das Ziel und nicht der Weg. Der Weg fängt mit dem Abholen an. Es geht also nicht um ein Nachahmen der elterlichen Erziehung, sondern um ein anschlussfähiges Vorgehen, aus dem die Jugendlichen gestärkt hervorgehen. Denn auch Pädagog*innen lassen sich durch das selbstbewusste und manchmal auch sympathische Auftreten der Jugendlichen blenden und übersehen dabei, welche Ängste, Orientierungsprobleme und Unsicherheiten dahinter verborgen werden.

Wer gewalttätige Jugendliche migrationssensibel, also unter Berücksichtigung ihrer spezifischen Lebensumstände und besonderen Ressourcen, fördern will, damit sie ihr Leben und ihre Zukunft im Sinne des Gesetzes und einer liberalen Gesellschaft gestalten können, kommt nicht umhin, eine Brücke zu schlagen zwischen den migrationsspezifischen Rahmenbedingungen und den Zielen der Institutionen.

Hier ist es hilfreich, wenn die Soziale Arbeit an den Ressourcen der jungen Männer und deren Familien ansetzt. Es hat sich als kontraproduktiv herausgestellt, wenn überkommene Männlichkeitsnormen abgewertet werden. Vielmehr lohnt es sich, gemeinsam diese Männlichkeitsbilder zu reflektieren, um über mögliche Alternativen nachzudenken. Konkret hat sich das bundesweite Projekt HEROES – ein Projekt der geschlechterreflektierenden Jungenarbeit – als sehr gewinnbringender Ansatz herausgestellt (www.hereos-net.de).

Literatur

Baier, D., Pfeiffer, C., Rabold, S., Simson, J., & Kappes, C. (2010). *Kinder und Jugendliche in Deutschland: Gewalterfahrung, Integration, Medienkonsum. KFN Forschungsprojekt.* Hannover: Eigenverlag.

El-Mafaalani, A., & Toprak, A. (2017). *Muslimische Kinder und Jugendliche in Deutschland. Lebenswelten, Denkmuster, Herausforderungen.* St. Augustin, Berlin: Konrad-Adenauer-Stiftung.

Heitmeyer, W. (2004). Gesellschaftliche Integration, Anomie und ethnische Konflikte. In W. Heitmeyer (Hrsg.), *Was treibt die Gesellschaft auseinander?* (S. 629–653). Frankfurt a. M.: Suhrkamp.

Heitmeyer, W., Collmann, B., & Conrads, J. (1998). *Gewalt. Schattenseiten der Individualisierung bei Jugendlichen aus unterschiedlichen Milieus.* Weinheim: VS.

Hurrelmann, K. (2016). *Lebensphase Jugend. Eine Einführung in die sozialwissenschaftliche Jugendforschung.* Weinheim und Basel: Beltz-Juventa.

King, V. (2009). Aufstieg aus der bildungsfernen Familie? Anforderungen in Bildungskarrieren am Beispiel junger Männer mit Migrationshintergrund. In A. Henschel, R. Krüger, C. Schmitt & W. Stange (Hrsg.), *Jugendhilfe und Schule – Handbuch für eine gelingende Kooperation* (S. 333–346). Wiesbaden: Springer.

Moffitt, T. (1993). Adolescence-limited and life-course-persistent antisocial behavior: A developmental taxonomy. *Psychological Review*, 100 (4), 674–701.

Reiss, K., Sälzer, C., Schiepe-Tiska, A., Klieme, E., & Köller, O. (Hrsg.). (2016). *PISA 2015. Eine Studie zwischen Kontinuität und Innovation.* Münster und New York: Waxmann.

Schiffauer, W. (2002). *Die Gewalt der Ehre. Erklärungen zu einem türkisch-deutschen Sexualkonflikt.* Frankfurt a. M.: Suhrkamp.

Tertilt, H. (1996). *Turkish Power Boys. Ethnographie einer Jugendbande.* Frankfurt a. M.: Suhrkamp.

Toprak, A. (2016). *Jungen und Gewalt. Die Anwendung der konfrontativen Pädagogik mit türkeistämmigen Jungen.* Wiesbaden: Springer.

Toprak, A. (2019). *Muslimisch, männlich, desintegriert. Was bei der Erziehung muslimischer Jungen schiefläuft.* Berlin: Ullstein-Buchverlage.

Toprak, A., & Nowacki, K. (2012). *Prinzen, Machos oder Verlierer? Ein Methodenhandbuch.* Freiburg i. Br.: Lambertus.

van Dieken, C., Rohrmann, T., & Sommerfeld, V. (2004). *Richtig streiten lernen. Neue Wege in der Konfliktbewältigung unter Kindern.* Freiburg i. Br.: Lambertus.

Prof. Dr. Ahmet Toprak, Dr. phil., Dipl.-Pädagoge, lehrt seit 2007 Erziehungswissenschaft an der Fachhochschule Dortmund, Fachbereich Angewandte Sozialwissenschaften. Seine Forschungs- und Interessengebiete sind: Migration, Integration, Geschlechterrollen und Geschlechterbilder im Kontext der Migration. Zuvor war er ca. zehn Jahre in der (Gewalt-)Präventionsarbeit beschäftigt.

Handlungsempfehlungen für die Praxis der Kinder- und Jugendhilfe – Ableitungen aus den Erkenntnissen der Befragung junger Männer mit und ohne internationale Geschichte zu geschlechtlicher und sexueller Vielfalt

Katja Nowacki, Silke Remiorz und Katja Sabisch

Grundlagen der Kinder- und Jugendhilfe in Deutschland

Im Folgenden werden wesentliche Grundlagen der Kinder- und Jugendhilfe in Deutschland skizziert, um die Einordnung der Maßnahmen und gesetzlich geregelten Aufgaben nachvollziehen zu können. Es sei darauf hingewiesen, dass das deutsche Hilfesystem mit dem Sozialgesetzbuch VIII bundesweit dieselbe Grundlage hat, es aber in der Umsetzung kommunale und regionale Unterschiede gibt (siehe u. a. Muss 2018; Nüsken 2008), die teilweise auf das föderale System und auf unterschiedliche finanzielle Situationen der Kommunen, die finanziellen Leistungsträger der Kinder- und Jugendhilfe, zurückzuführen sind. Im internationalen Vergleich sind die Unterschiede, auch aufgrund anderer gesetzlicher Bestimmungen und

K. Nowacki (✉) · S. Remiorz
Fachbereich Angewandte Sozialwissenschaften, Fachhochschule Dortmund, Dortmund, Deutschland
E-Mail: katja.nowacki@fh-dortmund.de

S. Remiorz
E-Mail: silke.remiorz@fh-dortmund.de

K. Sabisch
Fakultät für Sozialwissenschaft, Lehrstuhl Gender Studies, Ruhr-Universität Bochum, Bochum, Deutschland
E-Mail: katja.sabisch@rub.de

© Der/die Autor(en), exklusiv lizenziert an Springer Fachmedien Wiesbaden GmbH, ein Teil von Springer Nature 2022
K. Nowacki et al. (Hrsg.), *Junge Männer in Deutschland*, Edition Centaurus – Jugend, Migration und Diversity, https://doi.org/10.1007/978-3-658-39235-2_6

Strukturen des Wohlfahrtsstaates, noch größer (Simpson und Nowacki 2018). Deshalb ist es für konkrete Präventions- und Interventionsangebote immer relevant zu fragen, wie genau die regionale Verortung ist und welche konkreten Bedingungen vor Ort zu beachten sind.

Recht auf Förderung der Entwicklung

Jeder junge Mensch hat in Deutschland ein Recht auf die Förderung seiner Entwicklung und die Erziehung zu einer selbstbestimmten, eigenverantwortlichen und gemeinschaftsfähigen Persönlichkeit. Dies ist im Sozialgesetzbuch VIII (SGB VIII, auch Kinder- und Jugendhilfegesetz) in § 1 Abs. 1 festgehalten. Dabei sollen Maßnahmen getroffen werden, um individuelle und soziale Entwicklungen zu fördern und dazu beizutragen, Benachteiligungen zu vermeiden oder abzubauen und für eine gleichberechtigte Teilhabe am Leben in der Gemeinschaft zu sorgen (siehe § 1 Abs. 3 Nr. 1 und 2 SGB VIII).

Dazu stellen die überörtlichen (Landesjugendämter) und örtlichen Träger (städtische und Kreisjugendämter) der öffentlichen Jugendhilfe verschiedene Anlaufstellen und Hilfen zur Verfügung. Diese werden zu größeren Teilen an freie Träger, teilweise unter dem Dachverband der großen Wohlfahrtsverbände, delegiert, die dann zum Beispiel Jugendzentren, Beratungsstellen oder auch Angebote der ambulanten und stationären Erziehungshilfe vorhalten (siehe z. B. Jordan et al. 2015).

Empfänger*innen der Maßnahmen sind also zum einen Kinder und Jugendliche, die aufgrund unterschiedlicher Lebensbedingungen, wie zum Beispiel Armut, einer besonderen Unterstützung bedürfen, aber auch die Eltern und weitere Erziehungsberechtigte, wenn sie aufgrund struktureller und/oder individueller Gründe die Förderung ihres Kindes nicht umfangreich gewährleisten können. Grundsätzlich ist die staatliche Gemeinschaft in der Pflicht, für das Wohl der Kinder und Jugendlichen zu sorgen, wenn die Kernfamilie dies nicht leisten kann (Art. 6, Abs. 2 Grundgesetz). Zum anderen sollen Kinder und Jugendliche insgesamt adressiert werden und ihnen Anregungen zur Bildung und Entwicklung gegeben werden (§§ 11, 13, 13a SGB VIII).

Förderung der Gleichstellung der Geschlechter

Bei der Ausgestaltung von Leistungen und Erfüllung von Aufgaben der öffentlichen Jugendhilfe sollen nach § 9 Nr. 3 SGB VIII nicht nur die unterschiedlichen

Lebenslagen von Mädchen und Jungen berücksichtigt werden, sondern explizit nach der aktuellen Reform 2021 durch das Kinder- und Jugendstärkungsgesetz auch die von transidenten, nichtbinären und intergeschlechtlichen jungen Menschen; es ist ganz allgemein die Gleichberechtigung der Geschlechter zu fördern, ohne dies auf die klassische binäre Trennung zwischen männlich und weiblich zu reduzieren. Hier wurde in der Gesetzgebung die binäre Geschlechtereinteilung aufgelöst, was eine wichtige Grundlage für die Berücksichtigung von Diversität in der sozialen und pädagogischen Praxis schafft.

Aufgaben der offenen Kinder- und Jugendarbeit

Zur Förderung der Entwicklung aller Kinder und Jugendlichen sollen Angebote zur Verfügung gestellt werden, die sie zu gesellschaftlicher Mitgestaltung und sozialer Verantwortung anregen und dabei an ihre Interessen anknüpfen (§ 11 SGB VIII). Die Angebote umfassen neben der allgemeinen Beratung für Jugendliche u. a. auch Bildungs-, Erholungs- und Sportangebote. Träger der Maßnahmen können sowohl aus der öffentlichen als auch aus der freien Jugendhilfe kommen. Die Angebote finden zum Beispiel an festen Orten wie Jugendzentren oder Jugendbildungsstätten statt, können aber auch flexibler in Form aufsuchender Angebote wie mobiler Jugendarbeit oder Streetwork organisiert sein (siehe z. B. Deinet et al. 2021; Keppeler und Specht 2018). Hier können spezifische Angebote zur Förderung der Gleichstellung erfolgen und auch generell sollte eine tolerante und wertschätzende Haltung im Umgang, auch mit den Peers, vermittelt werden und bei spezifischen Diskriminierungen aufmerksam dagegen vorgegangen werden.

Jugendsozialarbeit und Schulsozialarbeit

Bei den Angeboten der Jugendsozialarbeit geht es um die spezifischere Förderung von Kindern und Jugendlichen, zum Ausgleich sozialer Benachteiligungen und zur Unterstützung bei der schulischen Bildung, der Eingliederung in den Arbeitsmarkt und die soziale Integration (§ 13 SGB VIII). Es sind also bereits Maßnahmen mit stärkerem Interventionscharakter für spezifischere Zielgruppen als die breiter ausgerichteten Angebote der offenen Kinder- und Jugendarbeit. Zusätzlich aufgenommen wurden im Rahmen der Reform des SGB VIII durch das Kinder- und Jugendstärkungsgesetz (siehe dazu z. B. Bundesverband katholischer

Einrichtungen und Dienste der Erziehungshilfe e. V. und Deutscher Caritasverband 2021) die explizit benannten Angebote der Schulsozialarbeit in § 13a SGB VIII, bei denen Angebote der Sozialpädagogik an Schulen bereitgestellt werden (siehe z. B. Speck 2020). Hier können durch die Einbindung in das öffentliche Bildungssystem Kinder und Jugendliche in einer bestimmten Altersgruppe fast vollständig durch Fachkräfte der Sozialen Arbeit erreicht werden. Die Angebote können dabei sowohl einen präventiven Ansatz haben und für kleinere und größere Gruppen vorgehalten werden als auch bei individuelleren Schwierigkeiten in der Schule, aber auch im Zuhause ansetzen. Hier können also auch, wie in der offenen Kinder- und Jugendhilfe, allgemeine Ansätze zur Arbeit an Gleichstellung und Antidiskriminierung zum Tragen kommen und es kann so noch spezifischer auf die individuellen Bedarfe von Kindern und Jugendlichen hinsichtlich schulischer und häuslicher Belastungen eingegangen werden. Eine Zusammenarbeit mit den Fachkräften der öffentlichen Träger der Jugendhilfe (Jugendamt) ist hier wichtig.

Angebote der Hilfen zur Erziehung

Neben niederschwelligen Angeboten wie sozialraumorientierten Angebotsstrukturen (§ 16 SGB VIII) sollen Maßnahmen der Hilfen zur Erziehung Familien bei ihrem Erziehungsauftrag unterstützen, insbesondere wenn das Wohl und die Entwicklung des Kindes oder Jugendlichen gefährdet ist. Das deutsche Kinder- und Jugendhilferecht sieht hier einerseits einen konkreten Maßnahmenkatalog von Hilfen vor, die ambulant, teilstationär und stationär konzipiert sein können (siehe auch Nowacki 2013). Es können aber auch verschiedene Kombinationen dieser Hilfen eingesetzt werden, wenn dies dem Bedarf im Einzelfall entspricht (§ 27, Abs. 2 SGB VIII).

Bei den *ambulanten Maßnahmen der Hilfen zur Erziehung* sollen Eltern oder weitere Erziehungsberechtigte unterstützt werden, ihre Kinder in der Entwicklung zu fördern und das Kindeswohl zu sichern. Dies kann zum Beispiel im Rahmen einer Sozialpädagogischen Familienhilfe nach § 31 SGB VIII erfolgen, bei der eine Fachkraft mit den Familienangehörigen in deren häuslichem Umfeld arbeitet. Fokus sind hier Erziehungsfragen, der Umgang der Eltern untereinander, Unterstützung im Kontakt mit der Schule und vieles mehr. Wichtig ist in diesem Zusammenhang eine annehmende Haltung der Fachkräfte für einen Dialog mit den Familien (Reichmann et al. 2021). Gerade in Bezug auf den Fokus auf die Eltern-Kind-Beziehung im Rahmen der ambulanten Hilfen zur Erziehung wird eine wichtige Grundlage für die sozio-emotionale Entwicklung gestärkt. Dies spielt auch im Hinblick auf die Geschlechtsidentitätsentwicklung eine Rolle (siehe auch Kap. Bindung und Männlichkeit in diesem Band). Nach der Reform des SGB VIII durch das Kinder- und Jugendstärkungsgesetz können verschiedene Maßnahmen der Hilfen zur Erziehung nach § 27 Abs. 2 SGB VIII auch kombiniert werden, wenn dies dem erzieherischen Bedarf des Kindes oder Jugendlichen entspricht. Damit kann zum Beispiel eine Fachkraft der Sozialpädagogischen Familienhilfe auch dann explizit weiter mit den Eltern arbeiten, wenn das Kind temporär stationär fremduntergebracht ist und durch diese Unterstützung das Ziel der Rückführung beispielsweise besser umgesetzt werden kann.

Die Fremdunterbringung kann im Rahmen *stationärer Angebote der Erziehungshilfe* zum Beispiel in einer Heimeinrichtung (§ 34 SGB VIII) erfolgen und hier entweder auf die Rückkehr zur Familie hinarbeiten, die Erziehung in einer anderen Familie vorbereiten oder auch eine auf längere Zeit angelegte Lebensform bieten. Ziel ist auch hier die Unterstützung des Kindes oder Jugendlichen in der Entwicklung und Beratung bei der allgemeinen Lebensführung (siehe auch Günder und Nowacki 2020). Gerade wenn die Eltern aus unterschiedlichen Gründen nicht so zur Verfügung stehen können, wie es für das Kind gut wäre, können die Fachkräfte eine wichtige Rolle als Bezugspersonen einnehmen und damit bedeutsam für die soziale und emotionale Entwicklung sein (Gahleitner 2017; Nowacki und Remiorz 2022; Remiorz und Nowacki 2018). Wie bereits in Kap. Bindung und Männlichkeit (in diesem Band) ausführlich dargelegt, ist dies auch für die Entwicklung der Geschlechtsidentität relevant. Außerdem können Angebote für die Kinder und Jugendlichen im Hinblick auf sexuelle und geschlechtliche Vielfalt gezielter bereitgestellt werden und ihre Bedarfe im Einzelnen konkreter in den Blick genommen werden.

Zusammenfassung Kinder- und Jugendhilfe im Hinblick auf Ansätze zur Förderung der Akzeptanz sexueller und geschlechtlicher Vielfalt

Angebote der Kinder- und Jugendhilfe sollen generell entwicklungsfördernd sein und Räume für Bildung, Austausch und Partizipation zur Verfügung stellen, um Kindern und Jugendlichen die Teilhabe am gesellschaftlichen Leben sowie den Übergang in den Arbeitsmarkt zu erleichtern. Hierzu gehört auch die Unterstützung im Umgang mit Familie und Gleichaltrigen (Peers), um soziale Teilhabe zu ermöglichen und Identitätsentwicklung zu fördern. Ggf. sind intensivere Hilfeformen notwendig, wenn aufgrund sehr unterschiedlicher Faktoren die Eltern oder andere Familienangehörige das Wohl und die Entwicklung des Kindes nicht angemessen fördern können. Im Rahmen von stationären Hilfen zur Erziehung müssen Fachkräfte, neben einer Unterstützung der Eltern, auch stärker selbst in die erzieherische Verantwortung gehen und die Auseinandersetzung der Kinder und Jugendlichen mit sich selbst und ihrem sozialen Umfeld – auf Basis einer vertrauensvollen Beziehung – steuern. Im Folgenden werden daher Handlungsansätze in der Arbeit mit Jugendlichen, Peers und ihren Bezugspersonen innerhalb und außerhalb der Herkunftsfamilie aufgezeigt, um dann im Weiteren die Haltung und Reflexivität von Fachkräften zu adressieren und abschließend gesamtgesellschaftliche Aufgaben und Strukturen zu skizzieren.

Handlungsansätze in der Arbeit mit Jugendlichen, ihren Peers und ihren Bezugspersonen innerhalb und außerhalb der Herkunftsfamilien

Aus der Befragung junger Männer mit und ohne internationale Geschichte des Projektes JUMEN wurde deutlich, dass die selbst eingeschätzte Qualität der Beziehungen zu Eltern und auch zu Peers einen bedeutsamen Einfluss auf die Identitätsentwicklung hat (siehe auch Kap. Bindung und Männlichkeit in diesem Band). Bindungsbeziehungen sind insgesamt von Belang für die soziale Entwicklung von Kindern und Jugendlichen und ein Schutzfaktor im Hinblick auf eine geringe psychische Belastung (für einen Überblick siehe auch Grossmann und Grossmann 2021). Daher ist die Förderung der Beziehungs- und Bindungsqualität zwischen Kindern, Jugendlichen sowie ihren primären Bezugspersonen und ihren Peers ein wichtiger Baustein im Hinblick auf ihre Geschlechterrollen, Geschlechtsidentität und auch eine insgesamt tolerante und wertschätzende Haltung im zwischenmenschlichen Kontakt. Darüber hinaus kann in Peer-Gruppen zusätzlich eine Aufklärung und Schulung im Hinblick auf sexuelle und geschlechtliche Vielfalt erfolgen (siehe dazu auch Kap. Herausforderungen und Handlungsempfehlungen für die geschlechterbezogene und diversitätssensible Jugendarbeit in diesem Band).

Förderung positiver Beziehungen zu Eltern und anderen primären Bezugspersonen, einschließlich Fachkräften der Kinder- und Jugendhilfe

Zum Aufbau organisierter und bestenfalls sicherer Bindungsmuster von Kindern (für eine kurze Einführung siehe Kap. Bindung und Männlichkeit in diesem Band) gibt es verschiedene evaluierte Programme, speziell zur Förderung der Feinfühligkeit von Bindungspersonen. Die verschiedenen Ansätze enthalten in der Regel Informationen für die Eltern bzw. anderen erwachsenen Bezugspersonen über die Bedürfnisse von Kindern, angeleitete Spiele sowie Feedback zu videografierten Interaktionssequenzen zwischen Bezugsperson und Kind. Darüber hinaus sind in vielen Programmen auch Elemente vorhanden, um die eigenen Bindungsmuster der erwachsenen Bezugspersonen zu reflektieren, da diese einen Einfluss auf den Umgang mit dem Kind haben. Ein Programm ist das „Steps Towards Effective and Enjoyable Parenting Program" (Egeland und Erickson 2004), kurz STEEP. Es wurde von der Arbeitsgruppe um Gerhard Suess für den deutschen Raum angepasst und weiterentwickelt und dient der Förderung der Eltern-Kind-Bindung (Suess et al. 2010). Es umfasst Hausbesuche von Trainer*innen, die durch videogestützte Interventionen den feinfühligen Umgang mit dem Kind versuchen zu verbessern und die Bindungsmuster der Eltern mit ihnen zu reflektieren und wurde auch im Rahmen Sozialpädagogischer Familienhilfen nach § 27 ff. SGB VIII eingesetzt. Eine ausführlichere Beschreibung und weitere Ansätze finden sich u. a. in Nowacki und Remiorz (2022).

Bei den verschiedenen Interventionen muss die Lebenslage der Familien eine Rolle spielen und neben der gezielten Bindungsförderung müssen auch Aspekte wie beispielsweise das Wohnumfeld, die Einkommens- und Bildungssituation, religiöse Haltungen und Fragen von Flucht- und Migration mitberücksichtigt werden, um ggf. belastende Hintergründe einzubeziehen und durch weitere Unterstützung die Lebenssituation zu verbessern.

Wenn die Situation in der Herkunftsfamilie absehbar nicht verbessert werden kann, erfolgen ggf. Unterbringungen der Kinder in stationären Hilfen zur Erziehung (Pflegefamilien und Heim). Wie bereits angesprochen können die dort tätigen Fachkräfte teilweise zu bedeutsamen Bezugs- und teilweise Bindungspersonen werden. Deshalb sollten auch hier Maßnahmen der Beziehungsförderung gezielter betrachtet werden, wie zum Beispiel eine konsequente Umsetzung des Bezugsbetreuungssystems (siehe z. B. Nowacki 2021). Darüber hinaus muss die Frage der professionellen Distanz der Fachkraft im Verhältnis zu den Bedürfnissen des Kindes oder Jugendlichen im Hinblick auf Nähe, Verlässlichkeit und Zuwendung abgewogen werden, wobei gleichzeitig das Verhältnis zu den familiären Bezugspersonen immer gut in den Blick genommen werden muss. Je nach Setting der Hilfe, insbesondere bei langfristig angelegten Hilfen z. B. in einer Pflegefamilie oder einer Heimeinrichtung, sollte ein mögliches Beziehungsbedürfnis der Kinder und Jugendlichen gegenüber den Fachkräften höher bewertet werden als die professionelle Abgrenzung. Selbstverständlich muss immer auch das Verhältnis zur Herkunftsfamilie betrachtet werden und da, wo es möglich ist, die Beziehung gefördert werden. Kinder im Säuglings- und Kleinkindalter benötigen in jedem Fall feinfühlige Versorgungsangebote von festen Bezugspersonen, die eben auch professionelle Fachkräfte sein können, da sie sonst massive psychische und soziale Entwicklungsbeeinträchtigungen erleiden. Dies wirkt sich wiederum negativ auf die Identitäts- und also auch die Geschlechtsidentitätsentwicklung aus.

Ein standardisiertes Programm zur Förderung der sicheren Bindungsentwicklung von Pflegekindern und damit verbundener Verbesserung der (Stress)hormone nach traumatischen Erlebnissen ist das sogenannte ABC-Training, entwickelt von Mary Dozier und ihrem Team an der Universität von Delaware, USA (Dozier et al. 2002). Hierbei steht das A für „Attachment (Bindung)", das B für „biobehaviorales" und das C für „catch-up (Aufholen)". Es wird davon ausgegangen, dass junge Kinder, deren Bedürfnisse massiv vernachlässigt wurden bzw. die angstmachenden, misshandelnden Situationen ausgesetzt waren, alternative Beziehungsangebote nicht ohne Weiteres annehmen können und sie auch vermehrten Stress auf der körperlichen, (stress)hormonellen Ebene zeigen. Deshalb muss besonders feinfühlig auf sie reagiert werden und abweisendes Verhalten in den Kontext der traumatisierenden Erfahrungen gesetzt werden (siehe ausführlich auch in Nowacki und Remiorz 2018). Von einer vergleichbaren Prämisse geht auch der traumapädagogische Ansatz aus, bei dem Verhaltensmuster von Kindern, insbesondere in der Fremdunterbringung, in den Bezugsrahmen früherer Erfahrungen gesetzt werden und auf die Zurverfügungstellung eines sicheren Schutzraumes mit verlässlichen Bezugspersonen Wert gelegt wird (Bausum et al. 2013).

Das ABC-Programm, das für Pflegeeltern konzipiert worden ist, kann auch mit Herkunftseltern durchgeführt werden (Caron et al. 2016). Außerdem ist denkbar, es bei Fachkräften in der Heimerziehung einzusetzen, wo noch sehr junge Kinder untergebracht sind. Auch wenn Kinder – insbesondere unter sechs Jahren – noch möglichst in familiäre Settings vermittelt werden sollten, so ist, wenn innerhalb des erweiterten Verwandtenkreises oder in einer Pflegefamilie keine Möglichkeiten bestehen, die Unterbringung in einer Heimgruppe denkbar (Nowacki und Remiorz 2018). Hier müssen dann entsprechende Rahmenbedingungen geschaffen werden, wie die Sicherstellung eines hohen Betreuungsschlüssels und fester Bezugspersonen, die dem Bindungsbedürfnis des Kindes nachkommen. Hier kann ein Training wie das ABC-Programm helfen, gezielt die Interaktionen zu reflektieren und das Kind zu unterstützen, das Beziehungsangebot trotz des möglicherweise zunächst misstrauischen Verhaltens anzunehmen. Für ältere Kinder gibt es weitere Programme, wie zum Beispiel die Entwicklungspsychologische Beratung, deren Konzept für Kinder im Alter von 4 bis 10 Jahren ausgeweitet wurde.

Hierbei soll den Bezugspersonen die kindliche Erlebnisperspektive nähergebracht werden, um damit die Beziehungsqualität zu verbessern und dabei die wachsende Autonomie des Kindes zu berücksichtigen (Gloger-Tippelt et al. 2014). Im Kontext der Hilfen zur Erziehung müssen bei der Umsetzung solcher Programme potenziell traumatisierende Erfahrungen zusätzlich berücksichtigt werden, da diese den Aufbau sicherer (Bindungs)beziehungen erschweren.

Viele der Interventionsansätze sind grundsätzlich für beide Elternteile ausgelegt, in der Praxis sind aber doch überwiegend Mütter involviert und auch im Kontext der Hilfen zur Erziehung sind mehr weibliche Fachkräfte beschäftigt. Hier ergibt sich die Frage, ob das Geschlecht der Hauptbezugsperson ausschlaggebend für die Geschlechtsidentitätsentwicklung ist. Interessanterweise kann dies in der Forschung nicht bestätigt werden. Wie in Kap. Bindung und Männlichkeit (in diesem Band) aufgezeigt, hing die als positiv eingeschätzte Beziehung zur Mutter deutlich mit allen erhobenen Skalen der Geschlechtsidentität im Projekt JUMEN zusammen, im Unterschied dazu war es bei den Vätern nur eine Skala. Die Qualität der Beziehung scheint also auch bei der Geschlechtsidentitätsentwicklung wichtiger zu sein als das Geschlecht der primären Bezugsperson und sollte schwerpunktmäßig gefördert werden.

Zusammenfassend kann festgehalten werden, dass die Förderung sicherer Bindungsbeziehungen zu erwachsenen Bezugspersonen wie Eltern, aber auch Fachkräften durch spezifische Interventionsprogramme sinnvoll sein kann, insbesondere wenn das Kind bereits ungünstige Erfahrungen gemacht hat oder die Bezugspersonen durch ihre eigene Geschichte verunsichert sind. Die Annahme ist, dass diese sicheren Bindungserfahrungen wichtig sind für die psychische und soziale Entwicklung und damit auch die (Geschlechts)identitätsentwicklung positiv beeinflussen. Neben den Eltern und anderen erwachsenen Bezugspersonen sind Peers (Gleichaltrige auf einem vergleichbaren Entwicklungsstand) ebenfalls bedeutsam für die Entwicklung in Kindheit und Jugend, worauf im Folgenden genauer eingegangen wird.

Ansätze von Peer-Involvement und positiven Peer-Beziehungen zur Förderung offenerer Einstellungen zu geschlechtlicher und sexueller Vielfalt

Ansätze von Peer-Involvement beziehen Gleichaltrige gezielt in Präventions- und Interventionsansätze mit ein. Hierbei können gemeinsam Problemlösestrategien für und in Interaktionen untereinander entwickelt werden, es können Beratungen aus der Perspektive der Gleichaltrigen stattfinden und z. B. im Rahmen einer spezifischen Form, der Peer-Education, kann gezielt Wissen durch Gleichaltrige vermittelt werden. Auch das informelle Lernen findet in Peer-Gruppen statt, z. B. das Erlernen des sozialen Umgangs unter Gleichaltrigen, aber auch neue Fähigkeiten, wie zum Beispiel das Musikmachen in einer Band (Heyer 2010; Heyer et al. 2012).

Bereits im Kindesalter ist die Einbeziehung von Peers in der frühkindlichen Bildung ein anerkannter Ansatz (z. B. Licandro und Lüdtke 2013; Perren et al. 2021). Auch für das Jugendalter, in dem die Peer-Beziehungen zunehmend an Bedeutung gewinnen (siehe ausführlich Kap. Bindung und Männlichkeit in diesem Band), werden Peer-Involvement Ansätze, wie oben beschrieben, als wichtig erachtet. Beispielhaft wird hier eine Interventionsstudie über „street boys" aus Istanbul genannt, in der gezielt Peer-Beziehungen eingesetzt werden, um die schwierige Lebenslage von auf der Straße lebenden Jugendlichen zu verbessern. Im konkreten Fall machen gleichaltrige Studierende ein Kontaktangebot, um als Peers leichter Vertrauen aufzubauen und dann Hilfen zur Verfügung zu stellen (Bademci et al. 2015).

Ansätze des Peer-Involvements können auch eingesetzt werden, um Jugendlichen die Thematik sexueller und geschlechtlicher Vielfalt näherzubringen. So können Begegnungen mit sich dem LSBTI*-Spektrum zuordnenden Jugendlichen ermöglicht werden, z. B. im Rahmen von offener Kinder- und Jugendarbeit, wie das in Kap. Herausforderungen und Handlungsempfehlungen für die geschlechterbezogene und diversitätssensible Jugendarbeit (in diesem Band) exemplarisch dargestellte Projekt „HeRoes – Gegen Unterdrückung im Namen der Ehre"[1]. Wie bereits in Kap. 3 (in diesem Band) beschrieben, können persönliche Kontakte ein erweitertes Verständnis und mehr Offenheit und Akzeptanz gegenüber Themen, die bisher fremd erschienen, fördern (Intergruppen-Kontakt Hypothese, Christ und Kauff 2019; siehe auch Allport 1954). Diese persönlichen Begegnungen zur Erweiterung von Wissen und einer offeneren Einstellung können auch im Kontext der stationären Kinder- und Jugendhilfe erfolgen. Bedeutsam scheint allerdings, dass diese Begegnungen, wenn sie in einem einmalig organisierten Workshop stattfinden, möglicherweise nicht ausreichend sind, um Homonegativität zu reduzieren, und dass Begegnungen daher regelmäßiger stattfinden müssen (Zmyj und Wehlig 2019).

Wichtig ist, insgesamt sensibel mit dem Thema des (Zwangs-)Outings umzugehen und Jugendliche nicht zu drängen, die eigene nicht-heteronormative sexuelle Orientierung gegenüber anderen bekannt zu machen, um als „Vorbild" für andere Jugendliche zu dienen („Hier kannst du doch erzählen, dass du schwul

---

[1] HeRoes Duisburg, https://www.heroes-net-duisburg.de/konzept/projektbeschreibung/

bist, wir sind doch alle verständnisvoll und fänden das so mutig"). Hierbei werden zum einen mögliche Vorbehalte anderer Jugendlicher, aber auch weiterer Personen z. B. aus deren Familien oder weiterer Fachkräfte nicht genügend bedacht. Zum anderen sollten Jugendliche auch nicht auf die Zugehörigkeit zum LSBTI*-Spektrum als vermeintlich wesentlichem Merkmal ihrer Person reduziert werden. Im Zweifel kann es sinnvoll sein, sich im Vorfeld mit Fachkräften, die sich auf die Thematik spezialisiert haben (z. B. von der NRW-Fachberatungsstelle sexuelle Vielfalt und Jugendarbeit „gerne anders"[2]), kurzzuschließen, da hier neben dem Zurverfügungstellen von Informationsmaterial auch Unsicherheiten bzgl. des Umgangs mit dem Thema (Umgang mit Outing, Bewertungsprozesse, Unklarheiten über Diskriminierungen) angesprochen werden können. Dies gilt auch für die Arbeit mit jungen Geflüchteten, die aufgrund ihrer LSBTI*-Zugehörigkeit in Deutschland Asyl suchen. Gerade auch hier ist eine erhöhte Sensibilisierung notwendig (Remiorz et al. 2019).

Bei den Prozessen im Umgang mit sexueller und geschlechtlicher Vielfalt ist neben der Informationsweitergabe, Aufklärung und Begegnung auch die Beziehung – neben denen zu erwachsenen Bezugspersonen – auch zu Gleichaltrigen wichtig. Wertschätzende Interaktionen fördern ein tolerantes Miteinander und damit eine Offenheit gegenüber Diversität. Wie in Kap. Bindung und Männlichkeit (in diesem Band) herausgearbeitet, ist die Beziehung zu den Peers allgemein ein wichtiger Schutzfaktor für die Entwicklung der Geschlechtsidentität insgesamt und gleichzeitig ein Risiko. Denn wenn die Beziehung zu den Gleichaltrigen als negativ eingestuft wird, ist insbesondere der Anpassungsdruck an geschlechtertypisches Verhalten (z. B. „Jungen sind extravertierter als Mädchen und können sich besser durchsetzen") bei den Jugendlichen aus ihrer Sicht besonders hoch. Dieser Anpassungsdruck, der gerade auch durch Peers vermittelt wird, kann sich negativ auf psychisches Wohlbefinden auswirken, insbesondere wenn sich der*die Jugendliche selbst als nicht-geschlechtstypisch einordnet. Dies gilt insbesondere für männliche Jugendliche, die den höheren Status ihres Geschlechts eher versuchen aufrecht zu erhalten (siehe Gildemeister und Robert 2008; Kap. Bindung und Männlichkeit in diesem Band). Hier kann im Rahmen z. B. von Peer-Involvement Wissen und Erfahrung über die Vielfältigkeit auch des männlichen und weiblichen Geschlechts und ihre Geschlechtsidentität durch Jugendliche selbst vermittelt werden („Mädchen sind genauso durchsetzungsfähig wie Jungen, die wiederum auch schwache Seiten haben"), aber auch Fachkräfte der Kinder- und Jugendhilfe können z. B. im Rahmen eines Jugendzentrums oder

---

[2] www.gerne-anders.de

auch der Schulsozialarbeit breit aufgestellte Präventionsangebote vorhalten („Entdecken der unterschiedlichen Seiten in sich selbst, unabhängig von Geschlecht; Räume schaffen, über die eigene (Geschlechts)identität nachzudenken u. Ä."). Bei der Arbeit mit den Jugendlichen im Hinblick auf sexuelle und geschlechtliche Vielfalt sollten beeinflussende Faktoren, wie die Einstellung in ihren Familien, im Falle von internationaler Geschichte auch von Gesetzesgrundlagen im Herkunftsland (z. B. Verbot von Homosexualität), aber auch die Religiosität berücksichtigt werden. Insbesondere Religiosität spielte in der JUMEN-Studie eine wichtige Rolle zur Erklärung von Einstellungsunterschieden zu LSBTI* (siehe auch Kap. Einstellungen junger Männer zu sexueller und geschlechtlicher Vielfalt. Herausforderungen und Implikationen in diesem Band). Ahmet Toprak (Kap. Soziale Arbeit mit türkeistämmigen Jungen – eine Annäherung am Beispiel von gewaltbereiten Jungen und jungen Männern in diesem Band) empfiehlt Fachkräften, die mit türkeistämmigen männlichen Jugendlichen arbeiten, mit einem eher autoritären Stil zu beginnen, um von ihnen ernst genommen zu werden. Bei erworbenem Respekt können dann alternative Denkweisen angeboten und diskutiert werden, um somit zu einer Haltungsänderung beizutragen.

Neben spezifischen Schulungsangeboten durch Fachkräfte oder Peers sollten außerdem ganz allgemein positive Beziehungen zwischen den Gleichaltrigen gefördert werden. Hierbei helfen frühe sichere Beziehungs- und Bindungserfahrungen mit Eltern oder anderen primären Bezugspersonen, inklusive soziale und pädagogische Fachkräfte, da hierdurch bereits positive Arbeitsmodelle von Bindung entwickelt werden konnten (s. o.). Die primären Bezugspersonen sind auch wichtig, um soziale Kontakte zu Gleichaltrigen, den verschiedenen Entwicklungsstufen angepasst, zu initiieren, zu unterstützen und zu akzeptieren. Im frühen Kindesalter ist der Besuch von Spielgruppen, des Kindergartens und die Förderung von weiteren Kontakten noch primär die Aufgabe den Eltern oder auch der Fachkräfte der Jugendhilfe, z. B. in stationären Angeboten der Erziehungshilfe. Mit zunehmendem Alter werden eher die Rahmenbedingungen zur Verfügung gestellt und die Interaktionserfahrungen der Kinder und Jugendlichen bei Bedarf reflektiert und unterstützt.

Auch in Angeboten der Schule, unterstützt oder primär initiiert durch die Schulsozialarbeit, sollten soziale Interaktionen und wertschätzender Umgang untereinander ein zentrales Thema sein. Hier können spezielle Projektwochen, aber auch Unterrichtseinheiten den Rahmen bieten. Auch Streitschlichter*innenprogramme an Schulen, als Peer-Involvement Ansatz (Heyer et al. 2012), fördern positive Konfliktlösestrategien unter Gleichaltrigen. Dies kann in weiterführenden (Aus)bildungsprogrammen im Rahmen der Jugendförderung aufgegriffen werden. Im Rahmen der offenen Kinder- und Jugendarbeit ist die

Ermöglichung von Begegnungen mit Gleichaltrigen aufgrund der Gruppensettings und der breit zugänglichen, niederschwelligen Angebote mehr oder weniger ein zentrales Element. Hier können in den Alltagsbegegnungen Unterstützungen bei Konflikten durch die Fachkräfte, aber auch durch die Jugendlichen selbst erfolgen und, wie auch in der Schule, spezifische Angebote zur Förderung des sozialen Miteinanders erfolgen.

Je nach Setting können mehr oder weniger explizit pädagogische und beraterische Methoden zum Einsatz kommen, um Beziehungen einschätzen zu lernen, die Erfahrungen im Miteinander verarbeiten zu können und Konfliktlösestrategien zu erweitern. Beispielsweise können Übungen zum Perspektivwechsel eingesetzt werden („wie würde ich mich fühlen, wenn ich dasselbe erlebt hätte wie der andere Jugendliche aus der Einrichtung") oder das Formulieren von Ich-Botschaften bei schwierigen Auseinandersetzungen („Ich habe das Gefühl gehabt, dass du keine Lust mehr auf Treffen mit mir hast, seitdem ich so oft zum Fußballtraining gehe. Ich fänd' es aber super, wenn wir uns weiterhin sehen könnten, und würde mir auf jeden Fall dafür einen Abend freihalten"). Ein wertschätzender, toleranter Umgang auch im Sinne humanistischer Ansätze (z. B. Rogers 1973/2018) sollte insgesamt gefördert werden, um auch in Konfliktsituationen konstruktiv agieren zu lernen. Beziehungen unter Gleichaltrigen sollte Raum gegeben werden und sie sollten begleitet werden, wenn es zu Schwierigkeiten kommt. In Peergruppen kann auch das soziale Miteinander gezielt unterstützt werden, entweder explizit durch soziale und pädagogische Methoden oder auch durch weitere Medien, wie beispielsweise Musik (Förderung der Entwicklung durch Musik und Bands). Eine Studie aus Taiwan hat positive Auswirkungen von Musiktherapie auf die Peer-Beziehung, insbesondere bei Jugendlichen mit Depressionen nachgewiesen (Chen et al. 2019) und bereits Hill (2002) konnte einen positiven Einfluss von jugendlichen Bands auf die soziale Entwicklung feststellen. Musikangebote können also einen Ansatz bei der Förderung von Peer-Beziehungen auch bei psychischen Belastungen darstellen und sich damit ebenfalls indirekt förderlich auf die (Geschlechts)identitätsentwicklung auswirken. Dies gilt auch für Sportangebote und andere Aktivitäten im Rahmen der Kinder- und Jugendhilfe, aber auch im Rahmen von freien Vereinsaktivitäten, bei denen Jugendliche viel im Kontakt miteinander sind.

Zusammenfassend kann festgehalten werden, dass die Förderung der Beziehung zu den Peers mit zunehmendem Alter bedeutsam ist für die (Geschlechts)identitätsentwicklung und dies in unterschiedlichen Settings der Kinder- und Jugendhilfe umgesetzt werden kann. Gerade im Hinblick auf evaluierte Interventionsprogramme ist die Förderung der Beziehung zu den Peers noch nicht so stark erforscht, hier müssen noch stärker individuelle Föransätze zum

Tragen kommen. Ansätze von Peer-Involvement und spezifischer Peer-Education sind bereits weit verbreitet und können zum Beispiel im Rahmen der Förderung von Offenheit gegenüber geschlechtlicher und sexueller Vielfalt zum Einsatz kommen.

Handlungsansätze in der Kinder- und Jugendhilfe im Hinblick auf sexuelle und geschlechtliche Vielfalt: strukturelle Grundlagen und Schulung von Fachkräften

Soziale Arbeit soll u. a. bei der Bildung von Persönlichkeit unterstützen (Groß 2021), also auch bei der Entwicklung der Geschlechtsidentität, und sollte daher Vielfalt fördern und die Gleichstellung von jungen Menschen im Hinblick auf sexuelle und geschlechtliche Vielfalt in den Einrichtungen der Kinder- und Jugendhilfe umsetzen. Hierfur gibt es bereits, wie oben geschildert, die gesetzliche Grundlage in § 9 Nr. 3 des SGB VIII, in dem insgesamt die Förderung der Geschlechter und nicht mehr nur die der Mädchen und Jungen gefordert wird. In der Praxis sind viele Angebote und Einrichtungen noch stark geschlechtlich binär gestaltet (Groß 2021). Das kann z. B. im Rahmen der offenen Kinder- und Jugendhilfe die Frage aufwerfen, wer zu einem Freizeitangebot zugelassen wird, wenn sich dieses explizit an Mädchen richtet. So schildert Busche (2021) den Fall von zwei äußerlich von den meisten Menschen als Jungen zugeordneten Kindern, die von sich selbst sagten, „manchmal Mädchen […] sein [zu] wollen" (S. 86), und deren Bitte, zu einem mädchenspezifischen Angebot zugelassen werden zu wollen. Dies wirft Fragen auf, inwiefern Schutzräume und geschlechtsspezifische Bedarfe zum einen berücksichtigt werden müssen und zum anderen individuelle Bedarfe und eine Offenheit für sexuelle und geschlechtliche Vielfalt eine wichtige Rolle spielen (Busche 2021).

Die Antwort ist sicherlich nicht immer pauschal und einfach, sondern es bedarf eines geschärften Bewusstseins und des Infragestellens bisheriger – binärer – Ordnungen, ohne darüber deren identitäts- und haltgebende Funktion für die Einzelnen vollkommen infrage zu stellen.

In der (offenen) Kinder- und Jugendhilfe muss aber ein Diskurs beginnen bzw. intensiver fortgesetzt werden, ob geschlechtersensible Angebote, wie z. B. Mädchen- und Jungentage, nicht häufig stereotype Rollen und Zuschreibungen verstärken und darüber die binäre Geschlechterkonstruktion verfestigt wird (siehe dazu auch Kap. Herausforderungen und Handlungsempfehlungen für die geschlechterbezogene und diversitätssensible Jugendarbeit in diesem Band). Das bedeutet selbstverständlich nicht, dass ein Wellnesstag mit Schminkangebot grundsätzlich verwerflich ist, aber die Zuordnung, wer an diesem Tag teilnimmt, sollte offener nach Vorlieben erfolgen und sich nicht automatisch auf die Mädchen begrenzen. Angebote der Sozialen Arbeit sollen neue Denkmuster anregen und eine offenere Auseinandersetzung mit Vorlieben, vermeintlich typischen Eigenschaften etc. unterstützen. Busche (2021) spricht in diesem Zusammenhang von der Notwendigkeit eines postheteronormativen pädagogischen Ansatzes, in dem unterschiedliche geschlechtliche und sexuelle Realitäten in der Kinder- und Jugendhilfe angenommen werden und konzeptionell verankert sind.

Auch in den stationären Erziehungshilfen spielt sexuelle und geschlechtliche Vielfalt eine wichtige Rolle. Es reicht nicht aus, eine Jugendliche, die sich im Gespräch mit ihrer Betreuerin als lesbisch outet, an den schwulen Kollegen der Nachbargruppe zu verweisen (siehe auch Remiorz 2021). Hier wäre es günstiger, im Falle einer eigenen Unsicherheit erst einmal selbst mit dem Kollegen ins Gespräch zu gehen oder andere Möglichkeiten in der Einrichtung zu nutzen (Fortbildungen, Informationsmaterial), um von vornherein offener mit dieser Thematik umgehen zu können. Sonst erfolgt eine Kategorisierung des Andersseins und damit der Etikettierung. Die gemeinsame Basis des sich als schwul einordnenden Mitarbeiters für das sich outende lesbische Mädchen besteht vermutlich im Wesentlichen aus Angst vor oder tatsächlichen Diskriminierungserfahrungen und Verunsicherungen gegenüber nicht-heterosexueller Präferenz. Gerade im Bereich der Heimunterbringung sind die Kinder und Jugendlichen damit konfrontiert, nicht „normal" nicht in einer Familie zu leben (Remiorz und Nowacki 2018), sie haben teilweise eine Fluchtgeschichte, eine Teilnahmebeeinträchtigung oder größere schulische Schwierigkeiten. Damit sind sie im Sinne der Intersektionalitätstheorie bereits einem erhöhten Risiko von Diskriminierung und Beeinträchtigung der gesellschaftlichen Teilhabe ausgesetzt (Remiorz 2021). Daher ist es besonders wichtig, dass die Fachkräfte auf die Förderung einer offenen, nicht-sexistischen, aber selbstverständlich auch nicht-rassistischen Haltung achten und dies selbst vorleben.

Dafür müssen die Fachkräfte selbst unterstützt werden, eigene Rollenbilder zu hinterfragen und Unsicherheiten zu erkennen. Es sollte die Reflexivität gestärkt werden (Groß 2019) und das Bewusstsein über die eigene Haltung und Annahme von Heteronormativität und Heterosexualität als „normal" geschärft werden. Hierzu bedarf es spezifischer Schulungen und Supervisionsangebote, die es den Fachkräften ermöglichen, die eigenen Annahmen zu hinterfragen (siehe auch Kap. Herausforderungen und Handlungsempfehlungen für die geschlechterbezogene und diversitätssensible Jugendarbeit in diesem Band). Nur wenn es ein Bewusstsein über die eigenen Grenzen gibt und versucht wird, diese zu erweitern, können Kinder und Jugendliche wiederum unterstützt werden.

Eine somit erreichte Offenheit für sexuelle und geschlechtliche Vielfalt kann durch Sprache, Symbole und Angebote verdeutlicht werden. Dies kann sich in konkreten Formulierungen verdeutlichen, bei denen Fachkräfte aufgrund eines intersektionalen Blickes Mehrfachzugehörigkeiten von Jugendlichen berücksichtigen und z. B. nicht fragen, ob eine Jugendliche einen Freund hat, sondern eine neutralere Formulierung wählen wie „Bist du verliebt?" (Baier und Nordt 2021, S. 92). Auch die Verwendung der Regenbogenflagge als Symbol der queeren Community kann Jugendlichen ein Signal für Offenheit in Bezug auf sexuelle und geschlechtliche Vielfalt geben (siehe auch Remiorz et al. 2019). Die Einrichtung einer Mediensammlung mit LSBTI*-Themen, zugängliche Flyer und Materialien für Jugendliche u. Ä. können darüber hinaus hilfreich sein, um die Offenheit zu signalisieren (Baier und Nordt 2021). Insgesamt sollte eine Sensibilisierung von Fachkräften für sexuelle und geschlechtliche Vielfalt gefördert werden (Remiorz et al. 2019).

Zusammenfassend kann festgehalten werden, dass es gezielter Schulung und Unterstützung von Fachkräften sowie der strukturellen Überarbeitung von Konzepten und Angeboten hin zu einer größeren Offenheit und Akzeptanz sexueller und geschlechtlicher Vielfalt bedarf, um Kinder und Jugendliche angemessen zu unterstützen.

Dies ist insofern hochbedeutsam, als die Fachkräfte in den verschiedenen Einrichtungen der Kinder- und Jugendhilfe wichtige Ansprechpersonen bis hin zu Beziehungs- und teilweise Bindungspersonen werden (s. o.). Wie Gahleitner (2017) in ihren verschiedenen Studien zeigen konnte, ist das Beziehungsangebot, auch von Fachkräften der Sozialen Arbeit, ein wichtiger Wirkfaktor in der Arbeit. Damit sind diese gefragt, die Beziehung zu den Kindern und Jugendlichen akzeptierend und wertschätzend zu gestalten und hier die Offenheit für sexuelle und geschlechtliche Vielfalt mitzuberücksichtigen und ggf. über eigene, tradierte Werte und Vorstellungen hinauszugehen. Sie sind auch Vorbilder für einen offenen Umgang im Miteinander und eine diverse Mitarbeiter*innenschaft macht zum einen die Offenheit des Trägers deutlich und bietet zum anderen Vorbilder für queere Jugendliche.

Förderung sexueller und geschlechtlicher Vielfalt als gesamtgesellschaftliche Aufgabe

Wie sich aus den gesamten Analysen des Projektes JUMEN, aber auch aus den Ausführungen aller in diesem Sammelband enthaltenen Beiträge ergibt, ist die

Förderung einer offenen und toleranten Haltung zu sexueller und geschlechtlicher Vielfalt und das Hinterfragen stereotypischer Geschlechterbilder eine gesamtgesellschaftliche Aufgabe. Statt der Frage, welche Personengruppen stärkere Vorbehalte gegenüber nicht-heteronormativer Sexualität und nicht-binärer, ggf. vom Geburtsgeschlecht abweichender Identität zeigen oder konservativere Frauenbilder haben, sind vielmehr Ursachen sowohl auf persönlicher als auch auf struktureller Ebene zu eruieren. Im Folgenden sollen abschließend noch einige Empfehlungen für strukturelle Veränderungen gegeben werden, um mehr Toleranz und Offenheit gesamtgesellschaftlich zu fördern.

Abbau sozialer Ungleichheit insbesondere für junge Menschen mit internationaler Geschichte

Trotz des öffentlich geförderten, differenzierten Bildungssystems in Deutschland gibt es weiterhin ungleiche Chancen im Bildungsaufstieg (El-Mafaalani 2020). Für Menschen, die aufgrund von Armut oder kriegerischen Auseinandersetzungen nach Deutschland fliehen mussten, ist es häufig schwierig eine Arbeitserlaubnis zu bekommen und Bildungsabschlüsse aus dem Ausland anerkennen zu lassen. Verbesserungen der Chancen auf dem Arbeitsmarkt und damit verbundene bessere Aussichten für gesicherte Lebensumstände sind ein wesentlicher Bestandteil der sozialen Integration in die deutsche Mehrheitsgesellschaft. Junge Menschen mit internationaler Geschichte, die aktuell nach Deutschland – mit und ohne Familie – fliehen mussten, haben in einer unserer vorhergehenden Befragungen deutlich gemacht, dass sie hoch bildungsaffin sind und Deutschland aufgrund seiner gerechten Gesetzeslage sehr schätzen (Nowacki et al. 2018).

Toprak weist auf die Bedeutung von Anerkennung bei türkeistämmigen Jugendlichen hin (siehe Kap. Soziale Arbeit mit türkeistämmigen Jungen – eine Annäherung am Beispiel von gewaltbereiten Jungen und jungen Männern in diesem Band) und fordert, diese möglichst im schulischen und beruflichen Kontext zu erreichen. Wenn dies schwierig ist, sollten Alternativen zum Erleben von Erfolg (z. B. Musikangebote und andere Freizeitmöglichkeiten) geschaffen werden.

Die Idee ist, dass es durch die Ermöglichung von Anerkennung und Erfolg bei jungen Menschen in sozial schwierigen Lebenslagen zu einer Verbesserung ihrer persönlichen Situation und damit dem möglichen Abbau von Belastungen kommt und dies gesamtgesellschaftlich wertvoll ist.

Geschlechterbilder und Geschlechterrollen

Trotz der Gleichstellung von Männern und Frauen im Grundgesetz gibt es in Deutschland weiterhin Benachteiligungen von Frauen. So können im Schnitt weiterhin Einkommensunterschiede zwischen den Geschlechtern nachgewiesen werden, der sogenannte Gender-Pay-Gap, der unter anderem auch auf die noch eher traditionelle Verteilung der Care-Aufgaben in Familien zurückgeführt werden kann (Bundesministerium für Familie, Senioren, Frauen und Jugend 2021). Auch wenn in den letzten Jahren Männer stärker im Bereich der Haushaltsführung und Kinderversorgung unterstützen, wird der überwiegende Teil dieser Aufgaben weiterhin von Frauen ausgeführt (siehe Kap. Antinomische Egalisierung – Einstellungen junger Männer in Deutschland zu Gleichberechtigung und Gleichstellung der Geschlechter in diesem Band). Öffentliche und private Betreuungsangebote sind gerade für Kinder unter drei Jahren noch immer nicht flächendeckend vorhanden oder auch im Bereich der Ganztagsgrundschule noch nicht bedarfsdeckend umgesetzt, was die Arbeitszeitreduktion – häufig von Frauen – zur Versorgung der Kinder notwendig macht (Bundesministerium für Familie, Senioren, Frauen und Jugend 2021). Damit sollte gesamtgesellschaftlich kritisch betrachtet werden, dass die Geschlechtergleichstellung (noch) nicht realisiert ist und eine Geschlechterdiskriminierung nicht einseitig marginalisierten Gruppen mit internationaler Geschichte zugeschrieben werden sollte.

Gesetzliche Implementierungen

Eine wichtige Voraussetzung zur Akzeptanz von Diversität und Gleichstellung sind gesetzliche Grundlagen. Dies wurde zum Beispiel auch im Projekt JUMEN von jungen Männern mit internationaler Geschichte betont, die eine Akzeptanz zum Beispiel von Geschlechtergleichstellung und LSBTI* Personen aufgrund der Gesetzeslage in Deutschland begründeten (Remiorz et al. in Druck).

Durch verschiedene aktuelle Gesetzesänderungen im Bereich sexueller und geschlechtlicher Vielfalt sind z. B. im Bürgerlichen Gesetzbuch die seit 2018 mögliche Eheschließung gleichgeschlechtlicher Partner*innen oder auch im Sozialgesetzbuch VIII die in 2021 in Kraft getretene Aufnahme von transidenten, nichtbinären und intergeschlechtlichen jungen Menschen in die Berücksichtigung der Lebenssituation bei Maßnahmen der Kinder- und Jugendhilfe in § 9, S. 3 wichtige Schritte zur Förderung der Offenheit. Dagegen ist eine Aufnahme des Verbots der Diskriminierung aufgrund von geschlechtlicher und sexueller Vielfalt in Artikel 3 Abs. 3 des Grundgesetzes bisher nicht umgesetzt worden. Die explizite Nennung in der zentralen Gesetzgebung der Bundesrepublik Deutschland wäre ein wichtiges Zeichen für mehr Offenheit und Toleranz. Darüber hinaus sollte eine nicht-binäre Nennung von Personen (z. B. mit „*") offiziell Eingang in Dokumente und den Sprachgebrauch finden, um hier ein Bewusstsein für Vielfältigkeit zu schaffen.

Es lässt sich festhalten, dass auch strukturelle und gesetzliche Rahmenbedingungen wichtig für die Förderung der Toleranz gegenüber geschlechtlicher und sexueller Vielfalt von Einzelnen und Gruppen innerhalb unserer Gesellschaft sind.

Literatur

Allport, G. W. (1954). *The nature of prejudice*. Reading, MA: Addison Wesley Publishing Company.
Bademci, H. Ö., Karadayi, E. F., & de Zulueta, F. (2015). Attachment intervention through peer-based intervention: Working with Istanbul´s street boys in a university setting. *Children and Youth Services Review*, 49, 20–31.
Baier, F., & Nordt, S. (2021). Vielfalt stärken und schützen. Queer-inklusives pädagogisches Handeln in der Kinder- und Jugendhilfe. *Sozial Extra*, 2, 90–94.
Bausum, J., Besser, L.U., Kühn, M., & Weiß, W. (Hrsg.) (2013). *Traumapädagogik: Grundlagen, Arbeitsfelder und Methoden für die pädagogische Praxis*. Weinheim: Beltz Juventa.
Bundesministerium für Familie, Senioren, Frauen und Jugend (2021). *3. Gleichstellungsbericht der Bundesregierung. Digitalisierung Geschlechtergerecht gestalten*. Abgerufen am 17.1.2022 unter: https://www.bmfsfj.de/bmfsfj/ministerium/berichte-der-bundesregierung/dritter-gleichstellungsbericht?view=.
Bundesverband katholischer Einrichtungen und Dienste der Erziehungshilfe e. V. und Deutscher Caritasverband (2021). *SGB VIII. Kinder- und Jugendhilfe nach der Reform durch das KJSB*. Freiburg i. B.: Lambertus.
Busche, M. (2021). Next Stop: Postheteronormativität. Neue Reflexionsimpulse zum Thema Geschlechter-, Sexualitäts- und Beziehungsvielfalt für die offene Kinder- und Jugendarbeit. *Sozial Extra*, 2, 85–89. https://doi.org/10.1007/s12054-021-00366-y.
Caron, E. B., Weston-Lee, P., Haggerty, D., & Dozier, M. (2016). Community implementation outcomes of Attachment and Biobehavioral Catch-up. *Child Abuse & Neglect*, 53, 128–137. https://doi.org/10.1016/j.chiabu.2015.11.010.
Chen, C.-J., Chen, Y.-C., Ho, C.-S., & Lee, Y.-C. (2019). Effects of preferred music therapy on peer attachment, depression, and salivary cortisol among early adolescents in Taiwan. *Journal of Advanced Nursing*, 75(9), 1911–1921. https://doi.org/10.1111/jan.13975.
Christ, O., & Kauff, M. (2019). Intergroup contact theory. In K. Sassenberg & M. L. W. Vliek, (Hrsg.), *Social psychology in action* (S. 145–161). Berlin: Springer.
Deinet, U., Sturzenhecker, B., von Schwanenflügel, L., & Schwerthelm, M. (Hrsg.). (2021), *Handbuch Offene Kinder- und Jugendarbeit*. Wiesbaden: Springer VS.

Dozier, M., Dozier, D., & Manni, M. (2002). Attachment and Biobehavioral catch-up: The ABC's of Helping Infants in Foster Care cope with early adversity. *Zero to Three Bulletin*, 22, 7–13.

Egeland B., & Erickson, M. F. (2004). Lessons from STEEP: Linking theory, research, and practice for the well-being of infants and parents. In A. J. Sameroff, S. C. McDonough & K. L. Rosenblum (Hrsg.), *Treating parent-infant relationship problems: strategies for intervention* (S. 213–242). New York: Guilford Press.

El-Mafaalani, A. (2020). Sphärendiskrepanz und Erwartungsdilemma. Migrationsspezifische Ambivalenzen sozialer Mobilität. In J. Reuter, M. Gamper, C. Möller & F. Blome (Hrsg.), *Vom Arbeiterkind zur Professur* (S. 67–88). Bielefeld: transcript.

Gildemeister, R., & Robert, G. (2008). *Geschlechterdifferenzierungen in lebenszeitlicher Perspektive. Interaktion – Institution – Biografie.* Wiesbaden: VS.

Gloger-Tippelt, G., Ziegenhain, U., Künster, A. K., & Izat, Y. (2014). Entwicklungspsychologische Beziehungstherapie (EBT) 4–10 – Ein bindungsorientiertes psychotherapeutisches Modul zur Förderung der Beziehung zwischen Eltern und ihren Kindern im Vor- und Grundschulalter. *Psychotherapie Forum*, 19, 50–59. https://doi.org/10.1007/s00729-014-0015-2.

Gahleitner, S. B. (2017). *Soziale Arbeit als Beziehungsprofession. Bindung, Beziehung und Einbettung professionell ermöglichen.* Weinheim: Beltz Juventa.

Groß, M. (2021). Die ‚Dritte Option'. Gendertrouble im Gefüge des Sozialen und die Herausforderungen für die Soziale Arbeit. In K. Niedenthal & M. Groß (2021), *Geschlecht: divers: Die ‚Dritte Option' im Personenstandsgesetz, Perspektiven für die Soziale Arbeit* (S. 45–60). Bielefeld: transcript Verlag.

Groß, M. (2019). Zur Reflexivität von Fachkräften. Rassismuskritik als Bedingung professioneller Sozialer Arbeit. In K. Nowacki & S. Remiorz (Hrsg.), *Junge Geflüchtete in der stationären Jugendhilfe. Chancen und Herausforderungen der Integration* (S. 155–167). Wiesbaden: Springer VS.

Grossmann, K., & Grossmann, K. E. (2021). *Bindungen- das Gefüge psychischer Sicherheit.* Stuttgart: Klett-Cotta.

Günder, R., & Nowacki, K. (2020). *Praxis und Methoden der Heimerziehung.* Freiburg i. Br.: Lambertus.

Heyer, R. (2010). Peer-Education – Ziele, Möglichkeiten und Grenzen. In M. Harring, O. Böhm-Kasper, C. Rohlfs & C. Palentien (Hrsg.), *Freundschaften, Cliquen und Jugendkulturen. Peers als Bildungs- und Sozialisationsinstanz* (S. 407–422). Wiesbaden. Springer VS.

Heyer, R., Palentien, C., & Gürlevik, A. (2012). Peers. In U. Bauer, U. H. Bittlingmayer & A. Scherr (Hrsg.), *Handbuch Bildungs- und Erziehungssoziologie* (S. 983–999). Wiesbaden: Springer VS.

Hill, B. (2002). Musik als Medium in der Jugendarbeit. In R. Müller, P. Glogner, S. Rhein & J. Heim (Hrsg.), *Wozu Jugendliche Musik und Medien gebrauchen. Jugendliche Identität und musikalische und mediale Geschmacksbildung* (S. 195–207). Weinheim: Juventa.

Jordan, E., Maykus, S., & Stuckstätte, E. C. (2015). *Kinder- und Jugendhilfe. Einführung in Geschichte und Handlungsfelder, Organisationsformen und gesellschaftliche Problemlagen.* Weinheim: Beltz Juventa.

Keppeler, S., Specht, W. (2018). Mobile Jugendarbeit. In H.-U. Otto, H. Thiersch, R. Treptow & H. Ziegler (Hrsg.), *Handbuch Soziale Arbeit. Grundlagen der Sozialarbeit und Sozialpädagogik* (S. 1023–1032). München: Ernst Reinhardt.

Licandro, U., & Lüdtke, U. M. (2013). Peer-Interaktionen Sprachbildung in der und durch die Gruppe. *Themenheft Nr. 13 des Niedersächsischen Instituts für frühkindliche Bildung e. V.* Abgerufen am 17.1.2022 unter: https://www.nifbe.de/images/nifbe/Infoservice/Downloads/Themenhefte/peeronline.pdf.

Muss, H. (2018). Regionale Disparitäten: Ein Erfahrungsbericht eines Jugendhilfeträgers im Umgang mit jungen Geflüchteten vor und nach der Volljährigkeit. In K. Nowacki & S. Remiorz (Hrsg.), *Junge Geflüchtete in der Jugendhilfe. Chancen und Herausforderungen der Integration* (S. 45–65). Wiesbaden: Springer VS.

Nowacki, K. (2013). Hilfen zur Erziehung – was können sie für Kinder und Familien leisten? *Familienhandbuch Staatsinstitut für Frühpädagogik*. Abgerufen am 17.1.2022 unter: https://www.familienhandbuch.de/unterstuetzungsangebote/beratung/hilfenzurerziehung.php.

Nowacki, K. (2021). Handlungsempfehlungen für den Aufnahmeprozess in eine stationäre Einrichtung der Jugendhilfe. In K. Nowacki (Hrsg.), *Die Neuaufnahme in der stationären Heimerziehung* (S. 197–2019). Stuttgart: Lambertus.

Nowacki, K., & Remiorz, S. (2022). *Bindung von Pflegekindern. Bedeutung, Entwicklung und Förderung.* Stuttgart: Kohlhammer.

Nüsken, D. (2008). *Regionale Disparitäten in der Kinder- und Jugendhilfe. Eine empirische Untersuchung zu den Hilfen für junge Volljährige.* Münster: Waxmann.

Perren, S., Kalkusch, I., Jaggy, A.-K., Burkhardt Bossi, C., Weiss, B., & Sticca, F. (2021). Förderung von Peerbeziehungen durch soziales Fantasiesiel: Eine wirksame Interventionsstrategie bei Kindern mit eingeschränktem Sprachverständnis? *Frühe Bildung*, 10 (2).

Reichmann, U., Rätz, R., Krause, H.-U., Biere, A., & Ramin, S. (2021).*Sozialpädagogische Familienhilfe. Ein Lehr- und Praxisbuch.* Stuttgart: Kohlhammer.

Remiorz, S. (2021). *Sozialisation und Lebenswelten von Kindern und Jugendlichen in Familie und stationären Heimeinrichtungen. Eine empirische Studie zu Geschlecht und geschlechtersensibler Pädagogik.* Hamburg: Dr. Kovac.

Remiorz, S., & Nowacki, K. (2018). Vertrauen von Jugendlichen zu ihren Eltern und Betreuer*innen im Kontext der Heimerziehung als unkonventionellem familienähnlichen Setting. *Psychosozial*, 41(1), 61–68.

Remiorz, S., Nowacki, K., & Schrodt, T. (2019). Besonderheiten von LSBTI-Geflüchteten in der Jugendhilfe. In K. Nowacki & S. Remiorz (Hrsg.), *Junge Geflüchtete in der stationären Jugendhilfe. Chancen und Herausforderungen der Integration* (S. 139–154). Springer VS.

Remiorz, S., Nowacki, K., & Sabisch, K. (in Druck). Einstellungen und Werte junger Männer mit und ohne Migrations- und Fluchtgeschichte in Bezug auf Geschlecht und Gleichberechtigung: Implikationen für die Gesellschaft und die soziale Integration in Deutschland. In A. Wonneberger, K. Weidtmann, S. Stelzig-Willutzki & D. Lölsdorf (Hrsg.), *Werte und Wertewandel der postmigrantischen Gesellschaft.* Wiesbaden: Springer VS.

Rogers, C. (1973/2018). *Entwicklung der Persönlichkeit (Konzepte der Humanwissenschaften): Psychotherapie aus der Sicht eines Therapeuten.* Stuttgart: Klett-Cotta.

Simpson, G., & Nowacki, K. (2018). Kevin and Peter: responses to two „preventable deaths". *European Journal of Social Work*, 21, 5, 778–790. https://doi.org/10.1080/13691457.2017.1320522.

Speck, K. (2020). *Schulsozialarbeit: eine Einführung*. München: Ernst Reinhardt Verlag.

Suess, G. J., Bohlen, U., Mali, A., & Frumentia Maier, M. (2010). Erste Ergebnisse zur Wirksamkeit Früher Hilfen aus dem STEEP-Praxisforschungsprojekt »WiEge«. *Bundesgesundheitsblatt*, 53, 1143–1149.

Zmyj, N., & Wehlig, R. (2019). Reducing homonegativity among German adolescents: Results of a 6-week follow-up study. *Journal of LGBT Youth*, 16(4), 435–450. https://doi.org/10.1080/19361653.2019.1590286.

Prof. Dr. Katja Nowacki, Diplom-Psychologin und Diplom-Sozialpädagogin, lehrt klinische Psychologie und Sozialpsychologie an der Fachhochschule Dortmund im Fachbereich Angewandte Sozialwissenschaften. Ihre Forschungsschwerpunkte liegen im Bereich von Bindungsbeziehungen, Entwicklungsprozessen im Kindes- und Jugendalter und Maßnahmen im Rahmen der Hilfen zur Erziehung unter Berücksichtigung der Themen internationale Geschichte und Geschlecht. Davor war sie unter anderem zwölf Jahre in der Kinder- und Jugendhilfe tätig.

Dr. Silke Remiorz, Sozialarbeiterin & Sozialpädagogin (B. A.) und Sozialwissen- schaftlerin (M. A.), war wissenschaftliche Mitarbeiterin in verschiedenen Forschungsprojekten zu den Themen Kinder- und Jugendhilfe und Migration an der Fachhochschule Dortmund und hat das Forschungsprojekt JUMEN koordiniert. Sie ist aktuell im Bereich der Hilfen zur Erziehung tätig.

Prof. Dr. Katja Sabisch, Diplom-Soziologin, leitet seit 2008 die interdisziplinären Gender Studies-Studiengänge an der Ruhr-Universität Bochum. Sie ist dort Sprecherin des „Marie Jahoda Centers for International Gender Studies" [MaJaC] und forscht zu geschlechter- und wissenssoziologischen Themen (z. B. Care, Inter*, feministische Wissenschaftskritik, Wissensgeschichte der Geschlechterungleichheit).

Herausforderungen und Handlungsempfehlungen für die geschlechterbezogene und diversitätssensible Jugendarbeit

Katja Sabisch, Katja Nowacki und Silke Remiorz

Einleitung

Wie im vorhergehenden Kap. Handlungsempfehlungen für die Praxis der Kinder- und Jugendhilfe erläutert, ist es eine Aufgabe der öffentlichen Jugendhilfe, Geschlecht und – seit Oktober 2021 – auch sexuelle bzw. geschlechtliche Vielfalt als relevante Kategorien zu berücksichtigen und damit zur Gleichberechtigung beizutragen. Während sich Angebote für LSBTI* Jugendliche an vielen Orten noch in der Aufbauphase befinden, sind Projekte und Initiativen der Mädchen*- und Jungen*arbeit[1] spätestens seit den 1980er Jahren in nahezu allen Großstädten etabliert und auf Landes- wie Bundesebene organisiert (vgl. Stecklina und Wienforth 2016).[2] Dennoch steht die geschlechterbezogene und diversitätssensible

---

[1] Der Asterisk * versinnbildlicht die verschiedenen (vergeschlechtlichten) Identitäten und Subjektkategorien (LSBTI*) und verweist so auf die Heterogenität innerhalb der bislang binär gedachten Kategorien.

[2] Vgl. https://bag-jungenarbeit.de/und https://www.maedchenpolitik.de/, zugegriffen am 18.11.2021.

K. Sabisch (✉)
Fakultät für Sozialwissenschaft, Lehrstuhl Gender Studies, Ruhr-Universität Bochum, Bochum, Deutschland
E-Mail: katja.sabisch@rub.de

K. Nowacki · S. Remiorz
Fachbereich Angewandte Sozialwissenschaften, Fachhochschule Dortmund, Dortmund, Deutschland
E-Mail: katja.nowacki@fh-dortmund.de

S. Remiorz
E-Mail: silke.remiorz@fh-dortmund.de

© Der/die Autor(en), exklusiv lizenziert an Springer Fachmedien Wiesbaden GmbH, ein Teil von Springer Nature 2022
K. Nowacki et al. (Hrsg.), *Junge Männer in Deutschland*, Edition Centaurus – Jugend, Migration und Diversity, https://doi.org/10.1007/978-3-658-39235-2_7

Jugendarbeit vor grundlegenden strukturellen und personellen Herausforderungen. Bevor diese spezifiziert und in Handlungsempfehlungen übersetzt werden (2), sollen zunächst die wissenschaftlichen Bezüge der geschlechtsbezogenen und diversitätssensiblen Jugendarbeit skizziert werden (1). Ein besonderes Augenmerk wird dabei auf Rassismuskritik und queere Perspektiven gelegt.

(Geschlechter-) Forschung und Jugendarbeit

Die konzeptionelle Entwicklung der geschlechterbezogenen Pädagogik ist eng an wissenschaftliche Diskurse gekoppelt: Beginnend mit geschlechtshomogenen bzw. feministischen/anti-sexistischen Programmen fanden mit dem Einzug der Debatte über Geschlecht als soziale Konstruktion (Gildemeister 2019) zunehmend Cross-work- und Koedukationsansätze Beachtung. Dies verwundert nicht, sind doch die Ziele einer geschlechterbezogenen Jugendsozialarbeit bei Mädchen* wie bei Jungen* dieselben: Es geht vor allem um die Befähigung, Geschlechterstereotype zugunsten von individuellen Bedürfnissen reflektieren zu können – und natürlich darum, gesellschaftliche bzw. strukturelle Benachteiligungen und Verletzbarkeiten zu erkennen.

Ähnlich verhält es sich mit der diversitätssensiblen Pädagogik, die sich auf den wissenschaftlichen Diskurs über Vielfalt, Heterogenität, Differenzen und Intersektionalität bezieht (Walgenbach 2021). In der pädagogischen Praxis schafft der reflexive und verbindende Blick auf soziale Kategorien wie Geschlecht, sexuelle Orientierung, soziales Milieu oder internationale Geschichte bzw. Rassismuserfahrungen „Ermöglichungs- und Freiräume[n]", die „Begrenzungen, Konstruktionsprozesse von Geschlecht und individuelle Konfliktlinien im Identitätsprozess" (Stecklina und Wienforth 2016, S. 280) sichtbar machen können.

Diversitätssensible Pädagogik ist damit anschlussfähig an die in der Einleitung formulierte postmigrantische Perspektive (Foroutan 2018), da auch hier eine Ambivalenz zum Tragen kommt: Pädagogisches Handeln bezieht sich zwar auf kategorial verfasstes Wissen (z. B. über Jungen* und Mädchen*), muss sich aber gleichzeitig von diesem Wissen distanzieren, um Macht- und Herrschaftsverhältnisse nicht weiter zu (re)produzieren (Walgenbach 2021; Groß 2019a; Georgi und Mecheril 2017). Dies führt letztlich zu der Einsicht, dass – obwohl diversitätssensible Mädchen*- und Jungen*arbeit konzeptionell gemeinsam betrachtet werden sollten – geschlechtshomogene Angebote sinnvoll sind. Denn Mädchen* und Jungen* leben in einer vergeschlechtlichten Welt, „ob sie dies wollen oder nicht"

(Theunert und Luterbach 2021, S. 93). Sie sind mit vielfältigen Zuschreibungen und Erwartungen konfrontiert, was einen „,geschlechtsneutralen' Fachblick, der sich ganz aufs Individuum fokussiert" (ebd.), problematisch werden lässt. Empowernde Mädchen*- und Jungen*arbeit sind damit wichtige Bausteine einer geschlechtsbezogenen und diversitätssensiblen Pädagogik.

Rassismuskritik als zentrales Paradigma der Jugendarbeit

Die Auseinandersetzung mit Diskriminierungserfahrungen hat innerhalb der Erziehungswissenschaft und der Sozialen Arbeit eine lange Tradition und wurde bis in die 1990er Jahre vor allem unter den Überschriften „Migrationspädagogik" und „interkulturelle Pädagogik" verhandelt (Mecheril und Melter 2011). Mit der Rezeption postkolonialer Theorien (Dhawan und Castro Varela 2019) ab den 1990er Jahren wurden die Begriffe „Rassismus" bzw. „Rassismuskritik" in den wissenschaftlichen Diskurs eingeführt, um diskriminierende und ausschließende Praktiken, Prozesse und Strukturen adäquat beschreiben zu können (Groß 2019a). Denn Rassismus als menschenfeindliche Ideologie ist fest in gesellschaftlichen Strukturen verankert (Kelly 2021). Er kategorisiert in wir/die anderen, um Herrschafts- und Machtansprüche zu legitimieren (El-Mafaalani 2021).

Hier zeigt sich, dass Rassismus nicht nur diejenigen betrifft, die durch ihn „konstruiert, markiert, marginalisiert und ausgeschlossen werden, sondern auch diejenigen, die nicht von Rassismus betroffen sind und damit privilegiert werden" (Groß 2019a, S. 157 f.). Denn „[i]n allen Dimensionen, also der ökonomischen, der kulturellen und der psychischen, profitiert man als durch Rassismus privilegierte Person, ob man will oder nicht, und ein durch Rassismus negativ betroffener Mensch ist Risiken ausgesetzt" (El-Mafaalani 2021, S. 14 f.). Rassismuskritische bzw. diversitätssensible Soziale Arbeit ist demnach nur möglich, wenn Fachkräfte ihre eigenen Sozialisationsbedingungen reflektieren. Damit fungiert „Rassismuskritik als Bedingung professioneller Sozialer Arbeit" (Groß 2019a, S. 155).

„Queering Jugendarbeit"[3]: Zur Sichtbarkeit sexueller und geschlechtlicher Vielfalt

Die empirische Studie der Sozialwissenschaftlerin Judith Conrads über die vergeschlechtlichte Subjektwerdung Jugendlicher zeigt auf eindrückliche Weise, dass die „Anerkennung von geschlechtlicher Non-Konformität und sexueller Vielfalt" (Conrads 2020, S. 224) von nahezu allen Studienteilnehmer*innen betont wird. Allerdings stellt Conrads in ihrer Analyse fest, dass die Toleranzbekundungen auf einem Missverständnis gründen: Die Jugendlichen verwechseln den Soll- mit dem Ist-Zustand und de-thematisieren damit Diskriminierungen und bestehende Ungleichheiten.

Dementsprechend konstatiert die Pädagogin Melanie Groß, dass gerade Schulen und Jugendarbeit als homosexualitäts-, inter*- und trans*feindliche Orte gelten. Denn Jugendliche outen sich nicht in diesen Kontexten, sondern warten, „bis sie aus dem Alter der Bildungs- und Jugendeinrichtungen ‚herausgewachsen' sind" (Groß 2019b, S. 7). Zudem verweist sie auf die Studie Queere Freizeit. Inklusions- und Exklusionserfahrungen von lesbischen, schwulen, bisexuellen, trans* und *diversen Jugendlichen in Freizeit und Sport (Krell und Oldemeier 2018), die verdeutlicht, dass LSBTI* Jugendliche Angebote der Jugendarbeit wenig nutzen.

All dies deutet darauf hin, dass sich Jugendarbeit für queere Identitätsentwürfe und Lebenswelten öffnen muss. Auch hier sind die Fachkräfte adressiert: Eigenes Handeln und Projektkonzepte müssen sich die Frage gefallen lassen, ob sie Heteronormativität reproduzieren. Groß schlägt deshalb vor, dass sich Fachkräfte mit den folgenden Leitfragen beschäftigen:

- „Welche Identitätskonstruktionen werden in den Einrichtungen und durch das Handeln oder Nicht-Handeln der Fachkräfte ermöglicht oder ausgeschlossen?
- Welche symbolischen Repräsentationen werden in den Einrichtungen und durch die Fachkräfte (intendiert oder nicht intendiert) eingesetzt und reproduziert?
- Welche sozialen Strukturen werden in der Einrichtung reproduziert und welche Strukturen werden eingesetzt, um Subjektbildungsprozesse zu unterstützen?" (Groß 2019b, S. 8).

Ähnlich wie bei der Notwendigkeit einer rassismuskritischen Haltung ist es auch hier die Reflexion der eigenen gesellschaftlichen Positionierung innerhalb einer

---

[3] Vgl. Groß (2019b, S. 7).

heteronormativ verfassten Gesellschaft, welche als Bedingung für eine gequeerte Jugendarbeit fungiert.

Handlungsempfehlungen für die Jugendarbeit

Der vorherige Abschnitt hat gezeigt, dass der archimedische Punkt einer gelungenen geschlechterbezogenen und diversitätssensiblen Jugendarbeit die jeweilige Fachkraft ist. Ihr obliegt es, „den Anspruch der Selbstreflexivität zu verfolgen und als Bedingung für Professionalität permanent gesellschaftliche Verhältnisse sowie die eigene Positionierung innerhalb der Gesellschaft zu reflektieren und zu dechiffrieren" (Groß 2019b, S. 8). Der sozialarbeiterische Auftrag, Bildungsprozesse zu gestalten und soziale Probleme zu bearbeiten, kann jedoch nur erfüllt werden, wenn auch die strukturellen bzw. finanziellen Rahmenbedingungen stimmen. Beide Erfordernisse – die der Aus- und Weiterbildung sowie die der strukturellen Sicherung – sollen im Folgenden aufgegriffen werden.

Struktur: Entfristung und Entwicklung

Strukturell ist festzustellen, dass die wenigsten geschlechterbezogenen und diversitätssensiblen Jugend-Projekte auf Dauer gestellt sind. In der Regel müssen die Projektverantwortlichen nach einer kurzen Anschub- bzw. Pilotphase wieder Gelder beantragen, um die Initiativen fortführen zu können. Dies bindet nicht nur zentrale Personal- und Sachressourcen innerhalb der (pädagogischen!) Projekte, sondern steht auch in klarem Widerspruch zu den Werten, die die Arbeit mit Jugendlichen ausmachen sollen: Verlässlichkeit, Vertrauen, Anerkennung und Wertschätzung.

Laut der Arbeitsgemeinschaft Kinder- und Jugendhilfe werden diese Desiderate besonders in Corona-Zeiten sichtbar (AGJ 2021). Zwar wurden im Jahr 2021 zusätzliche Mittel für Sonderprogramme[4] zur Verfügung gestellt, die sich explizit an Kinder und Jugendliche richten; allerdings umfasst das Förderprogramm nur einen Zeitraum von 1,5 Jahren, was angesichts der nachhaltigen Beeinträchtigungen gerade dieser Zielgruppe zu kurz bemessen ist. Hinzu kommt, dass ab dem

---

[4] Zum Beispiel das Aktionsprogramm „Aufholen nach Corona für Kinder und Jugendliche", siehe https://www.bmfsfj.de/bmfsfj/themen/corona-pandemie/aufholen-nach-corona, zugegriffen am 18.11.2021.

Haushaltsjahr 2022 mit kommunalen Sparmaßnahmen gerechnet werden muss, wovon auch die reguläre Jugendarbeit betroffen sein wird. Angesichts dieser prekären Lage fordert die Arbeitsgemeinschaft Kinder- und Jugendhilfe, Einrichtungen der Jugendarbeit aufgrund „ihrer Bedeutung für das Aufwachsen junger Menschen auch bei zukünftigen Krisen als systemrelevant anzuerkennen" (AGJ 2021, S. 10). Vor diesem Hintergrund sollten folgende Maßnahmen ergriffen werden:

- Um junge Menschen angemessen unterstützen zu können, muss die soziale Infrastruktur wiederhergestellt, abgesichert und ausgebaut werden. Hierzu wird ein *Zukunftsplan* mit einer Mindestlaufzeit von fünf Jahren benötigt (AGJ 2021, S. 11).
- Mit Blick auf die *kommunalen Haushalte* ist eine Stärkung der Jugendsozialarbeit vonnöten. Kommunen sollten entsprechende Ressourcen für die pandemiebedingten Herausforderungen zur Verfügung stellen (AGJ 2021, S. 10).
- Auch im Rahmen der Jugendarbeit haben digitale (Sozial)Räume an Bedeutung gewonnen. Für den erforderlichen digitalen Ausbau wird ein *DigitalPakt* Kinder- und Jugendhilfe vorgeschlagen (AGJ 2021, S. 13).
- Zu einer nachhaltigen Verankerung einer zielgruppenorientierten Jugendarbeit gehören verlässliche *Beteiligungsstrukturen* für junge Menschen, die ausgebaut und sichergestellt werden müssen (AGJ 2021, S. 9).

Um diese Maßnahmen organisatorisch, konzeptionell und planerisch umsetzen zu können, schlägt die Arbeitsgemeinschaft Kinder- und Jugendhilfe einen *interdisziplinären Fachdiskurs* vor, der alle relevanten Akteur*innen zu Wort kommen lässt (AGJ 2021, S. 10). Dieser Diskurs sollte ebenfalls die Themen Aus- und Weiterbildung von Fachkräften behandeln, da auch in diesem Bereich Desiderate auszumachen sind.

Personal: Kompetenz und Vielfalt

Wie bereits erläutert, sollten Fachkräfte, die geschlechtsbezogen und diversitätssensibel arbeiten, dem sozialarbeiterischen Anspruch der Selbstreflexivität gerecht werden. Um jedoch die eigene Positionierung innerhalb von gesellschaftlichen Macht- und Herrschaftsverhältnissen, genauer: innerhalb einer vergeschlechtlichten, rassialisierten und heteronormativen Ordnung dechiffrieren zu können, sind spezifische Kompetenzen unerlässlich. Kompetenz wird hier verstanden als ein „in den Grundzügen eingespielter Ablauf zur Aktivierung, Bündelung und zum Einsatz von persönlichen Ressourcen für die erfolgreiche Bewältigung von anspruchsvollen und komplexen Situationen, Handlungen und Aufgaben" (North et al. 2013, S. 43). Dabei beruht „[k]ompetentes Handeln […] auf der Mobilisierung von Wissen, von kognitiven und praktischen Fähigkeiten sowie sozialen Aspekten und Verhaltenskomponenten wie Haltungen, Gefühlen, Werten und Motivation" (North et al. 2013, S. 43).

- Ausbildung – curriculare Integration von Gender- und Diversitätsforschung

Wissen bzw. Wissensvermittlung ist demnach essenziell für die Herausbildung von Gender- und Diversitätskompetenz. Aus diesem Grund sollten Studiengänge der Sozialen Arbeit, Sozialpädagogik oder des Sozialwesens diese Themen als Querschnittsbereiche in ihr Curriculum integrieren. Für den Bereich der Geschlechterforschung hat das „Netzwerk Frauen- und Geschlechterforschung NRW" zu 54 Studienfächern *Gender Curricula* in einer Datenbank zusammengetragen.[5] Es handelt sich dabei um Vorschläge zur Integration von Lehrinhalten der Geschlechterforschung in die Curricula von (fast) allen in der Bundesrepublik Deutschland studierbaren Studienfächern. Die Inhalte werden regelmäßig aktualisiert und eignen sich für eine erste Orientierung.

- Weiterbildung – flächendeckend und bedarfsgerecht

Die Angebote einer Fort- und Weiterbildung für Fachkräfte im Bereich der geschlechterbezogenen, rassismuskritischen und/oder queeren Jugendarbeit sollten gut erreichbar und passgenau sein. Hier bieten sich verstetigte *landeszentrale Fachstellen* wie z. B. die FUMA NRW[6] an, die als Ansprechpartner*in für alle Akteur*innen der Kinder- und Jugendhilfe fungieren. Themen wie Intersektionalität, Anti-Bias oder Empowerment[7] sind fester Bestandteil des Angebots, welches zunehmend digitalisiert wird. Zu nennen ist hier insbesondere der digitale Selbstlernkurs #connect[8] zu den Themen Diskriminierung, Privilegien und

---

[5] Vgl. https://www.gender-curricula.com/gender-curricula-startseite, zugegriffen am 18.11.2021.

[6] Fachstelle Gender & Diversität NRW, vgl. https://www.gender-nrw.de/, zugegriffen am 18.11.2021.

[7] Vgl. https://www.gender-nrw.de/home_new/fuma-fortbildungen/, zugegriffen am 18.11.2021.

[8] Vgl. https://www.gender-nrw.de/digitale-lernwelten/connect/, zugegriffen am 18.11.2021.

Rassismus, der ortsunabhängig genutzt werden kann und so auch den ländlichen Raum erschließt.

- Vielfalt abbilden – mehr Fachkräfte mit internationaler Geschichte

Der Sozialpädagoge Michael Tunç weist darauf hin, dass „migrationsbezogene Vielfalt" (Tunç 2020, S. 32) bzw. *Fachkräfte mit internationaler Geschichte* innerhalb der Sozialen Arbeit unterrepräsentiert sind. Das Beispiel der HeRoes-Projekte verdeutlicht, wie zentral eine eigene internationale Geschichte für die Arbeit mit Jugendlichen sein kann: „HeRoes – gegen Unterdrückung im Namen der Ehre"[9] ist ein Gleichstellungsprojekt, welches in unterschiedlichen deutschen Städten angesiedelt ist und in dessen Rahmen junge Männer* mit internationaler Geschichte in Schulen oder Jugendzentren Workshops anbieten, die Themen wie Gleichberechtigung, Ehre und Menschenrechte behandeln. Dabei orientieren sich die Workshops an dem Konzept der Peer-Education, da gerade bei strittigen Themen ein geteilter kultureller und sozialer Kontext von Vorteil ist. Hinzu kommt, wie bereits in Kap. Bindung und Männlichkeit ausführlich erläutert, dass die Peers bei der Entwicklung der Geschlechtsidentität eine große Rolle spielen.

- Vielfältige Partizipation – Jugendliche im Diskurs

Wie unter der Überschrift „Struktur: Entfristung und Entwicklung" dargelegt, fordert die Arbeitsgemeinschaft der Kinder- und Jugendhilfe mehr Beteiligungsstrukturen für junge Menschen (AGJ 2021, S. 9). Diese Forderung lässt sich auf die diskursive Ebene erweitern: Jugendliche sollten vielfältige *Möglichkeiten der politischen und persönlichen Artikulation* bekommen. Mit dem Gendermagazin meinTestgelände[10] wurde eine solche Plattform geschaffen: meinTestgelände bietet einen digitalen Raum für eine gendergerechte jugendpolitische Partizipation, indem eigene Texte, Songs oder Videos veröffentlicht werden können, die z. B. Geschlechterstereotype, sexualisierte Gewalt, Rassismus oder auch Queerfeindlichkeit zum Gegenstand haben.

Die wenigen genannten Beispiele zeigen, dass die Inhalte und Konzepte einer geschlechtsbezogenen und diversitätssensiblen Jugendarbeit in vorbildlicher Weise aufgearbeitet und aufbereitet werden können. Nun gilt es, die bestehenden Angebote zu sichern, auszuweiten und flächendeckend zu installieren. Hier sind

---

[9] Vgl. z. B. HeRoes Duisburg, https://www.heroes-net-duisburg.de/konzept/projektbeschreibung/, zugegriffen am 18.11.2021.

[10] Vgl. https://www.meintestgelaende.de/, zugegriffen am 18.11.2021.

Bund, Länder, Kommunen und Träger gefragt. Denn nur durch eine verlässliche Finanzierung kann das vom Gesetzgeber formulierte Ziel, „junge Menschen in ihrer individuellen und sozialen Entwicklung [zu] fördern und dazu bei[zu]tragen, Benachteiligungen zu vermeiden oder abzubauen",[11] verwirklicht werden.

Literatur

AGJ/Arbeitsgemeinschaft Kinder- und Jugendhilfe (2021). Jugendarbeit und Jugendsozialarbeit in Corona-Zeiten: *Eine Zwischenbilanz zu den Auswirkungen auf Jugendliche, junge Erwachsene und die Strukturen der Jugend(sozial)arbeit.* Abgerufen am 18.11.2021 unter: https://www.agj.de/fileadmin/files/positionen/2021/Positions papier_Corona_Jugendarbeit.pdf.
Conrads, J. (2020). *Das Geschlecht bin ich. Vergeschlechtlichte Subjektwerdung Jugendlicher.* Wiesbaden: Springer VS.
Dhawan, N., & Castro Varela, M. (2019). Kulturkolonialismus und postkoloniale Kritik: Perspektiven der Geschlechterforschung. In B. Kortendiek, B. Riegraf & K. Sabisch (Hrsg.), *Handbuch interdisziplinäre Geschlechterforschung* (S. 303–312). Wiesbaden: Springer VS.
El-Mafaalani, A. (2021). *Wozu Rassismus? Von der Erfindung der Menschenrassen bis zum rassismuskritischen Widerstand.* Köln: Kiepenheuer & Witsch.
Foroutan, N. (2018). Was will eine postmigrantische Gesellschaftsanalyse? In N. Foroutan, J. Karakayalı & R. Spielhaus (Hrsg.), *Postmigrantische Perspektiven. Ordnungssysteme, Repräsentationen, Kritik* (S. 269–300). Frankfurt a. M.: Campus.
Georgi, V. B., & Mecheril, P. (2017). (De)Kategorisierung im Licht der Geschichte und Gegenwart migrationsgesellschaftlicher Bildungsverhältnisse oder: Widerspruch als Grundfigur des Pädagogischen. In O. Musenberg, J. Riegert & T. Sansour (Hrsg.), *Dekategorisierung in der Pädagogik. Notwendig oder riskant?* (S. 58–70). Bad Heilbrunn: Julius Klinkhardt.
Gildemeister, R. (2019). Doing gender: eine mikrotheoretische Annäherung die Kategorie Geschlecht. In B. Kortendiek, B. Riegraf & K. Sabisch (Hrsg.), *Handbuch interdisziplinäre Geschlechterforschung* (S. 409–418). Wiesbaden: Springer VS.
Groß, M. (2019a). Zur Reflexivität von Fachkräften. Rassismuskritik als Bedingung professioneller Sozialer Arbeit. In K. Nowacki & S. Remiorz (Hrsg.), *Junge Geflüchtete in der Jugendhilfe* (S. 155–167). Wiesbaden: Springer VS.
Groß, M. (2019b). Queering Jugendarbeit. Sichtbarkeit, Empowerment und Diskriminierungsschutz für eine demokratische Gesellschaft. In LSVD (Hrsg.), *Akzeptanz für LSBTI* in Jugendarbeit und Bildung. Ergebnisse des dritten Regenbogen-Parlaments in Hamburg,* 07.09.2019 (S. 7/8). Abgerufen am 18. 11. 2021 unter: https://www.lsvd.de/media/doc/ 3650/2019_12_20-lsvd-dokumentation-regenbogenparlament-hamburg-2019.pdf.
Kelly, N. A. (2021). *Rassismus. Strukturelle Probleme brauchen strukturelle Lösungen!* Zürich: Atrium.

---

[11] Vgl. https://www.sozialgesetzbuch-sgb.de/sgbviii/1.html, zugegriffen am 18.11.2021.

Krell, C., & Oldemeier, K. (2018). *Queere Freizeit. Inklusions- und Exklusionserfahrungen von lesbischen, schwulen, bisexuellen, trans* und *diversen Jugendlichen in Freizeit und Sport.* Deutsches Jugendinstitut. Abgerufen am 18. 11. 2021 unter: https://www.dji.de/fileadmin/user_upload/bibs2018/26869_DJI_QueereFreizeit.pdf.

Mecheril, P., & Melter, C. (2011). Rassismustheorie und -forschung in Deutschland. Kontur eines wissenschaftlichen Feldes. In dies. (Hrsg.), *Rassismuskritik. Bd. 1: Rassismustheorie und -forschung* (S. 13–22). Schwalbach: Wochenschau.

North, K., Reinhardt, K., & Sieber-Suter, B. (2013). *Kompetenzmanagement in der Praxis. Mitarbeiterkompetenzen systematisch identifizieren, nutzen und entwickeln.* Wiesbaden: Springer VS.

Stecklina, G., & Wienforth, J. (Hrsg.). (2016). *Impulse für die Jungenarbeit. Denkanstöße und Praxisbeispiele.* Weinheim und Basel: Beltz Juventa.

Theunert, M., & Luterbach, M. (2021). Mann sein …!? Geschlechterreflektiert mit Jungen, Männern und Vätern arbeiten. Ein Orientierungsrahmen für Fachleute. Weinheim und Basel: Beltz Juventa.

Tunç, M. (2020): Diversität und Migration: Endlich gut verankern! In Bundesforum Männer (Hrsg.), *Jubiläumsmagazin: 10 Jahre gleichstellungsorientierte Politik für Jungen, Männer und Väter* (S. 32). Abgerufen am 18. 11. 2021 unter: https://bundesforum-maenner.de/wp-content/uploads/2020/11/jubilaeumsmagazin-bfmaenner-2020.pdf.

Walgenbach, K. (2021). Erziehungswissenschaftliche Perspektiven auf Vielfalt, Heterogenität, Diversity/Diversität, Intersektionalität. In I. Hedderich, J. Reppin & C. Butschi (Hrsg.), *Perspektiven auf Vielfalt in der frühen Kindheit. Mit Kindern Diversität erforschen* (S. 41–59). Bad Heilbrunn: Julius Klinkhardt.

Prof. Dr. Katja Sabisch, Diplom-Soziologin, leitet seit 2008 die interdisziplinären Gender Studies-Studiengänge an der Ruhr-Universität Bochum. Sie ist dort Sprecherin des „Marie Jahoda Centers for International Gender Studies" [MaJaC] und forscht zu geschlechter- und wissenssoziologischen Themen (z. B. Care, Inter*, feministische Wissenschaftskritik, Wissensgeschichte der Geschlechterungleichheit).

Prof. Dr. Katja Nowacki, Diplom-Psychologin und Diplom-Sozialpädagogin, lehrt klinische Psychologie und Sozialpsychologie an der Fachhochschule Dortmund im Fachbereich Angewandte Sozialwissenschaften. Ihre Forschungsschwerpunkte liegen im Bereich von Bindungsbeziehungen, Entwicklungsprozessen im Kindes- und Jugendalter und Maßnahmen im Rahmen der Hilfen zur Erziehung unter Berücksichtigung der Themen internationale Geschichte und Geschlecht. Davor war sie unter anderem zwölf Jahre in der Kinder- und Jugendhilfe tätig.

Dr. Silke Remiorz, Sozialarbeiterin & Sozialpädagogin (B. A.) und Sozialwissenschaftlerin (M. A.), war wissenschaftliche Mitarbeiterin in verschiedenen Forschungsprojekten zu den Themen Kinder- und Jugendhilfe und Migration an der Fachhochschule Dortmund und hat das Forschungsprojekt JUMEN koordiniert. Sie ist aktuell im Bereich der Hilfen zur Erziehung tätig.

Printed by Printforce, the Netherlands